U0744533

2020年宁夏中小学校“三全育人”综合改革试点项目

“三全育人”视域下
普通高中德育模式的探索与实践

王生银 主编

黄河出版传媒集团
阳光出版社

图书在版编目（CIP）数据

“三全育人”视域下普通高中德育模式的探索与实践/王生银主编. -- 银川：阳光出版社，2022.12
ISBN 978-7-5525-6623-9

Ⅰ.①三… Ⅱ.①王… Ⅲ.①德育－教学研究－高中
Ⅳ.①G633.252

中国版本图书馆CIP数据核字（2022）第234557号

“三全育人”视域下普通高中德育模式的探索与实践　　王生银　主编

责任编辑　李媛媛　贾　莉
封面设计　晨　皓
责任印制　岳建宁

出 版 人　薛文斌
地　　址　宁夏银川市北京东路139号出版大厦（750001）
网　　址　http：//www.ygchbs.com
网上书店　http：//shop129132959.taobao.com
电子信箱　yangguangchubanshe@163.com
邮购电话　0951-5014139
经　　销　全国新华书店
印刷装订　宁夏凤鸣彩印广告有限公司
印刷委托书号　（宁）0024903

开　　本　710 mm × 1000 mm　1/16
印　　张　18.25
字　　数　250千字
版　　次　2022年12月第1版
印　　次　2022年12月第1次印刷
书　　号　ISBN 978-7-5525-6623-9
定　　价　38.00元

前　言

近年来，宁夏六盘山高级中学紧紧围绕立德树人根本任务，充分发挥教职员工在全员育人、全过程育人、全方位育人中的主体作用，坚持全员参与、立体构建，建设高质量育人体系，持续推进育人工程，“三全育人”工作体系不断夯实，为培养德智体美劳全面发展的时代新人奠定坚实基础。

2020年，宁夏六盘山高级中学申报全区大中小学校思想政治工作质量提升工程项目，经专家评审、自治区教育工委和教育厅审核，宁夏六盘山高级中学课题“‘三全育人’视域下寄宿制普通高中德育模式运行机制探析”被确定立项（项目编号NXSZ20201025），并纳入全区中小学校“三全育人”综合改革试点项目。课题组由王生银、路满雄、陶森修、张涛涛、王志恒五位同志组成，他们政治素质过硬，业务能力突出，理论功底深厚，有多年从事高中德育工作的管理者、有高中班主任工作的具体实践者、有长期在思想政治课教学一线的专业教师，结构合理、优势互补，很好地开展了课题研究工作，使该课题研究顺利完成。

两年来，课题组成员深入学习“三全育人”政策、钻研“三全育人”理论，广泛搜集素材、潜心调查研究，在“三全育人”理论指导下，对宁夏六盘山高级中学的育人实践活动进行认真整理，深入挖掘剖析，提炼出具有宁夏六盘山高级中学特色的“三全育人”德育模式，在普通高中具有一定的借鉴意义和推广价值。

本课题得到“宁夏学校思想政治工作质量提升工程项目”及“自治区青年拔尖人才培养工程”项目资金支持，在此对自治区教育工委、教育厅，自治区党委组织部，自治区人力资源和社会保障厅等单位表示衷心感谢！在课题研究过程中，也得到了金存钰校长和学校政教处、教务处、办公室、校团委等部门的大力支持，课题组成员在此一并致谢！

“士不可以不弘毅，任重而道远。”育人工作没有终点，我们永远在路上。课题组将继续学习研究、探索完善宁夏六盘山高级中学“三全育人”模式，为培养担当民族复兴大任的时代新人而贡献应有的力量。

目 录

第一章 “三全育人”理论与普通高中育人

第二章 “三全育人”的实践探索

第一章 “三全育人”理论与普通高中育人

一、普通高中“三全育人”理论研究背景分析

（一）中国特色社会主义进入新时代

习近平总书记在党的十九大报告中指出：“经过长期努力，中国特色社会主义进入了新时代，这是我国发展新的历史方位”。这个新时代，是承前启后、继往开来、在新的历史条件下继续夺取中国特色社会主义伟大胜利的时代，是决胜全面建成小康社会、进而全面建设社会主义现代化强国的时代，是全国各族人民团结奋斗、不断创造美好生活、逐步实现全体人民共同富裕的时代，是全体中华儿女勠力同心、奋力实现中华民族伟大复兴中国梦的时代，是我国日益走近世界舞台中央、不断为人类作出更大贡献的时代。中国特色社会主义进入新时代，不忘初心、牢记使命，教育强国，育人先行。不论是新的历史条件下继续夺取中国特色社会主义伟大胜利、是决胜全面建成小康社会、进而全面建设社会主义现代化强国，全国各族人民团结奋斗、不断创造美好生活、逐步实现全体人民共同富裕，还是全体中华儿女勠力同心、奋力实现中华民族伟大复兴中国梦，我国日益走近世界舞台中央、不断为人

类作出更大贡献。都需要重视教育，把教育放在优先发展的地位，尤其是要重视德育在学生成长中的作用，为社会主义现代化建设培养合格人才。普通高中教育，在育人方面要重视全员育人、全过程育人、全方位育人，尤其是要发挥思政课与课程思政在育人中的作用，落实立德树人这一根本任务。

社会主义初级阶段的主要矛盾是人民日益增长的物质文化需要同落后的社会生产之间的矛盾。2017 年 10 月 18 日，习近平总书记在党的十九大报告中强调，中国特色社会主义进入新时代，我国社会主要矛盾已经转化为人民日益增长的美好生活需要和不平衡不充分的发展之间的矛盾。从物质文化需要到美好生活需要，从落后的社会生产到不平衡不充分的发展，可以看出近几十年我国经济、社会发展的巨大进步，同时也可以看出在新时代党和国家在以经济建设为中心的同时，更加注重全面发展。全面发展首先要重视人的全面发展，要重视人的全面发展，学校教育就要落实立德树人，做到全员育人、全过程育人、全方位育人，发挥思政课与课程思政在育人中的协同作用，提高高中生思想道德修养与科学文化修养，落实五育并举，促进高中生德智体美劳全面发展。

促进高中生德智体美劳全面发展，五育并举，落实立德树人，首先要重视高中思政课的育人作用。2019 年中共中央办公厅、国务院办公厅印发《关于深化新时代学校思想政治理论课改革创新的若干意见》，意见中指出，“办好思政课，要放在世界百年未有之大变局、党和国家事业发展全局中来看待，要从坚持和发展中国特色社会主义、建设社会主义现代化强国、实现中华民族伟大复兴的高度来对待。思政课建设只能加强、不能削弱，必须切实增强办好思政课的信心，全面提高思政课质量和水平。”[1]从中我们可以看到，在世界百年未有之大变局背景下，办好思政课，关系到党和国家事业发展全局，有利于坚持和发展中国特色社会主义、有利于建设社会主义现代化强国、有利于实现中华民族伟大复兴。中国特色社会主义进入了新时代，这是我国发展新的历史方位。普通高中在育人过程中，必须重视高中思政课在育人中的重要作用，并与其他课程一起构成完整的课程育人体系，坚持五育并举，做到全员育人、全过程育人、全方位育人。办好思政课要全面提高思政课质量和水平。第一，全面提高思政课质量和水平必须坚持党的领导，全面贯彻党的思想政治教育方针政策，全体教师要奋进新时代，担当有作为，为社会主义事业培养建设者和接班人。第二，全面提高思政课质量和水平必须坚持马克思主义为指导，特别是要用习近平新时代中国特色社会主义思想作为指导思想，增强“四个意识”、坚定“四个自信”、做到“两个维护”，弘扬社会主义核心价值观，树立共产主义远大理想和中国特色社会主义共同理想。全面提高思政课质量和水平，必须全面提高思政课教师的综合素质，树立“四有”好老师标准，甘于奉献。做到“学高为师，德高为范”，以德以学塑造灵魂、塑造生命、塑造人。第三，全面提高思政课质量和水平，必须要与时俱进，遵循高中思政课教书育人规律、学生健康成长成才规律，整合高中育人资源，协同育人，做到五育并举，落实立德树人。

（二）“互联网 +”技术背景分析

“互联网 +”技术在普通高中育人中的应用，使普通高中育人传统模式与现代方式相结合，带来的影响具有双重性，积极影响是主要的，但也不能忽略“互联网 +”技术在普通高中育人中应用的消极影响。针对不利普通高中育人的情况，应采取有针对性的对策。

“互联网 +”技术应用背景下的普通高中育人现状

目前普通高中育人模式主要有传统教育、利用多媒体制作PPT授课育人，或者是二者的结合。在“互联网 +”技术背景下，普通高中育人模式现阶段也开始出现一些新形势，借助一些平台，例如大家都熟悉的安全教育平台，班主任在线授课，学生通过互联网观看视频，完成课后练习等。除此之外高中育人与互联网融合发展，还可以采用微课、钉钉授课等，这对教师提出更高的技术能力要求，尤其是对互联网技术掌握不太熟悉的教师。对学生来说，利用互联网进行学习，相对传统模式，可以调动学生的积极性、主动性、创造性，但同时也带来一些问题。

“互联网 +”技术在高中育人中的应用，可以让普通高中育人超越时空的局限，让学生随时随地进行学习。例如受疫情影响，学生居家学习期间，宁夏六盘山高级中学班主任采用线上召开“疫情防控，人人参与”主题班会，班会后学生撰写心得体会并上传至线上，取得了不错的育人效果。互联网对普通高中育人的影响我们应一分为二来看，接下来我们具体分析一下“互联网 +”技术对普通高中育人的影响及对策。

（1）“互联网 +”技术对普通高中育人的积极影响

“互联网 +”技术被引进普通高中育人中来，在很大程度上方便了教师的教与学生的学，带来了很多积极影响，接下来主要从方便学生的学习、资料的收集与使用以及参与主体和形式的多元化展开论述“互联网 +”技术给高中育人带来的积极影响。

“互联网 +”技术使普通高中育人超越时空的局限。首先“互联网 +”技术能够最大程度地超越时空的局限，汇集来自世界各地的信息，高中生可以通过“互联网 +”技术关注国内外大事，提高自身的思想道德修养和科学文化修养。其次普通高中育人可以借助“互联网 +”技术进行师生沟通互动，完成育人任务等，以促进师生的共同发展。最后普通高中育人可以借助“互联网 +”技术，把育人的内容在学生中进行共享，例如宁夏六盘山高级中学政教处月月有主题、周周有活动，学生就可以通过“互联网 +”技术进行这些活动的共享，参与到这些活动中来，提升自我。“互联网 +”技术的飞速发展为普通高中育人超越时空提供了技术条件，日益显示出其传递、沟通、共享的强大功能，使普通高中育人实现全方位育人有了现实可能性。

“互联网 +”技术有利于普通高中育人主体参与和形式的多样化。首先是主体参与的多元化，过去对高中学生的育人方式是“单项式”的，由教师的教与学生的学组成，参与主体单一。而今在“互联网 +”技术背景下，普通高中育人主体参与呈现多元化，党和政府、教育部门、社会平台、家校联合、全体教职工等育人主体都可以通过网络参与到学生育人中来，例如中央电视台打造的开学第一课以及安全教育平台、学校开发的校本课程、家校进行沟通的工作群等，满足多主体的参与，做到全员育人。其次是参与形式的多样化，过去对高中生的育人形式比较单一，主要由教师的教与学生的学，再加上一些活动等构成，今天在“互联网 +”技术背景下，对高中生的育人方式开始呈现多元化。例如微课、视频产品、网站、教育平台等，学生可以利用“互联网 +”技术等进行自主学习，互联网技术的应用，为普通高中育人形式的多样化及全方位发展提供了技术条件。

“互联网 +”技术有利于育人资料收集的广泛性和使用的活化性。“互联网 +”技术不论是对教师还是学生来说，收集资料都变得非常容易。以前教师在备课过程中，需要收集一手资料，是非常费时费力的。而今天利用“互联网 +”技术，教师在备课时，可以随时随地，方便快捷地查阅到自己需要的文字资料、视频、案例或者是教育平台等。对于学生来说，“互联网 +”技术的使用，收集资料同样也如此方便、快捷，以前学生知道某方面的知识，一般是通过教师或书本,而今天学生想了解某方面的内容,可通过互联网查询。

以前教师在对高中生进行育人活动时，一般是把自己收集来的资料，通过口述或多媒体讲给学生。今天教师可以利用互联网技术，把收集来的资料录成微课、视频或其他学生容易接受的方式，通过相关技术，让自己收集来的资料立体化，使用起来具有活化性，学生利用“互联网 +”技术超越时空的局限进行观看，从而调动学生的积极性、主动性、创造性。

（2）“互联网 +”技术对普通高中育人的消极影响

“互联网 +”技术的应用带给我们方便、快捷的同时，一些不健康的信息等也影响着高中生的健康成长，另外，“互联网 +”技术的主要载体之一智能手机，对自控能力弱的学生来讲，也是一道难题。最后，“互联网 +”技术的应用对部分教师而言也是一大挑战。

互联网信息丰富，但良莠不齐，对学生产生不利影响。传统方式对高中生的育人是“单项式”的教学，学生所接收的信息都是经过教师精心挑选过的，内容都是优秀、健康，利于学生身心全面健康发展的。而随着“互联网+”技术的发展，高中生进行学习的途径和信息来源得到丰富和发展，但互联网上信息良莠不齐，对信息辨别能力不强的高中生来说难免要受到不健康信息的毒害，而高中生正是形成世界观、人生观、价值观的关键时期，这种不利影响不容忽视。

“互联网+”技术主要载体之一——智能手机影响学生的健康成长。除了受到不健康信息的毒害外，“互联网+”技术借助的物质载体，例如智能手机，对自控能力不强的高中生来说，也是影响其专注力及学习质量的一大隐患。目前教育部门要求中小学学生无特殊情况，严禁带手机进校园，这对自控能力弱的学生来说，是非常必要且及时的。

“互联网+”技术对普通高中育人主体教师的挑战。“互联网+”技术，尤其是移动互联网技术具有的优点，可以使高中生随时随地查阅教师进行育人的相关内容，获得自己想知道的信息。而教师的教育不再是学生获得知识的主要来源，这使得教师在进行育人时，面临巨大挑战。如果教师育人的内容没有新意或者缺乏说服力，学生就会对教师育人的内容不感兴趣或者是对教师权威构成挑战。

“互联网+”技术的应用本身对教师，尤其是互联网技术掌握不熟练的教师是一个巨大的挑战。有一部分教师接受“互联网+”这种技术相对较慢，还不能适应普通高中育人模式与“互联网+”技术相融合的新变化、新发展。还有的教师思想意识有待更新，以适应新形势，提升新技术的应用能力，满足新需要，这对教师也是一个不小的挑战。

（三）高中生育人特点分析

中国特色社会主义进入了新时代，这是我国发展新的历史方位。进入新时代，普通高中的德育工作也面临着新情况、提出新问题、全体教职工也面临着新的要求与任务、新的责任与担当。不忘人民教师的初心与使命，落实立德树人这一根本任务，为党和国家培养合格的人才。为此必须研究高中生的身心特点、思想特点、普通高中的德育目标及学校教职工的育人特点等，全员育人、全方位育人、全过程育人，全面贯彻党的教育方针。

1. 高中生的身心特点与普通高中育人

从高中生的生理特点来看，高中生的体格逐步向着成年男女体型发展变化并日趋缓慢；心脏迅速发展且呼吸、消化、泌尿系统内部器官的结构和功能发展逐渐成熟与完善；大脑神经组织结构和功能发育逐渐完善、性生理发展逐步趋向成熟。从高中生的心理特点来看，自主、自立、自尊、自信等心理迅速增强和由盲目逐步走向相对自觉和稳定成熟；自我意识的迅速发展和日趋走向相对成熟、个性心理特征初步形成；性心理意识逐步走向相对成熟等。根据高中生身心发展的特点，普通高中开展育人过程中首先要重身教，高中生身心发展日趋成熟，并在潜移默化中模仿周围的人和事，而学校的教职员工和家长就是学生重点模仿对象，以身教者从，以言教者讼。其次育人过程中要重视疏导，而不是堵。根据学生的身心特点，处在青春期的高中生，偶尔犯错并不可怕，在这个过程中，教师及家长要给予耐心的疏导，帮助学生分析问题、解决问题等。最后育人工作方式要坚持多元化，做到全员育人、全过程育人、全方位育人，根据学生的个性特点，进行个性化育人，满足学生个性化需求。

2. 高中生的主要思想特点

高中生是世界观、人生观、价值观及社会意识、参与意识快速发展和初步走向相对稳定时期。在这个过程中，首先要重视对学生进行世界观、人生观、价值观的教育，帮助高中生树立正确的世界观、人生观、价值观，因为世界观、人生观、价值观具有稳定性，一旦形成，很难改变，而高中时期正是世界观、人生观、价值观快速发展和初步走向相对稳定时期。其中最重要的是教师要做好表率，其身正，不令则行；其身不正，虽令不从。教师是学生学习的榜样，学校教职员工的一言一行在潜移默化中影响着学生，教职员工要重身教，引导学生树立正确的世界观、人生观和价值观。在育人的过程中，可采用多种形式，发挥学生的积极性、主动性、创造性，创设情景，让学生在体验中，满足学生的成长和发展需求。

高中生充满理想与希望，人生理想由多变向相对稳定方向发展，关心政治经济形势、爱评论复杂社会现象和思想仍有片面、偏激的特点。普通高中教职员工重视对学生进行理想信念教育，高中生要树立远大理想，要热爱我们的国家，要担当时代责任等。在对学生进行育人的过程中，要不断帮助学生沿着正确的方向前进，作为新时代的高中生要勇于砥砺奋斗，掌握为人民服务的本领，不断提高自己的思想道德修养。

3. 普通高中的德育目标

根据《中小学德育工作指南》，普通高中的德育目标为："教育和引导学生热爱中国共产党、热爱祖国、热爱人民，拥护中国特色社会主义道路，弘扬民族精神，增强民族自尊心、自信心和自豪感，增强公民意识、社会责任感和民主法治观念，学习运用马克思主义基本观点和方法观察问题、分析问题和解决问题，学会正确选择人生发展道路的相关知识，具备自主、自立、自强的态度和能力，初步形成正确的世界观、人生观和价值观。"[2]

在普通高中开展育人工作，首先要学习习近平新时代中国特色社会主义思想，教育学生热爱中国共产党、拥护中国共产党的领导、坚定"四个自信"、坚持"四个全面"、做到"两个维护"。其次要弘扬科学精神，培养学生运用马克思主义基本观点分析问题、解决问题的能力，用科学的理论武装自己的头脑。再次增强高中生的公民意识、社会责任感和民主法治观念，具备自主、自立、自强的态度和能力，做一名合格的当代公民。最后通过全员育人、全方位育人、全过程育人帮助学生初步形成正确的世界观、人生观和价值观等。采取多元化的育人模式，满足高中生多层次成长需求，完成德育目标，这是每一名教师的责任。

4. 普通高中教职工育人特点

随着经济、社会的发展，普通高中育人工作取得了很大的进步，尤其是党的十八大以来，普通高中把育人工作放在一个更加重要的位置，这种观念已经深入人心。落实立德树人，为党和国家育才，是每一位教师的责任与使命。但在实际工作中，部分教职员工仍存在重智育、轻德育的现象，重视学生的分数，以学生能考上什么样的大学来作为评价学生是否成才的决定标准，从而在一定程度上忽略了对学生的德育、体育、美育等，这是一种不正确的育人观，对此相关教育部门也给予了坚决纠正，例如宁夏回族自治区教育厅出台的全区中高考宣传工作“八个严禁”，严禁以中高考成绩为标准奖惩学校和教师，这将在很大程度上缓解这一现象。部分教职工对育人任务存在重眼前、轻长远的情况。对学生的育人工作没有尊重学生身心发展的规律，脚疼治脚，头疼医头，结果问题频出，收效甚微。

二、普通高中“三全育人”研究的意义

不忘初心、牢记使命，教育强国、育人先行。少年强则国强，普通高中结合自身育人实践，开展“三全育人”研究工作，在新时代背景下具有重大的理论及现实意义。

（一）理论意义

现阶段关于“三全育人”研究主要集中在高校，而普通高中关于“三全育人”相关研究较少。所以作为普通高中政治教师，结合普通高中育人实践，开展“三全育人”理论研究，具有重要的理论意义。

1. 有利于普通高中形成完善的“三全育人”体系

每所普通高中开展育人工作非常多，但能在“三全育人”指导下，形成

理论化、系统化育人体系的不多，作为一名普通高中政治教师，结合自身育人实践，借助本次研究的机会，希望能形成完善的普通高中“三全育人”体系。“三全育人”首先要全员育人，全员育人从狭义上讲，就是普通高中全体教职工都要参与到育人当中去。但在实际操作过程中，全体教职工如何进行合作育人，才能发挥 1+1>2 的育人作用，取得更大的育人效果，这需要在实际操作过程中，不断进行实践、认识、再实践、再认识的一个过程。从而形成普通高中效能最大化的全员育人体系，完成立德树人这一根本任务，为党和国家培养合格的人才。其次普通高中在育人过程中，如何把育人贯彻到教书、科研、实践、管理、服务、文化、组织、评价等环节中去，这需要不断地进行思考总结，不断深化认识，日趋完善普通高中“三全育人”体系。

首先在教书育人环节，重点是要发挥思政课和思政课程的育人作用。对高中生进行课程育人，不仅包括思想政治、语文、历史等所有的学科，甚至还包括校本课程、兴趣课程、班会课等，全面挖掘所有课程育人元素，整合所有课程育人资源，要把社会主义核心价值观、中华优秀传统文化、理想信念教育等贯穿到高中课程全过程。

其次普通高中在育人过程中，也要形成浓厚的科研育人氛围，发挥科研育人的作用，育人工作要与时俱进，研究不断发生变化的经济、社会、学生等。以学生为中心，改革创新，进行科学研究，形成科学的、系统的育人体系。

再次是对学生进行教育的过程中，不能仅仅局限于课本教材的学习，还应把育人工作引入到学生的实践、生活当中。学生通过参观博物馆、纪念馆等一些场馆，让学生近距离去接受优秀文化的熏陶。寒暑假的时候，引导鼓励学生去参加志愿者活动，培养学生爱国、爱人民的情感。通过实践接受德育，通过实践体验思想道德修养的价值，感悟德育，提升思想品德的认知，并把育人的价值内化于心，外化于行。

最后在学校及各部门领导下，各科任课教师配合班主任发挥管理育人作用。管理育人在各个普通高中，是一种常见的育人方式，每个学校在各级党委及教育部门的领导下，负有育人责任的各主体，各司其职，协同育人，共同落实立德树人这一根本任务。在对学生发挥管理育人的同时，全校所有教职员工都应树立服务育人理念，重视学生个性化、多元化的需求，承担起自己的责任与使命，为每个学生的成长保驾护航，让每个学生都有出彩的机会。

2. 有利于普通高中育人理论的创新发展

高中生正处在人生的关键期，需要优秀文化来丰富精神世界，增强精神力量，促进高中生全面发展。研究普通高中评价环节及各种资助对学生思想引领的作用，发挥评价及资助在普通高中的育人作用，以正能量指引学生的健康成长、成才。

在育人内容方面，普通高中在育人过程中，应让优秀的中华传统文化、宁夏红色文化资源、优秀家风等走进校园、走进课堂、走进学生头脑，发挥优秀文化育人的重大作用。普通高中育人也要奋进新时代，承担新使命，展现新作为。在习近平新时代中国特色社会主义思想指导下，普通高中开展育人工作永远在路上，为党和国家培养合格的人才只有进行时，没有完成时。普通高中在育人的过程中，全过程都要与时俱进，研究新情况，发现新问题，提出新内容，更新理念，应用新手段。在普通高中利用综合素质评价平台，结合普通高中教书育人实际，完善评价育人机制。有利于普通高中形成科学的育人理论体系，提升育人实效，落实立德树人这一根本任务。

在育人模式方面，例如在传统教育模式下，重视思政课对学生的德育，认为对高中生的德育在课程方面就是政治教师及政治课的事情，但随着对“三全育人”相关理论的研究学习，发现德育不仅要重视思政课的作用，而且也要重视课程思政在育人中的课程作用等。“三全育人”模式不仅让人们认识到教书可以育人，而且科研、实践、管理、服务、文化、组织、评价等也在育人方面发挥着不可或缺的重要作用。由于“互联网 +”技术的应用，在普通高中思想政治教育理论方面，载体也在不断地更新发展，育人模式发生了很大变化。这些变化对于普通高中育人工作来说，有助于普通高中育人资源的整合与挖掘，育人理论的继承、发展与创新，促进高中生的德智体美劳全面发展。

（二）实践意义

作为普通高中思想政治教师，对“三全育人”理论进行研究，更新育人认知观念，解放思想。在实际教书育人实践中，把收获的理论用来指导实践，更好地为学生成长服务，为党和国家教育事业服务。

1. 有利于知识传授与价值引领的融合，为实现中国梦培养人才

以前普通高中受高考指挥棒的影响，重学生知识传授、重学生分数、重升学率。这种情况现在随着“三全育人”研究实践的推行，大家越来越认识到，作为人民教师，不仅要教好书，最重要的是要育好人。不仅普通高中思想政治课要重视知识传授与价值引领的融合，重视培养学生的政治认同、科学精神、法治精神、公共参与学科核心素养，落实立德树人这一根本任务，而且其他学科也要重视知识传授与价值引领的融合，培养学生树立正确的世界观、人生观、价值观，把社会主义核心价值观等融入课程当中，促进学生思想道德素质与科学文化素质全面发展。在全员育人方面，一线教师，在教好书的同时，一定要育好人。服务人员在做好服务的同时，要发挥服务育人的作用，把服务与育人相融合。管理人员在做好管理的同时，也要在管理的过程中，让管理育好人，让管理与育人相融合。在科研、实践、评价、组织等方面的环节，也要融入育人元素。在全过程育人方面，不论是从时间上，还是从空间上来看，都要把对学生知识传授与育人，贯彻学生受教育的全过程，让学生随时随地都能接受思想政治教育，践行社会主义核心价值观，树立共产主义远大理想。在全方位育人方面，根据变化发展的实际情况，发现新问题、研究新情况、想出新办法、树立新理念、利用新技术，从内容到形式，从理论到实践，做到全方位育人，全面促进学生的成长发展。

2. 有利于普通高中思政课与课程思政实践的创新发展

在教书育人实践中全面贯彻党的教育方针，全员育人、全方位育人、全过程育人。“三全育人”理论的丰富与发展，对普通高中思政课与课程思政在育人方面起着重要的作用。在“三全育人”理论指导下，不论是思政教师，还是其他科任教师，认识到本学科在育人方面的重要意义及价值，都能自觉参与到对学生的育人中来，把思政课与课程思政结合起来，把显性思政与隐性思政结合起来，充分挖掘育人资源与育人潜力，在育人方面形成合力。在实际教书育人中做到全员育人、全方位育人、全过程育人，落实立德树人根本任务。通过本课题的研究，希望能找到思政课与课程思政更佳的契合点，在育人方面，起着 1+1>2 的效果。研究思政课延伸课程的育人作用，如结合本地区、本校实际情况，开设思想政治教育校本课程，借助互联网技术研发思想政治教育网络课程，让学生借助互联网，尤其是移动互联网，随时随地学习相关思想政治教育课程。“走出去”与“引进来”相结合，把学校小课堂与社会大课堂结合起来，发挥实践育人的作用，从理论到实践，满足学生成长、成才的需要。

3. 有利于提升普通高中思想政治课育人的实效性

通过对“三全育人”理论的研究，在普通高中实现全员育人、全方位育人、全过程育人，可以增强普通高中思想政治教育的效果，更好地落实立德树人。习近平总书记指出，“思想政治理论课是落实立德树人根本任务的关键课程……思政课作用不可替代，思政课教师队伍责任重大。”[3]思想政治教育在培养学生树立正确的世界观、人生观、价值观方面起着至关重要的作用，普通高中开展“三全育人”方面的研究，从教书、科研、实践等不同角度增强思想政治教育的实效性，这是普通高中加强育人工作的应有之义，也是最为关键的过程。首先完善普通高中思想政治理论课教材体系，从国家统编教材到地方教材和校本教材，从思政课教材到课程思政教材等。其次加强普通高中思想政治教师队伍建设，提升教师的整体素质，因为落实立德树人这一根本任务，思想政治课教师责任重大。

三、“三全育人”理论提出的过程

“三全育人”这种育人理念并不是自古有之，而是与中国政治、经济、文化、社会、生态发展相适应的教育理念及育人途径。研究中国“三全育人”提出的过程，应考虑到中国政治、经济、文化、社会、生态因素的发展，“三全育人”育人理论的发展应与中国的国情相适应，做到与时俱进。在前人研究的基础上，现对“三全育人”的提出过程做一下简单梳理，大致可分为以下四个阶段。

（一）第一阶段：萌芽阶段（1949—1966 年）

在新中国成立之初，国家百废待兴，对新中国建设来说，各项人才都很缺乏。在这种时代背景下，育人理念及育人方式的改革与发展势在必行。1950 年 8 月 2 日至 11 日，中国教育工会第一次全国代表大会在北京召开，在与会代表的倡议下，提出了教书育人、管理育人、服务育人的“三育人”口号。这是新中国关于育人的一次历史性改革、发展、创新，是“三全育人”的全方位全过程育人的萌芽，在学校育人工作当中，不仅教书要育人，而且管理与服务也要育人，这是从育人方位与过程上来看，要把学校的育人工作贯穿到教书育人、管理育人、服务育人中去。从育人的主体来看，育人的主体主要是教育工作者。在“三育人”理念指导下，教育为国家建设培养了大批人才。

1957 年，毛泽东在《关于正确处理人民内部矛盾的问题》中强调，“思想政治工作，各个部门都要负责任。共产党应该管，共青团应该管，政府主管部门应该管，学校的校长教师更应该管”。[4] 毛泽东的这些论述，是对中国教育工会提出的教书育人、管理育人、服务育人的“三育人”发展与升华，这是从育人的主体来看，党和政府、学校等主体都应参与到育人工作当中去，都应尽到育人的义务与责任。这是“三全育人”理念全员育人的雏形。

（二）第二阶段：探索阶段（1978—1998 年）

党的十一届三中全会召开之后，以邓小平为首的党的领导人重新确立了实事求是的思想路线，中国作出了改革开放的决定。在教育教学方面，与之相适应的是教书育人、管理育人和服务育人的“三育人”理念也得到了恢复与发展。并且随着改革开放，中国政治、经济、文化的快速发展，教育也越来越得到重视，教育理念也在不断更新。邓小平提出：“教育要面向现代化、面向世界、面向未来。”邓小平进一步提出：“教育就是要培养有理想、有道德、有文化、有纪律的社会主义新人。”[5]这两个重要论述，在一定程度上为中国教育的发展指明了前进的方向，促进了教育的改革发展。

邓小平提出：“我们希望从事教育工作的同志，各个有关部门的同志，整个社会的家家户户，都来关心青少年思想政治的进步。”[6]这是从育人的主体对“三全育人”理念的进一步发展，学校、家庭、政府、社会等育人主体都要为青少年的思想政治教育尽心尽力，关注青少年的健康成长。党的十四大确定中国经济体制改革的目标是建立社会主义市场经济体制，随着政治、经济、文化体制的改革、发展，与之相适应的育人理念也在不断发展创新。“思想工作是全党的工作，不仅宣传部门要做，各级党委和企业、农村、学校、街道等基层组织要做，各级行政部门和工会、共青团、妇联等也都有做群众思想工作的责任。”[7]1996 年 10 月，即在党的十四届六中全会后，中国教育工会为了深化“三育人”活动，大力推进教师队伍建设和精神文明建设，中国教育工会四届七次常委会决定，在全国开展以加强师德建设为中心的“树师表形象，创文明校风，为实现跨世纪宏伟目标作贡献”的活动，使得“三育人”活动向新的深度和广度发展。1998 年评出了全国十大师德标兵，为教育战线精神文明建设起到良好的推动作用。[8]

（三）第三阶段：发展阶段（1999—2004 年）

为培养适应社会主义现代化建设需要的新人，1999 年 6 月 13 日中共中央、国务院作出《关于深化教育改革全面推进素质教育的决定》。1999 年 6 月 15 日，江泽民在全国教育工作会议上发表重要讲话。他强调，国运兴衰，系于教育；教育振兴，全民有责。努力造就“有理想、有道德、有文化、有纪律”的，德育、智育、体育、美育等全面发展的社会主义事业建设者和接班人。[9] 这在中国教育史上具有划时代的意义，对育人的重视上升到一定的高度。深化教育改革，加强领导，建设高质量的教师队伍，全面推进素质教育，这不仅为中国教育发展指明了目标，全面推进素质教育，培养全面发展的社会主义事业建设者和接班人，而且更新了教育理念，促进了学者对育人从内容到形式，从体制到机制的研究探索。

2000 年 6 月 28 日，江泽民在中央思想政治工作会议上发表重要讲话。他强调，“面对新形势新情况，思想政治工作在继承和发扬优良传统的基础上，必须在内容、形式、方法、手段、机制等方面努力进行创新和改进，特别要在增强时代感，加强针对性、实效性、主动性上下功夫。”[10] 这是从全方位育人来看，从内容到形式，从方式、方法到手段、机制都要进行发展与创新，以适应经济、社会发展的需要。这为后期“三全育人”中的全方位育人具有重要指导意义。在这一阶段，也有学者提出了“三全育人”具体的实施途径，例如“建立全员育人的网络系统，建立执行的机制和制度，实施两课，发挥党团支部和“两校一会”的作用，开展社会实践活动，做好新生入学，毕业以及主干阶段的思政工作等。”[11]

（四）第四阶段：完善阶段（2005 年至今）

在这一阶段，“三全育人”理念已形成雏形。党中央第一次在重要会议上明确提出“三全育人”理念是在 2005 年 1 月 17 日，胡锦涛同志在北京主持召开全国加强和改进大学生思想政治教育工作会议，明确指出了“加强和改进大学生思想政治教育是一项涉及方方面面的系统工程”“各高校要努力形成党委统一领导，党政群团齐抓共管，形成全体教职员工全员育人、全方位育人、全过程育人的工作机制”。标志着在新的历史条件下，党中央对大学生思想政治教育重要性认识的提升，科学性和规律性的深刻把握。同时，在这种育人理念的指引下，学者们对“三全育人”理念展开研究，并取得了一定成功。

习近平总书记在2016年12月7日至8日召开的全国高校思想政治工作会议上发表重要讲话。他强调，“要坚持把立德树人作为中心环节，把思想政治工作贯穿教育教学全过程，实现全程育人、全方位育人，努力开创我国高等教育事业发展新局面。”[12]把立德树人作为教育的根本任务，是“三全育人”的前提。“三全育人”不仅是新时代育人的理念，而且还是新时代落实立德树人这一根本任务的育人途径。

2017年中共中央、国务院印发《关于加强和改进新形势下高校思想政治工作的意见》，意见指出：“坚持全员全过程全方位育人。把思想价值引领贯穿教育教学全过程和各环节，形成教书育人、科研育人、实践育人、管理育人、服务育人、文化育人、组织育人长效机制”。[13]该意见不仅是对“三全育人”理念的肯定，而且在育人的过程中要坚持习近平新时代中国特色社会主义思想，对于全过程与全方位育人，形成教育育人、科研育人、实践育人、管理育人、服务育人、文化育人、组织育人长效机制。2018年、2019年，教育部先后展开“三全育人”试点，2020年，宁夏回族自治区教育厅也在宁夏开展“三全育人”综合改革试点，“三全育人”经历从实践到认识，再实践再认识的这么一个过程，“三全育人”理念还在不断地发展、完善中。

四、“三全育人”理论渊源

（一）人的全面发展理论与“三全育人”

人的全面发展理论是马克思主义的基本原理之一，也是我国重要的教育方针。人的全面发展指的是人的体力和智力的充分、自由、和谐的发展。人的全面发展理论包含着丰富而又深刻的内涵。人的全面发展理论是普通高中全员育人、全过程育人、全方位育人，促进高中生德智体美劳全面发展的理论基础。“人以一种全面的方式，也就是说，作为一个完整的人，占有自己的全面的本质。”[14]人全面地发展自己的一切能力能更好地促进经济、社会的全面发展，而经济、社会的全面发展，尤其是教育的发展又能促进人全面地发展自己的一切能力。普通高中育人要以学生为本，满足学生及社会的多样化需要，就是以实现学生的德智体美劳全面发展为目标，不断提高学生的综合素质与能力。人的全面发展是“三全育人”理念的理论基础，也是对人民群众是社会历史主体的肯定，所以普通高中在育人过程中，要全员育人、全过程育人、全方位育人，要尊重人、解放人、依靠人、为了人，促进人的全面发展。

“人的社会特征的发展，主要包括人的素质的发展、人的需要的发展、人的社会关系的发展以及人的个性的发展。”[15]第一，人的素质发展在人的全面发展中具有重要的地位，它是人的全面发展的核心。重视人的素质的发展，首先要重视人的德育，德育为先，落实立德树人根本任务；其次要坚持德育、智育、体育、美育、劳育的协调统一。第二，随着经济、社会的快速发展，社会产品的极大丰富以及人的个性的发展，人的需要将呈现丰富性和个性化。从高中生发展的需要研究育人的效果，可以使普通高中育人的目的更加明确，育人价值更加合理，育人效果会不断提升。马克思在《德意志意识形态》中指出：“他们的需要即他们的本性”。[16]第三，人从来就是社会中的人，总是在一定的社会关系中生存和发展。一个人的发展取决于与他人之间的普遍的交往和全面的关系，所以要重视人的社会关系的发展。普通高中在育人过程中，教育学生要学会善于与他人和睦相处。第四，人的个性的全面发展，是人的全面发展的综合体现和最高目标，也是人的全面发展的根本内涵。人的个性的发展程度表现为人的独立自主性、自觉能动性和独特创造性的发展程度。第五，人的全面发展包括个人的全面发展和人类整体的全面发展，二者是辩证统一的。一方面，没有个人的全面发展，就没有人类整体的全面发展。另一方面，个人的全面发展也离不开人类整体的全面发展。真正的人的全面发展必须是人类整体的全面发展，而不是某一群体的个人的全面发展。普通高中在育人的过程中，要面向全体学生，促进全体学生的全面发展，这也是“三全育人”的应有之义。马克思指出：“任何人的职责、使命、任务就是全面地发展自己的一切能力。”[17]中国特色社会主义进入了新时代，这是我国发展新的历史方位。普通高中育人工作在习近平新时代中国特色社会主义思想指导下，全员育人、全过程育人、全方位育人，不断提高育人能力与效果，促进人全面地发展自己的一切能力，为实现中华民族伟大复兴培养人才。

普通高中育人的目的、价值、效果不仅体现在社会价值方面，还体现在促进高中生人格的丰富、进步、发展，最终实现人的自由而全面的发展才是育人的终极意义。普通高中在育人过程中，首先要尊重学生的主体地位，今天的高中生个性张扬、主体意识、自我意识不断增强，依靠传统的说教很难达到育人效果。所以在育人实践活动中，全体教职工要做到“以学生为本”，尊重、理解、关爱学生，平等交流、沟通，共同进步。其次要尊重学生多样化的价值选择，中国特色社会主义进入新时代，在社会主义市场经济、“互联网+”技术等背景下，学生的价值选择必然多样化，实现中华民族伟大复兴，需要各方面人才，因此要尊重高中生多样化的价值选择与追求。以此促进高中生素质的发展、需要的发展、社会关系的发展以及个性的发展，从而实现全面发展。

（二）系统论与“三全育人”

系统论是20世纪40年代末兴起的综合性学科，系统论研究的基本思想方法，就是把所研究和处理的对象当作一个系统，分析系统的结构和功能，研究系统、要素、环境三者的相互关系和变动的规律性。系统是普遍存在的，我们在研究事物时，学会用系统论的观点看问题。研究普通高中的育人工作，可以把普通高中的育人工作看作一个系统，研究普通高中育人各要素在育人中的作用，各要素在系统中如何发挥作用，做到全员育人、全过程育人、全方位育人，形成育人的最大合力，提高普通高中育人的整体效率。

系统论一般指的是由若干要素以一定结构形式联结构成的具有某种功能的有机整体。系统论认为，整体性、层次性、开放性、目的性、稳定性、突变性、组织性、时序性等，是所有系统的共同的基本特征。系统论整体性基本特征指的是系统由若干要素组成并具有一定新功能的有机整体。系统中的各要素具有独立要素所不具有的性质和功能，系统的整体性质和功能并不等于各个要素的性质和功能的简单相加。普通高中育人工作就是一个大系统，教师的教书育人只是其中的一个最重要的要素。而普通高中的育人工作作为一项系统工程，还需要社会上其他力量的支持与配合，需要整合各种育人资源，协调各方面的力量来共同参与，发挥系统的整体性功能，合作完成普通高中的育人工作。“三全育人”的内涵是全员育人、全过程育人、全方位育人，在一定意义上就是强调将普通高中各育人要素在系统内整合起来，形成育人合力，发挥普通高中育人工作的整体性功能，提高普通高中育人工作的效率。

系统是由要素构成的，系统能够成为系统，实际上是相对于子系统即要素而言的，而这一系统本身则是更高一级系统的子系统即要素。面对复杂的人类世界，系统层次也是复杂丰富的。高层次系统由底层次系统组成，而高层次系统又是上一级更高层次的子系统即要素，低层次又是由下一级更低层次的子系统即要素构成。高层次系统和低层次系统之间的关系，是一种整体和部分，系统和要素之间的关系。高层次作为整体制约着低层次，具有低层次不具有的功能。首先普通高中育人工作在“三全育人”理念指导下，坚持党的全面领导，全面贯彻党的教育方针，整合各个育人资源，树立育人的整体观念，发挥育人的整体功能，形成育人合力。其次普通高中在育人过程中，科学合理地利用全校育人资源，做到全员育人、全过程育人、全方位育人，使全校育人的整体优势得以发挥作用。低层次构成高层次，受制于高层次，但低层次又有自己一定的独立性。普通高中的育人工作，在“三全育人”理念指导下，把“三全育人”作为重要的育人途径，各系统要坚持先进的育人理念，重视育人工作，如班级、家长、教师等，不仅要把自身的育人工作做好，还要注意与其他育人元素的配合，才能发挥“1+1 ＞ 2”的作用。

系统的不同层次，往往发挥着不同层次的系统功能。普通高中的育人工作，从全员育人来看，不同的育人主体，在育人的过程中，发挥着不同的作用，每一个育人主体都要守好自己的“责任田”。从全过程育人来看，不论是从时间上来讲，还是从空间上来说，普通高中学生在校三年时间，还是普通高中开展的所有教学活动，都应发挥不同层次的育人功能。从全方位育人来说，普通高中在育人过程中，应用不同的载体，应挖掘其不同层次的育人功能，最大限度地发挥不同层次系统的育人功能。

普通高中育人工作就是一个完整的系统，符合系统论的概念及基本属性。普通高中育人工作就是由若干要素以一定结构形式联结构成的具有某种功能的有机整体，从育人的过程来看，不同层次的育人系统，发挥着不同的育人功能，不同层次的育人系统又统一在普通高中育人工作这一高一级层次当中。而普通高中育人工作又是更高一级层次的子系统即要素，所以普通高中育人工作，要做到全员育人、全过程育人、全方位育人。

（三）思想政治教育协调控制理论与“三全育人”

思想政治教育这一学科同其他学科一样，也有自己特定的系统体系和学科规律。协调控制规律是思想政治教育的具体规律之一。张耀灿教授在《思想政治教育学原理》一书中指出，“在思想政治教育过程中，教育者既要坚持和协调各方面、各种类、各阶段的自觉影响，又要努力控制各方面、各种类、各阶段的自发影响，实现协调自觉影响与控制自发影响的辩证统一”。[18]

大家都知道，思想政治教育过程是一个多种因素相互作用不断矛盾运动的过程，这种矛盾运动包含着多种多样的矛盾。如教育者与受教育者之间的矛盾，教育要求的思想政治素质和社会要求的思想政治素质之间的矛盾，学校教育与家庭教育之间的矛盾等。这些矛盾之间的关系会直接影响到思想政治教育的效果。因此在进行思想政治教育的过程中，必须有计划地科学把握这些矛盾之间的关系，并能科学地有预见性地加以协调控制，才能使全员育人、全过程育人、全方位育人形成育人合力，提升育人的效果。

思想政治教育要做到协调自觉影响与控制自发影响的辩证统一，首先必须坚持落实立德树人这一根本任务。习近平总书记在党的十九大报告中要求：“要全面贯彻党的教育方针，落实立德树人根本任务，发展素质教育，推进教育公平，培养德智体美全面发展的社会主义建设者和接班人。”[19]社会存在决定社会意识，思想政治教育的教学目标、教学内容、教学任务的规划，必须符合中国政治、经济、文化、社会、生态的发展需要，思想政治教育的开展不能脱离社会现实，应以满足人及社会发展需要为目标。立德树人这一育人根本任务的提出，符合中国国情，是在正确判断社会发展需要、社会发展形势、社会发展趋势，及时地有预见性地科学性地提出的教育任务、要求、目标，防止思想政治教育与社会脱节。普通高中在育人过程中，应在“三全育人”理念指导下，落实立德树人根本任务，坚持把“三全育人”作为育人的重要途径，开展好育人工作。

思想政治教育要做到协调自觉影响与控制自发影响的辩证统一，其次必须坚持党的全面领导。思想政治教育过程是一个包含着诸多矛盾运动的过程，如何协调这些矛盾，让普通高中思想政治教育形成育人合力，提高育人的效果，这必须坚持党的全面领导，发挥党总揽全局协调各方的领导核心作用。

2019年8月中共中央办公厅、国务院办公厅印发《关于深化新时代学校思想政治理论课改革创新的若干意见》中指出，“加强党对思政课建设的领导，要严格落实地方党委思政课建设主体责任。地方各级党委要把思政课建设作为党的建设和意识形态工作的标志性工程摆上重要议程，党委常委会每年至少召开1次专题会议研究思政课建设，抓住制约思政课建设的突出问题，在工作格局、队伍建设、支持保障等方面采取有效措施”。[20]这是中国共产党在教育方面作出的科学性预见性的方针政策，普通高中在育人过程中，要全面贯彻党的教育方针——全员育人、全过程育人、全方位育人，做到育人前后连贯和一致。

思想政治教育要做到协调自觉影响与控制自发影响的辩证统一，最后必须重视社会对普通高中育人的影响，坚持学校教育与家庭教育、社会影响的一致性和协调性。在普通高中育人过程中，社会影响主要是指高中生所处的社会环境直接或间接对高中生教育产生的影响。比如互联网、电视、校园周边环境等对高中生的影响，其中最重要的影响是当前“互联网+”技术的迅速发展，尤其是移动互联网技术的应用，如智能手机，使高中生接受信息的传播与交流可以跨越时空的局限。而高中生由于世界观、人生观、价值观尚未真正定性，极易受到社会环境影响。普通高中在育人过程中，学校教育、家庭教育与社会环境影响存在矛盾或不协调，会影响普通高中育人的效果。

因此，普通高中在育人的过程中，应在“三全育人”理念指导下，坚持全员育人，所有与育人有关的主体，全部参与到育人当中去。坚持全过程育人，挖掘一切育人资源，重视社会环境对普通高中育人的影响，重视社会环境在高中生成长中的作用，重视社会影响对高中生教育的这一过程。坚持全方位育人，拓宽育人渠道，坚持学校教育、家庭教育、社会影响的融合发展，不仅重视显性教育，而且还要重视隐形教育，形成育人合力，协调一致地做好普通高中育人工作，提高普通高中育人的实效。

五、“三全育人”的内涵

“三全育人”教育思想是新时代我国普通高中落实立德树人这一根本任务的重要指导思想，更是重要的育人途径。“三全育人”内涵指的是全员育人、全过程育人、全方位育人。全员育人是从育人主体角度论述的，全过程育人是以时间为主线，全方位育人是指育人的理念、内容、手段等，在育人的过程中充分利用各种教育资源，从不同角度，全方位地开展育人工作。

（一）全员育人

全员育人从广义上讲是指一切与育人有关的人员，狭义上的全员育人指的是学校所有教职工都要参与到育人中来。而本书研究的全员育人既不同于广义上的全员育人，也和狭义上的全员育人内涵略有不同，是指学校、家庭、政府、社会等各主体，而重点研究普通高中教职员工的育人工作。习近平总书记指出，“办好教育事业，家庭、学校、政府、社会都有责任。家庭是人生的第一所学校，家长是孩子的第一任老师，要给孩子讲好‘人生第一课’，帮助扣好人生第一粒扣子”。[21]对于普通高中来说，很早就提出过家校共同育人体系。但在实践中，一般主要是班主任与家长沟通联系，家长大多数向班主任了解孩子在校学习成绩等情况，班主任向家长诉说学生在学校的表现，尤其是对于个别经常违反校规校纪的学生，班主任会叫家长到校来共同对学生进行批评教育，而这种家校合作的形式及内容有待丰富、发展与完善。重视普通高中的育人工作，全员育人要做到育人工作全校教职员工共同合作，结合“三全育人”理论及普通高中育人实践，高中全员育人主要应从以下四个方面展开。

首先要坚持全员育人导师制，全校教职员工都是学生健康成长的引路人，每一名教职员工根据自己工作实际，负责一定数量学生的德育、智育、体育、美育、劳育全面发展。每一名学生根据自身全面发展的需要，选择一名或几名教职员工作为自己的导师。通过这种形式，让全体教职员工都参与到育人当中去，让每一名学生在高中三年成长的道路上，都有前进道路上的引路人，做到全员育人，满足学生成长道路上的个性化需求，促进高中生德智体美劳全面发展。

其次要坚持全员育人值班制，为了让每一位教职员工都参与到育人当中去，普通高中可以采取全员育人值班制，全校每一位教职员工都参与到全校育人工作值班制当中去，而不是学生的育人工作仅仅由相关领导和班主任来完成。以寄宿制普通高中为例，全体教职员工可以参与到学生的午晚休值班，周末的学生管理等当中去，参与到学生的育人工作当中去，实现全校教职工形成育人合力。在全校形成全员育人氛围，让学生感受到学校的每一位教职工都是自己健康成长的引路人，自觉接受每一位教职工的管理与服务等。

再次要坚持全员育人责任制，每一名教职员工不仅要参与到全员育人当中，并且每一名教职工都要守好自己的责任田。思政课教师要发挥思政课的德育主阵地作用，其他学科教师也要发挥课程思政的德育作用，学校管理部门及后勤要发挥管理与服务育人、实践育人、组织育人等。每一位教职员工都要奋进新时代，不忘初心、牢记使命，有责任与担当，完成教师的育人任务，形成育人合力，这样更能发挥全员育人的效力，促进学生德智体美劳全面发展。

最后普通高中开展好育人工作，不仅需要全体教职员工的努力合作，也需要坚持在党的领导下，家庭、学校、政府、社会等育人主体的共同努力，各自承担起各自的育人的责任。家庭是人生的第一个课堂，父母是孩子的第一任老师。孩子们从牙牙学语起就开始接受家教，有什么样的家教，就有什么样的人。家庭教育涉及很多方面，但最重要的是品德教育，是如何做人的教育。也就是古人说的“爱子，教之以义方”“爱之不以道，适所以害之也”。青少年是家庭的未来和希望，更是国家的未来和希望。古人都知道，养不教，父之过。家长应该担负起教育后代的责任。家长特别是父母对子女的影响很大，往往可以影响一个人的一生。见习近平在会见第一届全国文明家庭代表时的讲话（2016 年 12 月 12 日）在党的领导下，政府和社会都要承担起普通高中育人的责任，在全社会弘扬社会主义核心价值观、坚定理想信念教育、爱国主义教育等，尤其是关注青少年德育问题，关心青少年健康成长，在他们心中埋下真善美的种子。

（二）全过程育人

全过程育人主要体现在时间和空间上，从时间上来看，全过程育人从广义上讲，指的是人的一生都要不间断地提高思想道德修养与科学文化修养，而相关育人机构和主体，都要进行相关工作，加强人们的思想道德建设等。从狭义上来讲是指在学校接受教育的时间段，要连续地、系统地接受思想道德教育等。普通高中全过程育人研究的时间范围是学生在高中阶段三年，这三年学生受教育要达到的目标，达到目标所要采取的方法、形式、育人的内容等。从空间上来看，普通高中全过程育人，简单地讲是指应把育人贯穿学校工作的全过程和各环节，如何做到全员、全过程、全方位育人，形成理论化、系统化的完整育人体系。2017 年中共中央、国务院印发《关于加强和改进新形势下高校思想政治工作的意见》，意见中指出，“坚持全员全过程全方位育人。把思想价值引领贯穿教育教学全过程和各环节，形成教书育人、科研育人、实践育人、管理育人、服务育人、文化育人、组织育人长效机制”。[22]

普通高中在育人过程中，首先要坚持教书育人，发挥思政课程的育人作用。在普通高中开展育人工作，不仅是思想政治课要做的，还应包括语文、历史等所有的学科，甚至包括校本课程、兴趣课程、班会课等，全面挖掘所有课程育人元素，整合课程育人资源，要把社会主义核心价值观、中华优秀传统文化、理想信念教育等贯穿到课程全过程，落实立德树人之根本任务，促进学生的全面发展。

在普通高中利用综合素质评价平台，完善实践育人机制。在对学生进行教育的过程中，不能仅仅局限于课本教材的学习，还应把育人工作引入到学生的实践活动、生活当中。例如利用节假日及周末，引导学生参观博物馆、纪念馆等一些场馆，让学生近距离地去接受优秀文化的熏陶。每学期放寒暑假的时候，引导鼓励学生去参加志愿者，通过参加活动，培养学生的爱国、爱人民的情感。通过实践接受育人内容，通过实践体验思想道德修养与科学文化修养的意义与价值，提升思想品德与科学文化的认知，内化于心，外化于行。

普通高中在育人的过程中，也要形成浓厚的科研育人氛围，发挥科研育人的作用，世界唯一不变的就是变，育人工作也要与时俱进，研究不断发生变化的经济、社会、学生等。研究育人规律，研究不断变化的社会背景，研究科技在教书育人工作中的应用，例如"互联网+"，关注学生心理等。高中教师，尤其是思想政治教师，要研究教书育人规律、学生成长规律、思想政治教育规律，以学生为中心，改革创新，进行科学研究，形成科学的、系统的育人体系。探究在"互联网+"视角下，尤其是移动互联网的出现，利用互联网，开设育人网站，与学生进行交流，录播德育课程等。

在学校的领导下，各部门通力合作，在各科任教师配合下，发挥班主任管理育人主导作用。管理育人在各个普通高中学校，是一种常见的育人方式，每个学校在各级党委及教育部门的领导下，以宪法和法律为准则，制定本校管理的规章制度，这是管理育人的基础。普通高中管理育人也是全过程育人的一种具体体现。首先是从时间上来看，每个学校从新生入学的习惯养成教育育人，到学生毕业离校的感恩母校教育育人等，从时间上看有着完整的体系。其次从空间上看，高中的育人工作也是全过程，在校党委的领导下，负有育人责任的各主体，各司其职，协同育人，共同落实立德树人这一根本任务。

对学生进行管理，发挥管理育人的同时，学校也在为学生提供服务，通过服务，全过程育人。从狭义上来讲，服务育人是指普通高中总务处等部门在为学生提供服务的过程中，发挥育人的作用，这也是传统意义上的服务育人理念。从广义上来讲，服务育人应与时俱进，树立先进的理念，做到“三全育人”，落实立德树人。全校所有教职员工都应树立服务育人理念，重视学生个性化、多元化、多层次的需求，承担起自己的责任与使命，为每个学生的成长保驾护航，让每个学生都有出彩的机会，广义的服务育人更符合全过程育人理念，也是服务育人的应有之义。

高中生正处在人生的关键期，需要优秀文化，丰富精神世界，增强精神力量，促进德智体美劳全面发展。普通高中在育人过程中，应让优秀中华传统文化、宁夏红色文化资源、优秀家风等走进校园，走进校本教材、走进学生的课堂、走进学生的头脑，发挥文化育人的重大作用。在校园各角落，在教室显眼的地方张贴社会主义核心价值观，让社会主义核心价值观成为学生的精神引领，树立正确的价值观，使其精神不缺钙。发挥文化育人作用，对学生进行理想信念教育、生态文明教育、心理健康教育等，落实立德树人这一根本任务，促进学生全面发展。

普通高中全过程育人也要奋进新时代、承担新使命、展现新作为。在习近平新时代中国特色社会主义思想指导下，开展育人工作永远在路上，为党和国家培养合格的人才只有进行时，没有完成时。“世界不是一成不变的事物的集合体，而是过程的集合体。”[23]普通高中在育人的过程中，全过程都要与时俱进，研究新情况、发现新问题、提出新内容、树立新理念、应用新手段。

（三）全方位育人

全方位育人对于普通高中来说，是指拓展育人空间，以实现学生全方面、全方位发展，以落实立德树人这一根本任务。拓展育人空间从内容上来讲，不仅思想政治课要育人，其他课程也要挖掘育人资源，甚至科研、实践、管理与服务等都要最大限度地发挥育人功能。习近平在全国高校思想政治工作会议上强调指出，“要用好课堂教学这个主渠道，思想政治理论课要坚持在改进中加强，提升思想政治教育亲和力和针对性，满足学生成长发展需求和期待，其他各门课都要守好一段渠、种好责任田，使各类课程与思想政治理论课同向同行，形成协同效应”。[24]

普通高中在育人过程中，要坚持思政课与课程思政的统一，显性思政与隐性思政的统一，国家统编教材与地方教材、校本教材的统一等，实现全方位育人。充分利用各种教育载体完成育人任务，如普通高中综合素质评价、评优选先、各种社团活动、每周的升旗仪式等。拓展育人空间从手段上来讲，育人的主阵地是课堂，通过课堂教好书育好人，这是其他手段所不能比拟的。但即使是课堂育人，也可以采取不同的手段，提高育人的实效性。在“互联网 +”视角下，尤其是随着移动互联网技术的广泛应用，可以借着互联网这一手段对学生进行育人，目前已有运用比较成功的例子，例如利用互联网对中小学生进行安全教育的平台。

普通高中全方位育人从育人的主体看，首先是全校的教职工要从不同的方位进行育人，以做到全方位育人，每一名教职员工不论是教书育人还是在管理与服务的过程中，都要守好自己的责任田。每一位教职员工奋进新时代，担当新使命，展现新作为，从不同的方位、角度进行育人，才能做到全方位育人，落实立德树人，为中华民族伟大复兴培养优秀人才。其次全方位育人不是学校唱独角戏，而是学校、家庭、社会、政府、学生组织五位一体，形成育人合力，协同发力，实现育人功能的最大化。

普通高中全方位育人从高中生主体看，高中生在接受育人过程中，要做到全方位接受育人。首先从接受育人的内容来看，系统地接受德育、智育、体育、美育、劳育，做到五育并举。从接受育人的形式来看，可通过课内与课外、校内与校外、教师的教与学生的学、学习理论与接受实践等，采取不同的方式方法。提升思想道德修养，促进全面发展，做社会主义合格的建设者。

六、“三全育人”的特征

（一）“三全育人”具有科学性特征

“三全育人”教育思想是新时代我国普通高中落实立德树人这一根本任务的重要指导思想，也是普通高中育人的重要途径，“三全育人”内涵指的是全员育人、全过程育人、全方位育人。从“三全育人”的内涵来看，全员育人是指家庭、学校、社会、政府等都参与到育人中来，这样做更能提高育人的效能，注重学生成长的不同过程，从不同方位，不同主体参与到孩子健康成长中来，满足不同阶段成长的需要。“三全育人”以促进学生的全面发展为目标，符合教育的本质，具有科学性。全过程育人是指学生成长的全过程都需要接受教育，而在这个全过程育人的过程中，需要不同的主体，从不同的方位参与到学生的健康成长中来，在潜移默化中提升学生的思想道德素质，落实立德树人这一根本任务，为党和国家培养合格人才。

“三全育人”以马克思主义为指导，尤其是以习近平新时代中国特色社会主义思想为指导，“三全育人”具有科学性。习近平总书记在 2016 年 12 月 7 日至 8 日召开的全国高校思想政治工作会议上指出，“要坚持把立德树人作为中心环节，把思想政治工作贯穿教育教学全过程，实现全程育人、全方位育人，努力开创我国高等教育事业发展新局面”。[25] 在普通高中开展思想政治工作，要贯穿到学校全部工作当中去，全体教职员工都要围绕教书育人做好本职工作。做到全员育人、全过程育人、全方位育人，把立德树人作为中心环节，落实立德树人这一根本任务，具有科学性。

普通高中开展育人工作，坚持以“三全育人”作为指导思想，把“三全育人”作为育人工作的重要途径，符合思想政治工作规律、符合教书育人规律、符合学生成长规律，具有科学性。从全员育人来看，家庭、学校、社会、政府等不同主体参与到育人中来，满足学生在不同时间和空间的成长、成才需求，遵循学生成长规律。不同育人主体全员参与到普通高中育人中来，共同关注高中生的全面发展，符合辩证唯物主义。从全过程育人来看，学生在成长的任何阶段都需要教育，而学生在不同的成长阶段，对育人的需求是不一样的，所以家庭、学校、社会、政府等不同主体，从不同方位对学生进行教育，能很好地促进学生的德育、智育、体育、美育、劳育全面发展。从全方位育人来看，中国特色社会主义进入新时代，在“互联网 +”背景下，采用不同的方式、形式与内容，对学生开展教书育人工作，符合事物发展的规律。

（二）“三全育人”具有主导性特征

“三全育人”具有主导性特征，即政治主导性。普通高中开展“三全育人”工作，首先要坚持党的领导，为党和国家培养社会主义建设者和接班人。全面贯彻党的教育方针，落实立德树人根本任务。习近平指出，“坚持党对教育事业的全面领导。培养什么人，是教育的首要问题。我国是中国共产党领导的社会主义国家，这就决定了我们的教育必须把培养社会主义建设者和接班人作为根本任务，培养一代又一代拥护中国共产党领导和我国社会主义制度、立志为中国特色社会主义奋斗终身的有用人才”。[26]

2019 年 8 月中共中央办公厅、国务院办公厅印发《关于深化新时代学校思想政治理论课改革创新的若干意见》中指出，“加强党对思政课建设的领导首先要严格落实地方党委思政课建设主体责任。地方各级党委要把思政课建设作为党的建设和意识形态工作的标志性工程摆上重要议程，党委常委会每年至少召开 1 次专题会议研究思政课建设，抓住制约思政课建设的突出问题，在工作格局、队伍建设、支持保障等方面采取有效措施”。[27] 新时代加强学校思想政治课建设，各级党委必须履行主体责任，领导好各级各类学校的育人工作，解决好育人面临的问题，发展好、维护好、实现好、平衡好育人工作各方面的利益，极大地调动育人工作各方面的积极性、主动性、创造性。

普通高中开展“三全育人”工作，要在坚定理想信念上下功夫，树立共产主义远大理想和中国特色社会主义共同理想。2013 年 5 月 4 日，习近平总书记在同各界优秀青年代表座谈时指出:“广大青年一定要坚定理想信念。‘功崇惟志，业广惟勤。’理想指引人生方向，信念决定事业成败。没有理想信念，就会导致精神上‘缺钙’。”高中生要有坚定的理想信念，树立正确的世界观、人生观、价值观，不断提高思想道德素质。普通高中通过三全育人，加强思想政治工作，帮助学生树立坚定的理想信念，建立良好的人格和高尚的情操，从而落实立德树人这一根本任务，促进高中生的全面发展。

普通高中开展“三全育人”工作，要在厚植爱国主义情怀上下功夫，让爱国主义精神在学生心中牢牢扎根。习近平总书记在论述建设社会主义文化强国的思想时曾提出：“应进一步弘扬爱国主义精神，爱国主义为社会主义核心价值观中最为深刻、永恒的部分，爱国主义教育将成为永恒的主义，并体现到国民教育的整个过程。”[28]根据习近平总书记的论述，对高中生进行爱国主义教育必须贯穿学校工作全过程，把爱国主义教育放在普通高中学校工作的突出位置。做到全员育人、全过程育人、全方位育人。

普通高中开展“三全育人”工作，要在加强品德修养上下功夫，教育引导学生培育和践行社会主义核心价值观。面对百年未有之大变局，国际复杂多变的形势，中国特色社会主义进入新时代，为培育担当民族复兴大任的圆梦人，必须在普通高中加强社会主义核心价值观教育，这是时代的要求与需要。面对经济全球化、网络应用、社会主义市场经济的发展等对普通高中生德育的影响，在普通高中必须对高中生进行思想品德教育。在“互联网 +”视角下开展普通高中社会主义核心价值观教育方式策略研究，符合当今时代的主题，是时代的要求与需要。

（三）“三全育人”具有整体性特征

“三全育人”具有整体性特征，这是因为从“三全育人”的内涵看，全员育人、全过程育人、全方位育人都包含着育人的整体性特征。

1. 育人主体具有整体性

全员育人从广义上看指的是所有与育人有关的主体，所有主体，各司其职，构成一个有序的完整的整体性。家庭、学校、社会、政府、学生团体各主体在育人方面是一个完整的整体。从狭义上看全员育人指的是学校的全体教职员工都负有育人的责任，这仍然具有整体性。每一名教职员工在育人方面都有自己的使命与担当，思想政治教师首先要发挥思政课在育人方面的主阵地作用，其他科任教师也要挖掘育人资源，发挥课程思政的育人作用，管理部门的教职工发挥管理育人的作用，服务部门发挥服务育人的作用等，全校的育人机制构成有序、科学、规律的整体性。

2. 育人过程具有整体性

育人过程从广义上看，是指人的一生，在这一生提高思想道德修养与科学文化修养的过程中，具有整体性。在这个过程中，家庭教育应起什么作用，学校、社会、政府等都应起什么作用。从幼儿园一直到高中，甚至大学，如何落实立德树人这一根本任务。例如在什么阶段应学习什么德育内容，采取什么方式，达到什么目标，这在中小学德育指南里都有明确的规定，这也具有完整的体系，具有整体性。从育人过程狭义上看，全程育人是指学校育人的全过程，本文研究的是普通高中育人，全过程育人指的是学生入学到高考结束的三年，在普通高中这三年育人过程中也具有整体性。从刚入学的习惯养成教育，到毕业的离校教育，从思政课育人到课程思政育人，从显性思政到隐性思政，从理论育人到实践育人，从活动育人到科研育人等，这都具有整体性，发挥育人的最大功能，促进学生的德智体美劳全面发展。

3. 全方位育人具有整体性

全方位育人从育人载体上看，普通高中育人载体形式丰富，主要有普通高中综合素质评价、班会课、经典文化诵读、社会实践、活动育人等。而这些育人载体具有整体性，在育人的过程中，这些载体构成完整的育人整体，一起发挥着育人的作用。全方位育人从育人的内容来看，德育、智育、体育、美育、劳育，五育并举，促进学生的全面发展，德智体美劳一起构成完整的育人内容。从育人的主体看，家庭、学校、社会、政府等主体，在学生的成长过程中各负其责，各司其职，共同发力，相互配合，形成教育的合力。

（四）“三全育人”具有全面性特征

“三全育人”从其内涵来看具有全面性特征，主要体现在育人主体的全面性、育人过程的全面性、育人手段的全面性、育人内容的全面性、育人结果的全面性。

1.“三全育人”的育人主体具有全面性

全员育人从宏观上来看，指家庭、学校、社会、政府等负有育人的全部主体，在人的一生成长过程中，每一个主体在每一个阶段，各自发挥育人职能，做到不缺位。或者发挥共同育人机制，协同育人，“三全育人”在育人主体方面具有全面性。全员育人从狭义上来看，指的是学校全体教职员工，都要参与到育人中来，都负有育人责任。具体到普通高中来说，在校党委统一领导下，各部门及全体教职员工通过教书育人、实践育人、科研育人、管理育人、服务育人等方面都参与到育人中来，因此全员育人的主体具有全面性。

2.“三全育人”从育人过程来看，具有全面性

全程育人从宏观上是指人的一生，从狭义上是指学校的教育，本文研究的范围是整个高中教育。普通高中在学生在校三年期间育人具有全面性，从新生入学军训、习惯、纪律养成教育，到学生毕业的文明离校及寒暑假的社会实践育人等，这是一个全面的过程。在这个过程中，高一、高二、高三各学期及寒暑假各有育人的主题，各有育人的任务等。每一个时间点应该做什么，完成什么任务，达到什么目的，各有安排，这是一个全面的过程。

3."三全育人"从育人手段来看，具有全面性

普通高中在育人过程中，根据育人内容，采取形式多样的育人手段。有教书育人、实践育人、管理育人、服务育人、科研育人等。在教书育人中，以思想政治课为例，在教材内容方面，除了国家统编教材外，普通高中根据本地区、本校实际，编写地方及本校育人教材，让本地区红色育人资源进学校、进课堂、进学生的头脑等。利用"互联网+"技术，开设网络思政课程，利用学校周边育人资源，让学生走进这些育人场馆，进行现场教学，邀请相关专业人士，走进普通高中思想政治课堂，参与到育人当中去。普通高中育人工作，在"三全育人"思想指导下，育人手段呈现多元化，具有全面性的特征。

4.三全育人"从育人内容看，具有全面性

2019年8月中共中央办公厅、国务院办公厅印发《关于深化新时代学校思想政治理论课改革创新的若干意见》明确指出，"整体推进高校课程思政和中小学学科德育。深度挖掘高校各学科门类专业课程和中小学语文、历史、地理、体育、艺术等所有课程蕴含的思想政治教育资源，解决好各类课程与思政课相互配合的问题，发挥所有课程育人功能。构建全面覆盖、类型丰富、层次递进、相互支撑的课程体系，使各类课程与思政课同向同行，形成协同效应。"[29]从该意见中，我们可以看出，对于普通高中来说，学生的思想政治教育并不仅仅是思想政治一门学科的事情，应挖掘语文、历史、地理等所有课程包含的思想政治教育资源，从而形成全面的育人体系，做好育人工作，要整体推进高校课程思政和中小学学科德育，所以说"三全育人"的内容具有全面性。

5."三全育人"从育人结果来看，具有全面性

普通高中开展"三全育人"工作，就是要做到德育、智育、体育、美育、劳育，五育并举，落实立德树人这一根本任务，为党和国家培育德智体美劳全面发展的合格人才。"三全育人"不仅是育人的途径，而且还是育人的指导思想，通过全员育人、全过程育人、全方位育人，最终要促进人的全面发展，以此促进经济、社会的全面发展。因此“三全育人”最终要达到的育人结果具有全面性，培养全面发展的人才。

七、普通高中“三全育人”面临的机遇与挑战现状分析

中国特色社会主义进入新时代，“互联网+”技术及社会主义市场经济的快速发展等，在此背景下，普通高中育人工作在“三全育人”思想指导下，育人工作开展的现状既面临着严峻挑战，又面临着重大机遇。普通高中育人工作要利用好“三全育人”这一重要的指导思想及育人途径，在育人方面既要勇敢地迎接挑战，又要善于抓住机遇，在中国共产党的领导下，全面贯彻党的教育方针，落实立德树人这一根本任务，坚持德智体美劳全面发展，圆满地完成育人任务。

（一）普通高中德育面临的机遇

普通高中育人工作在马克思主义指导下，尤其是在习近平新时代中国特色社会主义思想指导下，做好“三全育人”工作理论与实践研究，重视普通高中育人工作的发展与创新，这是普通高中开展育人工作的重要机遇期。“互联网+”技术的迅速发展为普通高中育人工作提供了技术保障，中国经济的健康、快速发展为普通高中德育工作的发展，提供了物质基础，“三全育人”既为普通高中育人工作的指导思想，又是重要的途径，这些条件都是普通高中育人工作面临的难得机遇。

1.“三全育人”在普通高中育人工作中的研究与应用

2019年中共中央办公厅、国务院办公厅印发的《关于深化新时代学校思想政治理论课改革创新的若干意见》提出，“办好思政课，要放在世界百年未有之大变局、党和国家事业发展全局中来看待，要从坚持和发展中国特色社会主义、建设社会主义现代化强国、实现中华民族伟大复兴的高度来对

待。思政课建设只能加强、不能削弱，必须切实增强办好思政课的信心，全面提高思政课质量和水平。”[30]

中国特色社会主义进入了新时代，这是我国发展新的历史方位。普通高中在育人过程中，面对国际国内复杂多变的形势，必须加强高中生的思想政治工作，这对普通高中育人工作理论与实践的创新发展，既是严峻挑战，更是重要机遇。普通高中在育人过程中要勇敢地迎接挑战，抓住机遇，把育人工作落实好、实现好、发展好，就必须以“三全育人”作为指导思想，把“三全育人”作为育人的重要途径。抓住普通高中育人面临的这一机遇，只有开展“三全育人”工作理论与实践研究，才能在普通高中落实好“三全育人”这一指导思想与育人途径，才能更好地落实立德树人这一根本任务，为实现中华民族伟大复兴培养合格的人才。

普通高中必须以“三全育人”作为育人指导思想，把“三全育人”作为育人的重要途径，在普通高中开展育人工作，做到德育、智育、体育、美育、劳育五育并举，把握住普通高中这一育人的重要机遇期。这是因为从“三全育人”的内涵看，全员育人、全过程育人、全方位育人是普通高中面临的育人工作重要机遇。中国特色社会主义进入新时代，面对国际国内不断变化的新形势，党和国家对各级各类部门、学校育人工作不仅非常重视，还大力支持育人工作，这为普通高中开展育人工作提供了重要的机遇期。普通高中育人工作应利用好这一重要机遇期，全面提升育人实效。首先重视普通高中育人教职员工队伍建设，全面提高教职工的育人能力，提升教职工的整体素养。加强与家庭、社会、政府等育人主体沟通工作，做到全员育人，形成育人合力。其次各级党委、教育部门及普通高中各相关责任人，做好顶层设计，做好普通高中学生三年的科学整体规划并监督落实，为普通高中做好全过程育人工作奠定基础。最后在育人实践过程中，面对新形势、新问题，不断创新，采取新方法、新策略，利用新手段，做到全方位育人。

2.“互联网+”技术的发展

“互联网+”技术的应用，尤其是普通高中育人工作与互联网技术的融合发展，也为普通高中育人工作理论与实践的发展，带来了机遇。普通高中在育人过程中，要抓住这一机遇，教职工要掌握“互联网+”技术，使其为自己的教书育人工作服务。

“互联网+”技术的迅速发展有利于教师采取新形式、新方法、新手段开展教书育人，采取多种途径展开育人工作。

第一，可以利用“互联网+”技术开设网络育人课程，在育人内容上录播一批优秀的德育示范课程，为学生答疑的微课及一些经典的育人案例、时政热点解读等，满足高中生多层次的需要。在形式上，可以根据学生的心理特点，可以采取多种育人方法，例如动画、访谈、抢答等，满足学生多种多样的个性化需求，让学生在潜移默化中提升思想道德修养与科学文化修养。

第二，可以利用“互联网+”技术在线为学生进行育人方面的互动、答疑解惑等，在学校育人工作层面，普通高中全体教职员工可以利用学校的教育平台针对学生的问题留言进行回复并改进各方面的育人工作，更好地提升学校育人实效，解决学生教育方面的困惑。学校、年级部、班级也可以利用钉钉群、微信、智学网等，针对学生在高中三年某个阶段存在的某些问题，根据实际需要进行集体或者一对一育人辅导。“互联网+”技术的快速发展，让师生之间的互动跨越了时空的局限，极大地方便了师生之间的沟通，这为学校教职员工的育人工作提供了机遇。

第三，“互联网+”技术方便教职员工进行育人工作时资料的收集与科学的使用。普通高中教师在教书育人时，需要大量的育人资源并进行科学的选择使用，“互联网+”技术的快速发展为教师收集资料并进行科学的选择带来了极大的便利，教师可以利用网络超越时空限制，收集到自己需要资源的同时还可以利用“互联网+”技术，让这些育人资源走进校园、走进课堂、走进学生的头脑。

第四，“互联网 +”技术有利于完善普通高中育人活动评价体系，以科学的评价体系育人。例如利用“互联网 +”技术进行的全区普通高中综合素质评价平台，每学期对学生在校期间的德育、智育、体育、美育、劳育情况进行记录并进行等级考核，以此来促进学生努力学习，全面发展。另外有条件的普通高中学校也可以利用“互联网 +”技术对学生进行校级方面的德育、智育、体育、美育、劳育的实时记录与考核，高中三年全程记录与考核，做到全程育人。考评要做到公平、公正、公开，无特殊原因，不得修改。形成科学、完善的各级各类评价体系，以评价促进学生的全面发展，做到评价育人。

第五，“互联网 +”技术有利于高中生利用网络进行学习、育人资料的收集及与教师等育人主体的互动，提高高中生学习的效率。首先高中生可以利用“互联网 +”技术学习优秀的育人课程，根据自身实际需要，选择育人资源进行观看学习。同时也可以借助“互联网 +”技术收集自己需要的育人资源，以提升思想道德修养和科学文化修养。最后高中生也可以通过钉钉、智学网、班牌等载体和教师进行沟通，向教师及其他育人主体反映自己学习的困惑，促进学习的进步。

第六，“互联网 +”技术为家庭、学校、社会、政府等育人主体形成育人合力，提供了技术保障，各育人主体在“互联网 +”技术背景下，协同育人。普通高中利用钉钉、微信、智学网等进行家校合作，协同发力对学生进行思想政治教育，例如利用钉钉群召开班级家长会，教师与家长就学生的教育问题进行沟通交流，全方位育人。社会、政府等负有育人主体的单位和个人也可以借助网络，便捷地参与到学校育人当中去，做到全员育人。

3. 中国经济的高质量发展

一定的经济决定着一定的文化，中国经济高质量的发展，也为普通高中育人工作带来了机遇。随着经济的发展，党和政府加大了对教育的投入，并且认识到为社会主义建设培养合格人才，越来越重要，越来越紧迫。经济的发展促进了教育的发展，而教育的发展反过来又能促进经济、社会的发展。

一定的文化反作用于一定的经济，经济的高质量发展需要教育培养更多高素质的人才，满足经济、社会发展对人才的需要，这是普通高中育人工作面临的重要机遇。面向社会发展对人才的需要，把握着普通高中育人的机遇，为经济、社会发展培养各类人才，这需要普通高中教师更新育人观念，与时俱进，把握时代的脉搏。经济、社会的高质量发展需要普通高中教职工在育人内容方面要不断丰富完善，在育人方式方面要与时俱进，在育人理念方面要不断更新。

随着经济的发展，党和政府不断加大对学校育人工作的资金投入，以此来不断完善各级各类学校的软硬件设施，全面提升教职员工的育人综合素质，这是普通高中育人方面的机遇。在此过程中，普通高中应把握住这一机遇，首先要不断提高教师的综合能力，做新时代的四有好教师，在习近平新时代中国特色社会主义思想指导下，不断学习，提升育人理念，提高育人能力，满足新时代普通高中育人要求。加大财政资金投入，完善普通高中学校育人的软硬件设施，提升育人的能力及效果。

（二）普通高中育人面临的挑战与对策

2019 年 8 月中共中央办公厅、国务院办公厅印发《关于深化新时代学校思想政治理论课改革创新的若干意见》中指出，“同时也要看到，面对新形势新任务新挑战，有的地方和学校对思政课重要性认识还不够到位，课堂教学效果还需提升，教材内容不够鲜活，教师选配和培养工作存在短板，体制机制有待完善，评价和支持体系有待健全，大中小学思政课一体化建设需要深化，民办学校、中外合作办学思政课建设相对薄弱，各类课程同思政课建设的协同效应有待增强，学校、家庭、社会协同推动思政课建设的合力没有完全形成，全党全社会关心支持思政课建设的氛围不够浓厚。”[31] 面对百年未有之大变局，国际复杂多变的形势，面对经济全球化、网络应用、社会主义市场经济的发展等，面对中国特色社会主义进入新时代，为培育担当民族复兴大任的圆梦人，必须在普通高中加强思政教育，这是时代的要求与需要。普通高中要积极应对育人挑战，完成育人任务。

第一，要重视思政课，加强思政课教师队伍建设。普通高中根据学生人数及本校实际情况配齐专职及兼职思想政治教育教师，在职称评定、绩效工资发放等方面向思想政治教育方面效果突出的教师倾斜。利用多种途径，采取多种形式，加大对思想政治教师的培训，用习近平新时代中国特色社会主义思想武装头脑，提高对思想政治教育的认识及政治站位，学习课程标准、教育学、“互联网 +”技术等，提升思政教师教好书，育好人的本领，提高思政教师的幸福感、责任感。

第二，根据本地区本校实际情况，开发思想政治教育地方教材及校本课程，让本地区及本校具有特色的育人资源走进教材、走进课堂、走进学生的头脑。开发思想政治教育地方及学校教材，从而完善国家、地方及学校思想政治教育教材体系。挖掘本地区红色文化资源及本校在育人方面的成功案例等，根据本校学生实际需求，有选择地让这些资源走进思想政治教育教材。从国家统编教材，到地方及学校教材，完善的教材体系，满足学生多层次、多样化、多方面的需求，更好地实现普通高中育人目标。

第三，完善普通高中思想政治教育评价体系在育人过程中的重要作用。普通高中思想政治教育评价在很多学校存在重智育轻其他方面的现象。看重学生的考试分数，以此来评价学生思想政治课学习效果现象，这是片面的、不科学的。普通高中思想政治教育要从重智育向重学生价值观教育转变，从课堂教学、作业设计、课后活动、实践育人、试题命制等方面共同发力，协同改进，完善思想政治教育育人评价体系，以此来迎接普通高中育人工作在当下带来的挑战。

第四，注重普通高中思政课与初中和大学之间的衔接问题，注重育人的连续性和全程性。首先在教材方面，国家对思想政治教材进行统编，可以统筹做好普通高中思想政治课在教材方面和初中、大学之间的衔接工作。其次为了做好这一衔接工作，普通高中思想政治教师要学习掌握初中思想政治课及大学思想政治课开设的内容，以及高一新生初中政治学习掌握情况。最后普通高中要同时适当地开设思想政治地方及校本课程，为三者的衔接进行适当地补充一些内容。

第五，加强思政课与其他学科的协同，发挥思政课与课程思政在育人方面的合力。面对普通高中在育人方面的挑战，既要发挥思想政治课这一育人的主阵地作用，又要发挥课程思政的重要育人作用，二者在教书育人方面形成育人合力，共同应对新时代对普通高中育人的新要求。在新时代及“互联网+”技术等背景下，思政课与课程思政协同地、全方位地育人，坚持思政课与课程思政在育人方面的统一。挖掘其他学科的育人元素，这是“三全育人”的应有之义，也是当今时代必须要坚持的育人方式。

第六，要在各级党委的领导下，借助政府、社会、家庭力量等帮助学校完成育人工作，如注重家校合作育人等。面对新形势、新情况、新任务，仅仅靠学校自身完成育人工作是远远不够的。普通高中育人工作要在各级党委的统一领导下，家庭、学校、政府、社会等负有育人责任的主体，共同参与到普通高中育人工作当中去，尤其是要注重家校合作，形成育人合力，共同应对挑战，为社会主义现代化建设培养人才。

八、“三全育人”与普通高中育人的关系

“三全育人”对于普通高中开展育人工作，不仅是指导思想，而且还是重要的育人途径。在“三全育人”思想指导下，普通高中育人理念在不断更新、丰富与发展，全员育人有利于普通高中形成育人合力，全过程育人有利于普通高中育人的连续性，全方位育人有利于提高普通高中育人的实效性。普通高中以“三全育人”作为重要途径开展育人工作，有利于落实立德树人这一根本任务。普通高中育人实践的丰富与发展，也会推动“三全育人”理论的创造性转化、创新性发展。

（一）“三全育人”更新普通高中育人理念

“三全育人”不仅是普通高中重要的育人途径，而且是普通高中育人重要的指导思想，普通高中在“三全育人”思想指导下开展育人工作，可以全方位地更新普通高中育人理念。帮助普通高中在育人方面树立科学的育人理念并有效地展开育人工作。

“三全育人”的内涵是全员育人、全过程育人、全方位育人。

首先，从全员育人来看，在认识上能够意识到，做好高中生的育人工作，从学校这一主体来看，需要学校所有部门及全体教职员工共同参与，才能更好地完成这一任务，落实好立德树人。普通高中在育人实践过程中，以班主任为中心，班级科任教师、学校相关部门等共同参与到育人中来，发挥教书育人、实践育人、科研育人、管理育人、服务育人等，基本上做到了全员育人。但在实际教书育人过程中，普通高中在育人管理当中，班主任几乎承担了育人管理的大部分任务，每个班级学生在高中三年，在德育方面有什么问题，第一责任人肯定是班主任，不管这一德育内容是不是归班主任负责，有时班级任课教师作业学生没收齐，也来找班主任，有时科任教师在看晚自习时，如果学生有违纪情况，也反馈给班主任处理，另外还有其他种种问题。只要班里学生在德育、智育、体育、美育、劳育方面或者在行为规范方面出现任何问题，那第一时间就要找班主任来处理，不管这是不是班主任负责的部分。所以在全员育人方面，不仅需要全员参与，协同发力，还需要完善考评及责任制，学校那些部门负责的部分及每位科任教师承担的德育部分，学生在这些方面有什么问题，相关部门及每位科任教师负责及考评、督促学生，以减轻班主任在班级管理及德育方面的压力，更好地形成普通高中全员育人局面。

其次，从全过程育人来看，在三全育人理念指导下，普通高中在育人的过程中，从时间上来讲，能够科学地规划并落实高中生高中三年的育人计划。并且越来越认识到整体规划的重要性，包括寒暑假都要纳入整体育人计划当中，不仅要重视学生在校期间的育人，还要重视学生假期期间的育人，从时间上做到全过程育人。从空间上来看，普通高中在育人过程中，应重视每一个育人环节，做到时时育人、处处育人，教书育人、科研育人、实践育人、管理育人、服务育人、科研育人等。

最后，从全方位育人来看，中国特色社会主义进入新时代及“互联网+”技术应用阶段，在此背景下，面对新形势、新要求、新内容，普通高中全体教职工在育人过程中要不断更新理念，采取新方法、新途径、新形式，做到全方位育人。

（二）全员育人有利于普通高中育人形成队伍合力

全员育人理念的提出，有利于普通高中形成育人队伍合力。在全员育人理念的指导下，普通高中全体教职员工逐渐地认识到全员育人在育人中的重要性，育人理念在不断地更新，认识到对学生的教育如果不注重与家庭、社会、政府等形式育人合力，仅仅依靠个别教师，甚至是全体教职员工来完成育人工作，育人效果往往会大打折扣。普通高中在育人实践过程中，也逐渐加大了与家庭、政府、社会等其他育人主体在育人方面的合作，取得了不错的效果。如家校合作育人、借助政府、社会力量参与到普通高中育人中来，共同完成育人目标。

从全员育人内涵来看，本文研究的是家庭、学校、社会、政府等主体共同参与到育人中来，做到全员育人。在该育人理念指导下，普通高中在实际育人过程中，注重依靠家庭、社会、政府等主体的力量，形成育人合力。首先只有家庭、学校、社会、政府等主体共同参与，才能让高中生在不同的过程阶段都能够接受思想政治教育，做到全过程育人，全员参与到育人中来，从不同的角度，采取不同的形式与途径对高中生进行思想政治教育，做到全方位育人，从而形成育人队伍合力。其次只有家庭、学校、社会、政府等主体共同参与到普通高中育人中来，才能发挥各自主体的育人优势，以适应新形势下普通高中在育人方面面临的机遇与挑战。在育人方面，家庭、教师、政府、社会等主体各有各自的优势、特长，因此不同育人主体团结合作育人，更能提升普通高中育人的效果。最后只有家庭、学校、社会、政府等主体共同参与育人中来，才能做到全过程育人、全方位育人。高中生在高中这三年接受教育的时间内，只有不同主体共同参与，才能让学生在每一个时间段都有育人主体在负责。另外不同主体适合不同的育人方式，不同主体的参与，可以更好地把全方位育人落到实处，取得不错的育人效果。

从普通高中育人实践来看，在实际育人过程中，不断加强与家庭、政府、社会等育人主体的联系，希望获得不同育人主体的帮助。例如对学生进行的党史学习教育，普通高中就可以邀请党史研究的专业人士到校给学生上党史课，对学校周边育人环境的治理，就只能依靠政府的力量来完成。另外，普通高中在育人过程中，要加强家校合作，普通高中育人成功的取得，离不开家长的支持与帮助。

（三）全过程育人有利于普通高中育人的连续性

全过程育人有利于普通高中在育人方面做到全程性、连续性，提升育人的整体性、针对性、实效性。普通高中在全过程育人方面，从育人时间上来看，是指学生从录取到普通高中到学生毕业这完整的三年时间。在这三年的时间里，家庭、学校、社会、政府等主体协同努力，全过程不间断地做好高中生育人工作，具体到每节课、每天、每周、每月、每学期、每年、每个寒暑假都需要做好什么育人工作，各育人主体在什么时间段都需要履行什么育人责任与义务，都应有具体的计划。在各级党委及教育部门的领导下，家庭、学校、社会、政府等各育人主体全员育人、全过程育人、全方位育人，要做到连续性育人，在育人过程中不缺位、不越位。

在普通高中育人过程中，普通高中应发挥主导作用，在学生这三年的时间里，要做到每个阶段、每个过程，学生都要不间断地接受育人工作，做到育人的全程性、连续性。尤其是要注意每个时间段之间及每个育人主体之间育人过程的衔接。每个育人主体育人责任与义务随着时间的转化，各育人主体要履行好自己的责任与义务，育人不全是学校的责任与义务。例如学生在校期间的育人责任主体主要是学校，而在寒暑假期间育人的责任主体主要是家长，在学生参加社会实践过程中，育人主体又发生了变化，所以只有做到全员育人、全过程育人、全方位育人，才能使普通高中育人具有连续性。

从普通高中全过程育人的空间上来看，全过程育人是要把对学生的育人工作贯穿到学校工作的方方面面，不仅教书要育人，而且管理、服务、实践、科研、评价等都要育人。在教书育人方面，不仅思想政治教育要落实立德树人这一根本任务，而且其他学科也要育人。在管理与服务方面，要充分挖掘育人元素，让管理与服务也要育人。同时实践、科研、评价也要围绕育人展开工作，每个过程都要注重育人元素的开发。同时各育人主体也要尽职尽责，及时参与到育人中来，共同完成普通高中的育人工作。

普通高中在育人过程中，要坚持思政课与课程思政相统一，坚持显性思政与隐性思政的统一，让育人工作贯穿学校工作的方方面面。坚持学校育人与家庭、社会、政府等育人相统一，各育人主体形成育人合力，发挥“1+1 > 2”的作用。普通高中在育人过程中，从育人的内容到育人的形式，不断发展创新，做到课堂内外、学校内外全过程育人，提高育人的整体性、针对性、连续性。

（四）全方位育人有利于增强普通高中育人的实效性

普通高中在育人过程中全面落实全方位育人理念、坚持把全方位育人作为指导思想与重要的育人途径，可以提升普通高中育人的针对性、全面性、实效性，更好地落实立德树人这一根本任务。普通高中全方位育人也可以满足高中生多层次、多样化、多方面的需求，以促进学生德智体美劳的发展。

普通高中全方位育人从育人内容上看，丰富的教育教学资源及活动，都包含着育人内容，在全方位育人理念指导下，坚持教书、管理、服务、实践、科研、评价等都要发挥育人功能。不仅思政课要育人，而且课程思政也要育人，普通高中在育人的过程中充分挖掘管理、服务、实践、科研、评价等的育人元素，从不同的方位开展育人工作。坚持显性思政与隐性思政的统一，从不同角度育人，丰富普通高中育人理论及实践的内容与形式，促进普通高中育人的发展，提高育人效果。

普通高中全方位育人从育人形式上看，采取形式多样的育人方式、满足普通高中学生的不同需求。“互联网+”技术的发展，为普通高中开展形式多样的育人方式，提供了技术支撑。在发挥好传统方式育人的基础上，利用“互联网+”技术，采取多种形式开设育人课程、育人活动、育人实践、育人评价等，坚持传统育人形式与育人新形式的统一。在新时代背景下，面对新问题，普通高中在育人过程中树立全方位育人新理念，采取多样化、多途径的育人新形式，普通高中育人一定能达到新高度。

普通高中开展育人工作，在“三全育人”理念指导下，把“三全育人”作为重要的育人途径，坚持全员育人、全过程育人、全方位育人，把立德树人贯穿普通高中工作的全过程，有利于普通高中育人目标的实现，落实立德树人这一根本任务。习近平指出，要把立德树人融入思想道德教育、文化知识教育、社会实践教育各环节，贯穿基础教育、职业教育、高等教育各领域，学科体系、教学体系、教材体系、管理体系要围绕这个目标来设计，教师要围绕这个目标来教，学生要围绕这个目标来学。凡是不利于实现这个目标的做法都要坚决改过来。[32]普通高中在育人过程中，要做到全员育人，形成育人合力，要全过程育人，形成育人的连续性，要全方位育人，提高育人的实效性。总之，普通高中所有的工作都要围绕教书育人展开，落实立德树人这一根本目标。

（五）普通高中育人实践有利于“三全育人”理论的发展创新

“三全育人”相关研究主要集中在高校，而普通高中关于“三全育人”的理论较少。普通高中在育人方面有着丰富的实践，结合普通高中的育人实践，在普通高中开展“三全育人”相关理论的研究，有利于“三全育人”理论的丰富、发展、创新。具体从“三全育人”的内涵看，普通高中的育人实践与全员育人、全过程育人、全方位育人理论相结合，在实践中提升相关认识。

1. 普通高中育人实践有利于全员育人理论的发展创新

普通高中在育人过程中，需要家庭、政府、社会等不同主体共同参与，才能完成立德树人这一根本任务。并且普通高中在这方面也有着成功的育人案例，例如家校进行合作，共同帮助学生发展进步，普通高中在对学生进行禁毒教育的时候，邀请禁毒机构专业人士到校给学生上禁毒课，取得了非常好的效果。在教职工育人合作方面，全员育人导师制、全员育人值班制、全员育人责任制等，丰富发展着全员育人理论。

2. 普通高中育人实践有利于全过程育人理论的发展创新

普通高中在全过程育人方面，有着丰富的育人实践。从全过程育人的时间上来看，普通高中在学生接受教育的这三年时间里，对学生的育人工作有着明确的目标及详细的育人计划，每个阶段、每个过程、每个假期都有育人任务。从全过程育人的空间上看，普通高中开展的所有工作都是围绕育人展开的，一切目的都是为了落实立德树人这一根本任务，为党和国家培养人才。

3. 普通高中育人实践有利于全方位育人理论的发展创新

在新时代及“互联网 +”技术等背景下，普通高中在全方位育人方面不断实践、提高认识、再实践、再认识不断循环往复的这么一个过程。从全方位育人形式的不断实践探索，到全方面育人内容的不断发展创新，从全方位育人途径的不断拓展摸索到全方位育人理念的不断更新提升，从全方位育人实践的不断加强深入到全方位育人认识的深化提高，普通高中的育人实践促进了全方位育人理论的发展、创新。

九、普通高中“三全育人”格局的构建

（一）让爱国主义精神在学生心中牢牢扎根

面对百年未有之大变局，国际复杂多变的形势，中国特色社会主义进入新时代，为培育担当民族复兴大任的圆梦人，必须在普通高中加强爱国主义教育，这是时代的要求与需要。面对经济全球化、网络应用、社会主义市场经济的发展等对普通高中生爱国主义教育的影响，普通高中应在课内课外、校内校外，全员、全过程、全方位加强对高中生进行爱党、爱社会主义，国家统一与民族团结，历史尤其是中国近现代史，传承中华优秀文化，人类命运共同体教育等内容的爱国主义教育，让爱国主义精神在学生心中扎根。在“互联网 +”视角下开展普通高中爱国主义教育方式策略研究，厚植爱国主义情怀。在普通高中开展思政课爱国主义教育策略研究符合当今时代的主题，是时代的要求与需要，具有现实意义和价值。

在普通高中加强爱国主义教育策略研究，尤其是要加强思政课爱国主义教育方法研究，不仅是时代的要求与需要，也是党中央的政治要求。习近平总书记在论述建设社会主义文化强国的思想时曾提出，应进一步弘扬爱国主义精神，爱国主义为社会主义核心价值观中最为深刻、永恒的部分，爱国主义教育将成为永恒的主义，并体现到国民教育的整个过程[33]。根据习近平总书记的论述，对高中生进行爱国主义教育必须贯穿思政课全过程，把爱国主义教育放在普通高中思政课的突出位置。习近平总书记在中共中央政治局第二十九次集体学习时强调爱国主义的重要性，指出爱国主义教育是国家教育的重要内容。作为一名高中政治教师，对学生开展爱国主义教育，责无旁贷。习近平总书记指出，“思想政治理论课是落实立德树人根本任务的关键课程。……思政课作用不可替代，思政课教师队伍责任重大”。[34]对普通高中思政课爱国主义教育研究，高中生是祖国的希望与未来，对建设社会主

义文化强国，弘扬社会主义核心价值观具有重要的理论及实践价值。对高中生进行爱国主义教育，要做到全员参与，突出重点，在这个过程中，特别是高中思政教师一定要把社会主义核心价值观贯穿到高中思政课的全过程，弘扬以爱国主义为核心的中华民族精神和以改革创新为核心的时代精神，引领高中生的健康成长，促进其全面发展。

爱国主义历经几千年的发展，已成为中华民族精神的核心，是指引中国人民从一个胜利走向另一个胜利，实现中华民族伟大复兴和中国梦的强大精神动力。但爱国主义不是抽象的，而是具体的，具有历史性、时代性特征。在新时代，爱国主义的内容和要求也有所不同。2019 年 11 月 12 日国家颁布的《新时代爱国主义教育实施纲要》指出，“充分发挥课堂教学的主渠道作用，办好学校思想政治理论课，思想政治理论课是爱国主义教育的主阵地”。结合本校实际，在新时代背景下，在习近平新时代中国特色社会主义思想指导下，希望普通高中能够丰富、发展、整合高中爱国主义教育的教学资源，改进、完善、提升高中爱国主义教育的方式方法，提高普通高中爱国主义教育实效，做到全员、全过程、全方位为党和国家培育民族复兴大任的圆梦人。

（二）以理想信念教育为核心

理想和信念是每个高中生都应该拥有的，一个没有理想和信念的高中生，他的高中生活和学习，甚至是整个人生，就会失去目标。苏霍姆林斯基说：“道德教育成功的‘秘诀’在于，当一个人还在少年时代的时候，就应该在宏伟的社会生活背景上给他展示整个世界、个人生活的前景。”2019 年中共中央办公厅、国务院办公厅印发《关于深化新时代学校思想政治理论课改革创新的若干意见》中指出，“办好思政课，要放在世界百年未有之大变局、党和国家事业发展全局中来看待，要从坚持和发展中国特色社会主义、建设社会主义现代化强国、实现中华民族伟大复兴的高度来对待。思政课建设只能加强、不能削弱，必须切实增强办好思政课的信心，全面提高思政课质量和水平”。[35]对高中生进行理想信念教育，放在世界百年未有之大变局、党和国家事业发展全局中来看待，从坚持和发展中国特色社会主义、建设社会主义现代化强国、实现中华民族伟大复兴的高度来对待，必须加强在德育的过程中，以理性信念教育为核心。

2017年中共中央、国务院印发的《关于加强和改进新形势下高校思想政治工作的意见》提出，要强化思想理论教育和价值引领。把理想信念教育放在首位，切实抓好马克思列宁主义、毛泽东思想学习教育，广泛开展中国特色社会主义理论体系学习教育，深入学习习近平总书记系列重要讲话精神，引导师生深刻领会党中央治国理政新理念新思想新战略，坚定中国特色社会主义道路自信、理论自信、制度自信、文化自信。[36]

以理性信念教育为核心，首先要引导高中生进行中国特色社会主义道路相关理论学习，坚持道路自信；其次，学习马列主义、毛泽东思想，中国特色社会主义理论体系，尤其要学习习近平新时代中国特色社会主义思想，用科学理论武装头脑，坚持理论自信；再次，认真学习中国特色社会主义制度相关科学知识，学习中共党史、新中国史、改革开放史，特别是社会主义发展史，坚定制度自信。最后，对高中生进行中华优秀传统文化教育，坚定文化自信，树立文化自觉。习近平在党的十九大报告中提出：“广大青年要坚定理想信念，志存高远，脚踏实地，勇做时代的弄潮儿，在实现中国梦的生动实践中放飞青春梦想，在为人民利益的不懈奋斗中书写人生华章！”[37]高中生的理想信念教育要做到知行统一，理论与实践统一，不仅要树立理想信念，而且最重要的是克服重重困难，落实理想信念。克雷洛夫说过：“现实是此岸，理想是彼岸。中间隔着湍急的河流，行动则是架在川上的桥梁。”即理想是对现实生活的超越，通过行动的实践才能实现理想。

（三）以立德树人为根本任务

培养什么人、如何培养人、为谁培养人，这是学校教育最根本、首要的问题。习近平总书记在2016年12月7日至8日召开的全国高校思想政治工作会议上强调，“要坚持把立德树人作为中心环节，把思想政治工作贯穿教育教学全过程，实现全程育人、全方位育人，努力开创我国高等教育事业发展新局面”。[38]习近平总书记的这次讲话虽然是面向全国高校思想政治工作，但也为普通高中思想政治工作指明了前进的方向。普通高中思想政治工作，要坚持把立德树人作为中心环节，以立德树人为根本任务，围绕立德树人开展思想政治工作，以立德树人为目标，做到全员、全方位，全过程育人。习近平总书记在党的十九大报告中要求：“全面贯彻党的教育方针，落实立德树人根本任务，发展素质教育，推进教育公平，培养德智体美全面发展的社会主义建设者和接班人。”[39]由此可见，以习近平同志为核心的党中央对立德树人教育这一问题的重视，作为普通高中学校，学生正处在世界观、人生观、价值观形成的关键时期，一定要把立德树人作为学校教育的根本任务。

习近平指出，要把立德树人融入思想道德教育、文化知识教育、社会实践教育各环节，贯穿基础教育、职业教育、高等教育各领域，学科体系、教学体系、教材体系、管理体系要围绕这个目标来设计，教师要围绕这个目标来教，学生要围绕这个目标来学。凡是不利于实现这个目标的做法都要坚决改过来。[40]作为普通高中学校,在落实立德树人这一根本任务时,应做到全员、全方位、全过程。首先，学校全体教职员工都是落实立德树人这一根本任务的主体，责任人发挥学校管理育人、教书育人、服务于人等的体制机制。其次，领会党对立德树人这一根本任务的要求，把握立德树人的规律，认识立德树人的本质，引导学生扣好人生的第一粒扣子。把爱国主义教育、理想信念教育、社会主义核心价值观教育、中华优秀传统文化教育等贯穿高中生立德树人教育这一根本任务全过程。最后，要全方位落实立德树人这一根本，做到五育并举，加强普通高中德育、智育、体育、美育和劳育，完善过度重视智育而轻其他的教育教学方式。让五育都成为落实立德树人这一根本的重要途径，做到全方位育人。

（四）以促进学生的全面发展为根本目标

普通高中“三全育人”格局的构建目的就是为了促进学生的全面发展。习近平总书记在党的十九大报告中要求：“全面贯彻党的教育方针，落实立德树人根本任务，发展素质教育，推进教育公平，培养德智体美全面发展的社会主义建设者和接班人。”[41]从中可以看到，人的全面发展主要指的是德智体美四个方面。习近平在全国教育大会上指出，“要努力构建德智体美劳全面培养的教育体系，形成更高水平的人才培养体系”。[42]人的全面发展从德智体美四个方面与时俱进地发展为德智体美劳五个方面。德智体美劳五育并举已经为当今衡量人的全面发展的权威标准，普通高中促进学生的全面发展也应从这五个方面入手。

马克思、恩格斯在《共产党宣言》中提到，“代替那存在阶级和阶级对立的资产阶级旧社会的，将是这样一个联合体，在那里，每个人的自由发展是一切人的自由发展的条件”。[43]每个人的自由发展是一切人的自由发展的条件，让我们看到人的自由而全面发展的重要性，人的全面发展又促进了社会全面、深刻的发展进步。“三全育人”的育人理念本身就蕴含了以学生为本的思想，强调动员一切教育力量为促进学生的全面发展服务，包括政府、社会、家庭等全员参与。“三全育人”也重视全方位开展育人工作，课程育人、文化育人、实践育人、管理与服务育人等。“三全育人”强调全过程育人，从广义上讲，全过程育人，应包括人的一生。今天，社会发展日新月异，对学生的教育如果仅仅停留在知识学习和智力发展等，学生将无法适应社会发展的需要。所以重视全过程育人，促进学生的全面发展和终身学习，应是重中之重。

作为普通高中，在开展教育教学过程中，应以促进学生的全面发展为根本目标。首先要坚持党的领导，要全面贯彻党的教育方针，把党的教育方针落实到学校工作的各方面。行动是实践的先导，在实际教育教学活动中，以习近平新时代中国特色社会主义思想为指导，做到五育并举，促进学生的全面发展。其次要把德智体美劳全面融入学校教育教学的各个环节，融入学生思想道德教育、文化知识教育、体育、美育教育中去，融入学校开展的劳动教育、活动与实践教育、管理与服务当中去。各级党委及学校要围绕这个目标来管，教师要围绕这个目标来教，学生要围绕这个目标来学，做到全员育人。再次加强教师队伍建设，更新教师教育理念。要从以前重智育、重分数、重升学率与时俱进发展到五育并举，为促进学生德智体美劳全面发展上面来，为学生的终身发展教好书、育好人。最后以普通高考综合改革和课程改革等各项改革为着力点，完善人才培养体制机制，做到五育并举，为高中生全面发展做好深化改革，促进高中生的全面发展。

（五）坚持遵循规律，勇于改革创新

习近平在全国高校思想政治工作会议上指出，“做好高校思想政治工作，要因事而化、因时而进、因势而新。要遵循思想政治工作规律，遵循教书育人规律，遵循学生成长规律，不断提高工作能力和水平”。[44]对于普通高中的德育工作，也要紧跟时代，与时俱进，遵循思想政治工作规律、教书育人规律、学生成长规律，以学生为中心，不断改革创新。

遵循思想政治教育规律，首先要坚持党的全面领导，普通高中是中国共产党领导下的学校，是具有中国特色社会主义制度的学校，普通高中“三全育人”格局的构建，必须坚持党的全面领导，以习近平新时代中国特色社会主义思想为指导，把握正确的方向，增强“四个意识”。用党的科学理论武装学生的头脑，坚定共产主义远大理想和中国特色社会主义共同理想，做有担当有作为的追梦人。遵循思想政治教育规律，要坚持把立德树人作为教育教学的根本任务，立德树人符合唯物辩证法、符合教育教学规律、符合学生成长成才规律。培育和践行社会主义核心价值观，加强中华优秀传统文化教育，坚持扎根中国大地办教育，一切从国情出发，实事求是。

遵循教书育人规律，其次要全面贯彻党的教育方针，紧扣培养什么人这

个根本问题，解决好培养什么人、如何培养人和为谁培养人这一根本问题。坚持用马克思主义指导教书育人实践活动，要加强教师队伍建设，更新教师教书育人理念，与经济社会发展相适应，与新时代育人要求相适应，与学生对教师的要求相适应。提升教师教书育人能力，教师要不断学习新知识、新技能、新方法，满足新时代教书育人的要求，满足建设教育强国的要求，满足人民对高质量需求的要求。最后教书育人体制机制要不断深化改革，全面提高教育质量。

遵循学生成长规律，最后要落实立德树人这一根本任务，习近平在北京大学师生座谈会上强调：“人才培养一定是育人和育才相统一的过程，而育人是本。人无德不立，育人的根本在于立德。这是人才培养的辩证法。办学就要尊重这个规律，否则就办不好学。”[45]普通高中在“三全育人”过程中，尊重学生成长规律，要落实立德树人，把立德树人贯穿到教育教学各方面。要注重学生知识学习和智力发展，同时坚持体育、美育并重，加强劳动教育，做到五育并举，促进学生的全面发展。在教书育人过程中要关注学生身心健康，遵循学生身心等成长、发展特点。

以学生为中心，改革创新。作为普通高中，在开展教育教学过程中，应以学生为中心，促进学生的全面发展为根本目标。教育教学不是目的，促进学生的全面发展才是目的，所以在这个过程中，应以学生为中心，不断进行改革创新，这个世界唯一“不变”的就是“变”，在育人的过程中，根据学生成长成才的规律特点，不断与时俱进，让每一位学生都有出彩的机会，为党和国家培育民族复兴大业的圆梦人。

（六）挖掘本地育人资源

挖掘宁夏本地育人资源，走进普通高中校园，走进课堂，走进学生的头脑。在习近平新时代中国特色社会主义思想指导下，要把宁夏优秀的德育资源融入普通高中德育、智育、体育、美育、劳育各环节，融入普通高中学科体系、教学体系、教材体系、管理与服务体系当中去。让宁夏优秀德育资源进校园、进教材、进课堂、进头脑，学好宁夏地方党史，讲好宁夏故事。

榜样的力量是无穷的，挖掘宁夏本地民族英雄、杰出人物、优秀党员等的感人故事，让发生在学生身边的动人事迹潜移默化地帮助学生树立正确的价值观。在条件允许的情况下可以邀请优秀党员走进校园、走进课堂、走到学生身边，让学生近距离感受优秀党员的先锋模范作用，拥护中国共产党的领导，拥护党的路线、方针、政策，也可以邀请老英雄、老红军到普通高中学校给大家上“思想政治课”，引进宁夏红色文化资源进校园、进课堂、进学生头脑。帮助学生学好中共党史、新中国史、改革开放史和社会主义发展史。最后也可以请本校优秀毕业生，回校给师弟、师妹讲好自己努力的奋斗史，激励学弟、学妹树立人生理想，为中华民族伟大复兴而努力奋斗。

弘扬宁夏优秀传统文化。新时代，弘扬宁夏优秀传统文化，顺应时代的发展，不断满足高中生的精神需求，让宁夏优秀传统文化进校园、进课堂、进学生的头脑，促进学生德智体美劳的全面发展。例如在全员育人前提下，普通高中在育人过程中，可以邀请家庭教育成功的家长进学校、进课堂，和高中生分享优秀的家风，这对高中生正确价值观的形成有着重要的影响，也可以邀请研究宁夏优秀传统文化的专业人士，进课堂给学生讲一讲相关知识，引导学生树立文化自觉及自信，让宁夏优秀传统文化转化为宁夏高中生前进道路上的一种坚定信念，一种精神力量。

可以邀请与普通高中德育有关的党政机关、企事业单位等，走进校园、走进课堂、走到学生的身边来，用他们的专业知识、亲身经历、现身说法等，从不同于教师的角度，采用不同的方式，增强高中生德育的实效性。例如地方党史办可以采用多种形式、多种风格、多种途径、多种类型，让中共党史、宁夏地方党史走进校园、走进课堂、走进学生的头脑，帮助学生学好中共党史、新中国史、改革开放史和社会主义发展史。引导学生热爱中国共产党、热爱祖国、热爱社会主义，坚持中国特色社会主义道路。

“请进来”与“走出去”相结合，另外也可以让高中生走出校门，到宁夏红色文化资源等场馆学习领悟，例如爱国主义教育基地、博物馆等。在节假日及寒暑假，开展形式多样的活动，让习近平新时代中国特色社会主义思想走进校园、走进课堂、走进高中生的头脑。“请进来”与“走出去”在高中德育中运用应注意的四点原则。首先要坚持政治认同，在高中生中间开展德育，最根本的是要全面贯彻党的教育方针，解决好培养什么人、怎样培养人、为谁培养人这个根本问题。其次要坚持科学精神，例如在引用宁夏红色文化走进课堂的过程中，要遵循教育教学的规律，要遵从学生成长规律，树立科学精神。再次要坚持特色性，选择具有宁夏特色的红色文化。最后要坚持典型性原则，选择具有代表性的宁夏特色德育资源。

（七）构建普通高中“三全育人”育人课程体系

1.2017 年 8 月教育部印发的《中小学德育工作指南》

《中小学德育工作指南》指导思想是全面贯彻党的十八大，十八届三中、四中、五中、六中全会精神，深入贯彻习近平总书记系列重要讲话精神和治国理政新理念新思想新战略，始终坚持育人为本、德育为先，大力培育和践行社会主义核心价值观，以培养学生良好思想品德和健全人格为根本，以促进学生形成良好行为习惯为重点，以落实《中小学生守则（2015 年修订）》为抓手，坚持教育与生产劳动、社会实践相结合，坚持学校教育与家庭教育、社会教育相结合，不断完善中小学德育工作长效机制，全面提高中小学德育工作水平，为中国特色社会主义事业培养合格建设者和可靠接班人。基本原则是坚持正确方向、坚持遵循规律、坚持协同配合、坚持常态化开展。《中小学德育工作指南》高中德育目标是培养学生爱党爱国爱人民，增强国家意识和社会责任意识，教育学生理解、认同和拥护国家政治制度，了解中华优秀传统文化和革命文化、社会主义先进文化，增强中国特色社会主义道路自信、理论自信、制度自信、文化自信，引导学生准确理解和把握社会主义核心价值观的深刻内涵和实践要求，养成良好政治素质、道德品质、法治意识和行为习惯，形成积极健康的人格和良好心理品质，促进学生核心素养提升和全面发展，为学生一生成长奠定坚实的思想基础。德育内容：理想信念教育，社会主义核心价值观教育，中华优秀传统文化教育，生态文明教育，心理健康教育。育人实施途径和要求是课程育人、文化育人、活动育人、实践育人、管理育人、协同育人。[46]

《中小学德育工作指南》从指导思想，基本原则，德育目标，德育内容，实施途径和要求，组织实施六个方面为普通高中的德育工作指明了方向，也为普通高中构建“三全育人”育人课程体系从内容到形式、从原则到要求、从实施到目标提出了具体要求。

构建普通高中“三全育人”育人课程体系，要以《中小学德育工作指南》德育内容作为课程体系的主要内容，落实《中小学德育工作指南》高中德育目标，坚持基本原则及实施途径和要求，并在普通高中德育过程中，全员、全过程、全方位组织实施。

2. 统编三科教材

2017 年，国家教材委员会成立。2017 年秋季开学，全国各地七年级的初中生已经开始使用教育部统编三科教材。普通高中思想政治课程标准已经修订印发，统编普通高中思想政治教材已经过了试教试学，笔者也有幸成为一名试教试学的高中思想政治教师，统编三科教材在宁夏也即将投入使用。

另外，宁夏多次组织新教材、新课程标准政治任课教师全员培训会，有来自区外专家，也有区内相关行家里手为大家授课，提高了全区思想政治任课教师的认识，更新了全区思想政治科任教师的理念及知识，为后期讲好新课程标准、新教材的思政课打好基础。

统编三科教材是在党的全面领导下，落实党的教育方针，扎根中国大地办教育，办好中国特色社会主义教育。统编三科教材系统全面融入社会主义核心价值观，弘扬优秀传统文化，落实立德树人这一根本任务。遵循学科规律、学生成长成才规律、教育教学规律,有利于推进素质教育,促进学生全面发展。

3. 显性思政与隐性思政

习近平强调，“要坚持显性教育和隐性教育相统一，挖掘其他课程和教学方式中蕴含的思想政治教育资源，实现全员全程全方位育人”。[47]在普通高中开展育人工作，要坚持显性思政与隐性思政的统一。首先充分利用普通高中思政课堂教学对学生进行德育教育，普通高中思政教师在习近平新时代中国特色社会主义思想指导下，立足教材，关注时政热点，整合德育教育资源。在“互联网 +”视角下优化德育教育方式方法。落实高中政治学科核心素养，以学生为中心，发挥学生的主体性。争取让显性思政的作用得到最大的发挥，为党和国家培养合格的人才。其次要充分挖掘隐性思政的育人作用，让隐性思政在潜移默化中育人。挖掘其他课程的育人资源，让优秀传统文化、红色文化资源等走进校园，挖掘学校管理与服务、科研等蕴含的育人资源，实现显性思政与隐性思政的统一，做到“三全育人”。

4. 思政课程与课程思政育人

2016 年，习近平总书记在全国高校思想政治工作会议上强调，其他各门课都要守好一段渠、种好责任田，使各类课程与思想政治理论课同向同行，形成协同效应。[48]在当前新形势下，为了落实立德树人之根本任务，实现全员育人、全过程育人，全方位育人，对于普通高中来说，加强学生的思想政治教育，并不仅仅是思政课一门学科的任务，历史、语文、地理等所有高中学科都要挖掘本学科的思想政治教育资源，把社会主义核心价值观贯穿到本学科的教学过程当中，与思政课形成育人合力。这是“三全育人”的应有之义，也是面对百年未有之大变局，对普通高中在育人方面提出的新要求。

5. 班会课育人

班会课是普通高中推进“三全育人”的重要途径之一，传统的班会课一般是由班主任完成。在“三全育人”理念指导下，班会课的上课主体开始由班主任向多主体、多形式、多角度等转变。为了完成立德树人这一根本任务，根据党的教育方针，结合不断变化的社会形势和学生实际，不断探索班会课育人模式。根据实际需要，把班会课上得更专业，更能满足学生的需求。上好班会课的主体可以是心理教师，可以是消防员，也可以是研究党史的专业人员等。班会课的内容应根据全过程育人理念，做好高中三年的规划，应月月有主题，周周有活动，上好每一节班会课。以班会课的德育促进学生的智育、体育、美育、劳育，做到五育并举，落实立德树人，促进学生的全面发展。在上好班会课的形式上，要做到全方位，根据班会课的内容和实际情况等，采取多种形式，多角度地上好班会课，发挥班会课育人的重要作用。

6. 校本课程育人

当前，随着中国特色社会主义进入新时代，面对百年未有之大变局。为了落实立德树人这一根本任务，高中育人工作除依靠国家教材、地方教材之外，还应开发符合本校育人实际的校本思政课程与课程思政教材，完善普通高中育人的教材体系，在“三全育人”的过程中，根据育人实践，选择育人校本教材，引导高中生树立正确的世界观、人生观、价值观。因此，各学科教师应根据育人实际情况，开发校本教材，挖掘育人潜力，提高思想政治教育工作的实效性、针对性，把普通高中育人工作推向一个新高度。立足宁夏区情，开发具有宁夏特色的普通高中德育校本课程，在这个过程中坚持政治性、思想性、特色性、契合性原则。宁夏本土资源也是普通高中德育的重要载体，例如让宁夏优秀红色文化进校园、进课堂、进头脑，学好宁夏地方党史，讲好宁夏故事。对于宁夏普通高中生形成正确的价值观有着举足轻重的作用。

7. 网络课程育人

习近平指出：“网络空间是亿万民众共同的精神家园，网络空间天朗气清、生态良好，符合人民利益。”[49]良好的网络空间，对于世界观、人生观、价值观尚未形成的高中生来说，能够产生深刻的影响。对于普通高中在德育教育过程中，在全方位育人理念指引下，在“互联网 +”背景下，首先开设面向普通高中生的德育网站，在网站上传递正能量，落实立德树人这一根本任务。可以参照中小学安全教育平台这一模式，每个高中生每人一个账号，每学期完成一定的德育任务，以此培养高中生的爱党、爱国、爱社会主义情感。其次利用网络进行师生互动，尤其是移动互联网的应用，师生可以借这一平台，实现随时随地的互动，帮助学生解决困惑，促进学生的健康成长、成才、成功。最后录播一批优秀的德育课程，学生根据自己的实际情况，有选择地进行学习，收获知识、成功、快乐，从中感悟、升华、成长。

参考文献

[1] 中共中央办公厅，国务院办公厅．关于深化新时代学校思想政治理论课改革创新的若干意见 [M]. 北京：人民出版社，2019.

[2] 教育部关于印发《中小学德育工作指南》的通知 [DB/OL]. 中国教育和科研计算机，2017-09-06.https://www.edu.cn/edu/jiao_yu_bu/xin_wen_dong_tai/201709/t20170906_1552290.shtml.

[3] 习近平．用新时代中国特色社会主义思想铸魂育人 贯彻党的教育方针落实立德树人根本任务 [N]. 人民日报，2019-03-19.

[4] 毛泽东．毛泽东著作选读 [M]. 北京：人民出版社 .1986.

[5] 邓小平．邓小平文选：第 1 卷 [M]. 北京：人民出版社，1993.

[6] 邓小平．邓小平文选：第 3 卷 [M]. 北京：人民出版社，1993 年 .

[7] 中共中央文献研究室编．十四大以来重要文献选编 [M]. 北京：人民出版社，1996.

[8] 王文学．对素质教育中加强“三育人”工作的思考 [J]. 中国冶金教育，2000（3）.

[9] 江泽民在全国教育工作会议上发表重要讲话强调：国运兴衰系于教育，教育振兴全民有责 [N]. 人民日报，1999-06-16。

[10] 江泽民．江泽民文选：第 3 卷 [M]. 北京：人民出版社，2006：126.

[11] 李国栋，朱灿平 . 坚持“三全”育人 注重思想工作实效 [J]. 党建与教育，1999（24）.

[12] 习近平在全国高校思想政治工作会议上强调：把思想政治工作贯穿教育教学全过程 开创我国高等教育事业发展新局面 [N]. 人民日报，2016-12-09.

[13] 中共中央 国务院印发《关于加强和改进新形势下高校思想政治工作的意见》[DB/OL]. 中共政府网，2017-02-27.http://www.gov.cn/zhengce/2017-02/27/content_5182502.htm.

[14] 马克思恩格斯全集：第 1 卷，北京：人民出版社，2016：123 页 .

[15] 马克思恩格斯全集：第 3 卷 [M]. 北京：人民出版社 .1960:330.

[16] 马克思恩格斯全集：第 3 卷 [M]. 北京：人民出版社 .1960:514.

[17] 马克思恩格斯全集：第 3 卷 [M]. 北京：人民出版社 .1960:330.

[18] 张耀灿，陈万柏 . 思想政治教育学原理 [M]. 北京：中国人民大学出版社，2013.

[19] 习近平 . 决胜全面建成小康社会 夺取新时代中国特色社会主义伟大胜利——在中国共产党第十九次全国代表大会上的报告 [N]. 人民日报，2017-10-28.

[20] 中共中央办公厅，国务院办公厅 . 关于深化新时代学校思想政治理论课改革创新的若干意见 [M]. 北京：人民出版社，2019.

[21] 习近平全国教育大会重要讲话金句速览 [DB/OL]. 人民网 ,http://politics.people.com.cn/n1/2018/0910/c1001-30284629.html。

[22] 中共中央 国务院印发《关于加强和改进新形势下高校思想政治工作的意见》[DB/OL]. 中共政府网，2017-02-27.http://www.gov.cn/zhengce/2017-02/27/content_5182502.htm.

[23] 马克思恩格斯选集：第 4 卷 [M]. 北京：人民出版社，2012：239.

[24] 习近平在全国高校思想政治工作会议上强调：把思想政治工作贯穿

教育教学全过程 开创我国高等教育事业发展新局面 [N]. 人民日报，2016-12-09.

［25］习近平在全国高校思想政治工作会议上强调：把思想政治工作贯穿教育教学全过程 开创我国高等教育事业发展新局面 [N]. 人民日报，2016-12-09.

［26］习近平全国教育大会重要讲话金句速览 [DB/OL]. 人民网，http://politics.people.com.cn/n1/2018/0910/c1001-30284629.html

［27］中共中央办公厅，国务院办公厅关于深化新时代学校思想政治理论课改革创新的若干意见 [M]. 北京：人民出版社，2019.

［28］中共中央宣传部 . 习近平总书记系列重要讲话读本 [M]. 北京：人民出版社，2016：191.

［29］中共中央办公厅，国务院办公厅 . 关于深化新时代学校思想政治理论课改革创新的若干意见 [M]. 北京：人民出版社，2019.

［30］中共中央办公厅，国务院办公厅 . 关于深化新时代学校思想政治理论课改革创新的若干意见 [M]. 北京：人民出版社，2019.

［31］中共中央办公厅，国务院办公厅 . 关于深化新时代学校思想政治理论课改革创新的若干意见 [M]. 北京：人民出版社，2019.

［32］习近平全国教育大会重要讲话金句速览 [DB/OL]. 人民网，http://politics.people.com.cn/n1/2018/0910/c1001-30284629.html.

［33］中共中央宣传部 . 习近平总书记系列重要讲话读本 [M]. 北京：人民出版社，2016：191。

［34］习近平 . 用新时代中国特色社会主义思想铸魂育人 贯彻党的教育方针落实立德树人根本任务 [N]. 人民日报，2019-03-19.

［35］中共中央办公厅、国务院办公厅 . 关于深化新时代学校思想政治理论课改革创新的若干意见 [M]. 北京：人民出版社，2019.

［36］中共中央 国务院印发《关于加强和改进新形势下高校思想政治

工作的意见》[DB/OL]. 中共政府网，2017-02-27.http://www.gov.cn/zhengce/2017-02/27/content_5182502.htm.

[37] 习近平 . 决胜全面建成小康社会 夺取新时代中国特色社会主义伟大胜利——在中国共产党第十九次全国代表大会上的报告 [M]. 人民日报，2017-10-28.

[38] 习近平在全国高校思想政治工作会议上强调：把思想政治工作贯穿教育教学全过程 开创我国高等教育事业发展新局面 [N]. 人民日报，2016-12-09.

[39] 习近平 . 决胜全面建成小康社会 夺取新时代中国特色社会主义伟大胜利——在中国共产党第十九次全国代表大会上的报告 [M]. 人民日报，2017-10-28.

[40] 习近平全国教育大会重要讲话金句速览 [DB/OL]. 人民网，http://politics.people.com.cn/n1/2018/0910/c1001-30284629.html.

[41] 习近平 . 决胜全面建成小康社会 夺取新时代中国特色社会主义伟大胜利——在中国共产党第十九次全国代表大会上的报告 [M]. 人民日报，2017-10-28。

[42] 习近平在全国教育大会上强调 坚持中国特色社会主义教育发展道路 培养德智体美劳全面发展的社会主义建设者和接班人 [M]. 人民日报，2018-09-11.

[43] 马克思恩格斯全集：第 2 卷 [M]. 北京：人民出版社，1960.

[44] 习近平在全国高校思想政治工作会议上强调：把思想政治工作贯穿教育教学全过程 开创我国高等教育事业发展新局面 [M]. 人民日报，2016-12-09.

[45] 习近平 . 在北京大学师生座谈会上的讲话 [M]. 人民日报，2018-05-03.

[46] 教育部关于印发《中小学德育工作指南》的通知 [DB/OL]. 中国教育和科研计算机，2017-09-06.https://www.edu.cn/edu/jiao_yu_bu/xin_wen_

dong_tai/201709/t20170906_1552290.shtml.

[47] 习近平 . 用新时代中国特色社会主义思想铸魂育人 贯彻党的教育方针落实立德树人根本任务 [N]. 人民日报，2019-03-19.

[48] 习近平在全国高校思想政治工作会议上强调：把思想政治工作贯穿教育教学全过程，开创我国高等教育事业发展新局面 [N]. 人民日报，2016-12-09.

[49] 习近平主持召开网络安全和信息化工作座谈会强调：在践行新发展理念上先行一步 让互联网更好造福国家和人民]. 人民日报，2016-04-20.

第二章　“三全育人”的实践探索

一、让诚信之花在校园绽放——诚信考试制度的实践探索

现代社会诚信缺失影响了教育事业的健康发展，对学校诚信教育提出了严峻的挑战。高中生处于诚信意识形成的关键时期，具有很强的可塑性，帮助青少年树立正确的诚信意识至关重要。然而，部分学校不重视诚信教育，没有意识到诚信教育的重要性。另一些学校虽然开展了诚信教育工作，却流于形式，缺乏时代性和针对性，使诚信教育的效果大打折扣，受教育者无法将诚信内化于心、外化于行、固化于性。因此，需要从细微处着手培育高中生的诚信意识，引导高中生自觉践行诚信道德。现阶段，亟须进行关于诚信教育实施方法的探索，通过创新诚信教育形式，营造出良好的诚信氛围，这对于改进中学诚信教育方式，提高中学生道德观念，丰富和发展社会主义核心价值观都具有十分重要的意义。宁夏六盘山高级中学将诚信教育落到实处，以诚信考试制度的形式确定下来，并在全校推广。所谓诚信考试，就是监考教师不在考场监考，只在楼道巡查，学生依靠自我监督答卷。这一创举除了能诊断学生近一阶段的学习成果外，更是充分尊重学生的主体地位，在全校营造出了诚信应考的氛围。考试，不仅仅是对学习效果的考察，更是对人格的考验。

（一）诚信考试制度的运行机制

诚信考试并非仅仅是无教师监考这么简单，要真正发挥诚信考试制度的效果，减少后期失信追查与惩戒难度，前期要做大量工作，这些工作直接影响诚信考试制度的实施效果。

考前要做好考试的启动与建设工作。

第一，宣传动员。学校政教处倡议全体同学以班级为单位自愿递交参加诚信考试承诺书，承诺能在考场中考出自信，考出人格。经班主任、年级主任、政教处主任进行严格的资格评审后方可参加考试。通过签订考试承诺书、举行宣誓仪式等系列活动营造诚信的校园文化环境，增进了同学们对诚信考试制度的了解、理解和支持，有助于学生形成良好的考试习惯。

第二，命制试题。在试题命制时有如下要求。首先，合理设置难度。要注重基础，合理分布所考查内容的知识点，合理设置容易题、中等题、较难题的比例，要符合各年级、各学科全体学生的学习实际。其次，科学设计题型。设计多种类型的题目，因主观题、计算题等较多，试题容量大，考生需要全力以赴才能答完试卷，无暇给别人传递答案或者抄袭别人，最大程度上减少考生偷窥他人答案的概率。再次，精心编排试卷。严禁整版从网上抄袭试题或使用历年成题，如果确实需要使用网上部分试题时，需要调整表述和选项顺序，这增加了考生在考场上用手机搜寻答案的难度。最后，规范命题。绝对避免试卷中图文不符、文字歧义等明显错误，最大程度上减少了在考场上因为试卷错误而在无教师情况下引起的混乱与无序。

第三，考场布置。考生座位由计算机进行随机编排，这最大程度上降低了同班同学成为邻桌的可能性，减少了由于认识而造成的考试作弊的风险。座位之间距离不得小于 80 厘米，使得邻桌无法看清自己卷子上的文字，在物理距离上减少了同学之间的相互接触。考场布置时要清空桌框内杂物，并反向放置。班级宣传委员在黑板上书写诚信标语以警示应考学生。

考中要做好考试的组织与实施。

考试中学生要按照学校安排的考场座次就座，要将带进考场的书籍、笔记本等物品放置在前方的讲桌上。在考试过程中要遵守考场纪律，不得交头接耳，不得互借文具，不得提前离开考场，结束考试后待在原座位，等待教师收卷结束后再离开。

参与诚信考试制度实施的老师有试卷收发教师和巡考教师。试卷收发教师的主要工作职责：考前20分钟到达考场，负责试卷的检查核对及发放事宜，等考试铃响考生正式开始答题时，发卷老师离开考场。距离结束考试还有20分钟时，老师再次进入考场，负责回收整理试卷并带回考务办公室。巡考教师的主要工作职责：处理考试时出现的意外情况，确保考生安全。每场考试结束后，楼层巡考教师通过随机谈话，无记名调查问卷，了解楼层考场考风情况，收集同学们发现的异常情况，反馈给年级部或学校政教处。

考后要做好考试的验证与评价。

认定学生考试违纪一般有如下几种方式。一是被巡考老师当场抓获，巡考老师在巡考期间如发现有携带小抄、使用手机等行为，会现场拍照固定证据，然后由年级部调查核实。二是学生举报，在同一考场考试的同学如发现同学有作弊行为，可以通过当面反映、短信等方式报告相关负责人。三是阅卷中发现的雷同卷及标准答案卷，由阅卷组和年级部进行综合认定。

违纪处理措施如下：考生第一次出现此类情况，政教主任口头批评教育，考试成绩作废；第二次出现此类情况，再给该考生一次机会，让其继续留在学校，观察其日后的表现；第三次出现类似情况，退学并由家长带回。还有以下追加处分：处分情况纳入高中生综合素质评价，存入学生本人档案；处分期间取消各类资助项目的申报资格；不得作为任何资助项目的推荐对象；处分期间取消参加各种层次的评优选先资格；担任学生干部的立即免职。在处分期间，不得参加诚信考试，改为在专设的有教师监考的考场参加考试；处分期满，经本人申请，年级部和政教处批准同意后，方可再次参加诚信监考。

（二）诚信考试制度的有效性分析

所谓有效性，顾名思义，就是有实际效果。实践证明，诚信考试制度的实施总体上而言是成功的。之所以这样讲，主要是基于这一制度所产生的现实效果。第一，自建校以来，该校在诚信考试制度的指导下组织常规考试百余场，实施过程较为顺利，虽然每次考试都有学生因为各种原因作弊，但比例极小，未对考试的权威性和公正性造成实质性冲击，且并无重大考试事故出现，整体运行平稳。第二，诚信考试制度下的常规考试有效发挥了考试的测试和诊断功能，学生的诚信品质经受住了高考的考验，优异的高考成绩说明了这一点。

诚信考试制度的有效实施解放了教师。教师普遍非常赞同并积极拥护这一制度，教师从考试的监督者变成了合作者，角色的转化减少了教师的监考倦怠感，提升了教师的幸福指数，增进了对学生的信任，缓和了师生之间的关系。诚信考试制度的有效实施解放了学生。为学生营造了一个宽松的考试环境，缓解了学生因紧张而产生的压迫感。学生在考试中充分被信任，展示出了自尊、自律、守诺的德行之美，在自身行为被认可中获得了满足感。

许多人对诚信考试制度有一个疑问：这一制度的实施并非无学生作弊，只是未被抓住而已。倘若平时的成绩都是靠作弊得来的，那么说明学生的成绩不真实。在组织严密、纪律严明的高考考场中，学生几无作弊的可能，倘若大多数学生平时的成绩都是依靠作弊得来的，不可能在高考中有如此杰出的表现。如全校学生在高考中整体成绩较为优异，说明绝大多数同学在平时的考试中是能做到诚信应考的。

诚信考试制度能够有效地组织常规考试，学生也确实在考试中彰显出了诚信品质。诚信行为的产生离不开诚信意识的指导，那么，我们可以得出结论，诚信考试制度对培育学生的诚信意识有积极的促进作用。

“动机是意识的集中指向，动机系统在德性调节系统中处于核心地位，也是对德性发展起着决定性作用的因素”。[1]由此，我们需要进一步探究学生诚信意识的背后是受何种动机的支配。

根据调查问卷显示，诚信考试制度之所以能发挥作用，是因为制度本身具有较强的规训和惩戒功能，通过强调失信带来的利益损耗，抑制了作恶冲动，彰显了制度正义，反向强化了诚信意识的养成。诚信考试制度的实施从成事角度而言是成功的，从成人角度而言，似乎不太完善。这一制度中蕴含着对诚信的价值追求，也确实能够培育学生的诚信意识。但是，这一培育方式是通过发挥制度的规约功能实现的，学生选择诚实守信是一种趋利避害的本能，是与他人博弈后的微妙平衡。

（三）诚信考试制度的改进策略

诚信意识的产生受外在动机和内在动机的影响，外在动机通过制度本身的奖惩刺激人们趋利避害，产生诚信行为，内在动机通过实现价值追求、人性完满等而产生推动力。诚信考试制度的有效发挥需要显性的制度规约，更需要隐性道德的约束。

第一，要完善制度建设，规约行为习惯。

完善奖惩机制。诚信意识的产生受利益预期的影响，人们会根据自身利益得失来决定是否需要采取某种行动。当预测通过某种手段实现目标利大于害，收益越大，人们就越趋向于使用这一手段。反之，当预测通过某种手段实现目标害大于利，损耗越多，人们就会越远离这种手段。可以对群体的优秀表现予以精神上的赞许和肯定，对于在诚信考试中表现特别突出的同学进行年度评选，通过展现正确的道德价值取向，激发学生对身边诚信人物的认同和尊重，进而对学生的道德实践产生感染和影响，在全校营造出“诚信光荣，作弊可耻”的道德风尚。同时要加大对失信行为的惩戒力度。发现失信考生，一定要及时处理，有效发挥警示作用，也让其他同学产生心理平衡。通过加大惩戒力度，增强惩戒的威慑力，提高作弊成本，让学生主动放弃作弊。

建立诚信档案。在单次博弈中，交易双方倾向于不讲诚信，而在无限次的博弈中，交易双方倾向于彼此诚信。为此，可以通过建立重复博弈关系来培育学生的诚信意识。学生进入校园伊始，为其建立诚信档案，应该遵循真实、多样、合法的原则，根据班级同学、任课教师、班主任、学校职能部门等提供的信息，全面收集有关学习、生活等方面诚信和失信的信息。失信信息应该包括失信行为类型、所产生的严重后果及惩戒措施、学生认知状况及后续改进情况等。通过科学计算与赋分，对学生的诚信状况进行评级。诚信档案要保存纸质版原始资料，方便予以查验，同时在保护学生隐私的基础上，实现信息资源共享，如高校可以调阅学生在校的诚信表现情况记录，作为高考录取的参考。通过诚信信息公开化的方式，促使学生对守信和失信行为有基本的价值判断。对档案的管理要灵活动态，学生因为道德认知等缺陷犯错在所难免，要给其改正的机会，要建立和完善失信信息退出机制。通过建立学生诚信档案，构建了学生诚信信息收集、评定和发布的平台，使得有投机倾向的学生慎重思考当前行为和长远利益之间的关系，进而在抉择时多一分耐心和审慎。

优化评价方式。考试承载着评价、诊断、激励、预测、导向的功能，如果考试不是手段，而是变成了目的本身，就会导致测试功能的异化。考试分数和学生现实利益的高度相关性容易诱发学生作弊行为的产生。为此，考试思路必须与时俱进，要重点突出对考生创新思维和综合能力的考察。在命题的过程中，只需要平时下功夫背诵就能得分的试题比例要减少，拓展类、创新性试题比例要增加，这类试题不存在标准答案，即使学生拿着手机也搜不出答案，作弊动机自然会减弱。同时，可以采取开卷考试、读书分享会、研究性学习等多样化的考察方式对学生能力进行综合评定。还可以探索分数转化机制，将学生的分数转化为等级，通过等级式的评价方式使学生对考试分数不过于关注。还可以完善补考机制，给成绩不合格的学生补考机会，降低考试成绩对学生利益的影响。评价方式的改革要求教师转变教育理念，改革教学方式。真正伤害考生的不是分数本身，而是周围群体尤其是教师对考生分数本身的评价与回应，教师对分数不能过于重视，更不能用成绩来评判学生的人格，以免给学生造成太大的压力，迫使学生为获得教师的承认而选择作弊。

第二，要加强德性培育，促进规范内体。

增强学生对诚信道德正当性的认同与转化。首先要培育学生的诚信之知。高中生在日常生活中已经对诚信有基本的认识和体验。在初步体验的基础上，引导学生展开诚信反思，对自身经历和社会的诚信现象进行批判和抽象概括，上升到理性认识，形成较为普遍且稳定的道德认知。还要培育学生的诚信之情。通过开展多种形式的学生诚信道德体验活动，让学生在情感体验基础上产生合于德性的荣誉感和对非正义行为的内疚与自责。这些道德情感会刺激或者抑制道德欲求，是诚信之知转化为诚信之行的枢纽。更要培育学生的成德之意。仅有一定的道德情感倾向不足以产生诚信行为，这种态度很有可能受到利益的诱惑和困难的阻挠而发生转向。这时，排除干扰、克服困难的道德意志就尤为重要，它能够克制内心的欲望，在冲突中积极承担责任，自觉主动守约。诚信行为是诚德之知、诚德之情、诚德之意的外在显现，诚信行为的产生离不开外在强制力的约束，在个体道德形成的最初阶段，通过制度的完善，诱导利益主体遵守社会规范，同时明确违反共同价值规范会受到惩罚，进而产生对社会规范的敬畏。但是仅仅通过制度的构建来培育诚信行为是远远不够的，这也并非诚信教育要实现的最终目标。我们在培育学生诚信行为的过程中，不能忽视中国传统的诚信认知教育，要让学生真正发自内心地认同和信服诚信观念，进而推动知行合一。

彰显诚信教育的人文关怀。诚信考试制度的实施是一种重工具理性轻价值理性的诚信意识培育模式，如果作弊者没被发现或者没有得到应有的惩罚，会使得违规者受益，守信者吃亏，功利主义的诚信观对诚信意识培育造成挑战。因此，要让学生明白，诚信本身就是值得追求的，而不是因为诚信带来了一系列的效益才选择诚信。激发学生的诚信道德自觉性是当前诚信教育的重中之重。如果说，不诚信并不必然被发现，也未招致惩戒，而诚信也并不必然带来收益，甚至有可能面临极大的损失，献出自己的生命。那么，现实生活中为何仍有很多人放弃不诚信可能获得的收益，甘愿冒着极大的危险，承受极大的代价，仍然选择坚守诚信？其背后的道德原动力是什么？对这一道德原动力的探究有助于我们深入理解诚信道德的发生机制，也为我们的诚信教育提供了基本遵循。

古往今来的哲学家在思考这一问题时，均指出“良心”是产生道德感的源泉。中国古代思想家孟子认为人性本善，人内心固有的良知能够明辨善恶。心学大家王阳明认为良知存在于人的内心，良知的发动是道德观念的来源，要提升道德修养，需要致良知。康德强调行为应出于善良意志与责任。虽然哲学家们对良心的来源存在着一定分歧，但均认为良心对诚信等道德行为有非常重要的规约作用。良心会对各种行为动机进行甄别与指引。在行动前，良心会确认动机是否符合社会规范与期待，对符合的动机予以鼓励，对不符合的动机予以压制，进而指明行动的方向。在诚信考试制度实施中，良心会对学生的考试行为作出评价，当人能抑制感性的冲突而按照理性认为是正确的方式行动时，内心就会产生履行义务之后的喜悦、满足和高贵感，否则会良心不安，进而产生后悔、自责、羞耻等复杂情感，在巨大的情感压力下省察自己，在检讨和悔恨中弃恶从善。良心诚信行为的产生是个体在内心道德法则的指引下对自身行为的控制[2]。唤醒学生的良知，让学生自觉用良心去评判和指引自身的行为，从而形成稳定的心理结构。

努力营造诚信的校园环境。诚信的校园文化有助于学生深入理解和认同诚信原则，推动知行转化。诚信意识的培育不仅仅是诚信知识的学习，更是对诚信道德观念的认可。而这种认同很大程度上取决于自身所学习到的诚信知识是否具有普遍性和可转化性，如果自身所拥有的诚信观念能够在校园畅通无阻地实行，并且得到褒扬和赞许，就会增强诚信教育的说服力。反之，如果自身所掌握的诚信价值观念在周围行不通，周围群体对他人是否诚信漠不关心，甚至挖苦与嘲笑个体的诚信行为，则不利于诚信观念的内化，无疑是在消解诚信价值的影响力。诚信的校园文化有助于学生在体验中培育诚信道德。学生诚信习惯的养成需要一定的场所和环境，校园是学生成长成才的重要场所，学生在诚信氛围浓厚的校园环境潜移默化的影响下，有助于将诚信道德内化为自身的品格。学校应开展丰富多彩的诚信实践活动，可以利用校刊、宣传栏、广播、微信公众号等多个渠道开展诚信文化宣传活动；可以在图书馆、宿舍、教学楼等场所的相关位置设置诚信教育园地；利用开学典礼、主题班会、辩论赛等系列活动提升诚信教育的感染力和号召力。引导学生在辨析中强化诚信认知，在体验中增进诚信之情，在两难选择中坚定诚信之意，在长期的道德实践中养成良好的诚信习惯。努力营造诚信的校园环境，需要唤醒学生的创设与参与意识。学生接受道德氛围的影响不是被动的，学生既是文化享受的主体，也是文化创造的主体。不能将所有的失信行为都归结于周围诚信环境的缺失与恶化，生活于校园中的每一个人都应该坚守诚信，净化周围的文化环境。若每个人都能积极主动参与诚信文化氛围的创设，必将发挥诚信文化的引领作用，促进个体道德的不断提升与精进。

第三，推进德规相济，实现有效互补。

诚信考试制度的实施主要依靠制度的外在强制力，属于由外向内的制度型诚信培育模式。而加强德性培育，促进规范内化唤醒学生良知，让学生自觉用良心去评判和指引自身的行为，从而形成稳定的心理结构，属于由内向外的德性型诚信培育模式，这两种培育模式有各自的优点，也有着不可忽视的缺点。

制度型诚信培育模式主要通过制度的建立，通过外在的刚性方式规范、惩戒失信行为，引导学生作出符合规范的行为，逐渐形成良好的行为习惯，并将之内化为道德信仰。制度具有非常明确的指向性，如在诚信考试制度实施中，对违纪和作弊有非常明确的界定，并有相关的惩戒措施。这些制度让每一个参与主体可以清晰地知道行动的边界，对失信行为产生的后果有清晰的把握与判断。而且这一制度具有强制性和普适性，对所有的学生都适用，而不管该学生的动机为何，一旦考试作弊，都要接受惩罚，以彰显考试的严肃性和权威性。

德性型诚信培育模式主要依靠道德主体的自觉与自律，道德主体作出诚信行为并非因为行为本身产生的积极效果，而是不这样做就觉得内心不安，就会遭受到自我的谴责，这是基于良心觉醒之上的主动抉择。主体遵守诚信并不需要外在的强制，而是在自我理性判断基础上产生自主自愿的行为，这一行为是自足的，它本身就能产生喜悦感和满足感，进而激励道德主体不断坚持与完善。

制度的建设离不开道德。倘若制度不关照人内心动机的善恶，这种“善有善报，恶有恶报”的功利逻辑会让人们更多关注行为的后果，忽视了价值理性而滑向了工具理性。如果制度本身不够完善，执行者不够客观严明，不能有效甄别并惩戒失信之人，将会动摇制度的权威。制度本身蕴含着一定的价值取向，制度的制定需要考虑是否合乎道德价值，如果制度与社会道德标准背道而驰，将会导致制度效力的丧失与无德行为的普遍发生。简言之，制度应该吸纳具有共识性的道德准则，制度应该是道德的规范外显。同时，制度的实施离不开有道德之人，如果公民普遍没有一定的道德素养，就不会产生对制度的认同和尊重，制度也将会因为丧失了文化环境和群众基础而难以运行。

道德的建设离不开制度。道德没有强制的约束力，对诚信行为的产生只是一种方向性的劝导，对没有良心且不在乎舆论压力的人而言，难以发挥其应有的感召力。转型时期价值多元增加了人们道德选择的难度，道德的多元性和道德约束的弱化会影响诚信意识的培育效果。因此，必须用制度规范对道德的软弱性加以弥补，通过打击失信之人，进而实现德福一致。

制度型与德性型诚信培育模式的局限性呼唤德规相济的诚信培育模式的出现。这种模式是对前两种模式的批判继承。通过对外在行为和内心信仰的双重调节，实现了外在显性约束和内在隐性约束的互补，推动了行为主体他律和自律的有机结合。首先，注重外在制度规范的强制与约束，促使人们将道德规范内化。其次，通过道德修养的内化与自觉，实现外在行为的合宜，进而通过实现制度与道德的互补。这种外—内—外的诚信培育模式符合德育规律，能够有效推进高中生诚信意识培育，是诚信教育的应有之义。

二、山村孩子的城市学校——“三全育人”资助体系的实践探索

对家庭贫困学生进行精准资助，是办好扶贫学校的关键，也是实现立德树人根本目标的重要抓手。“三全育人”理念回答了“谁来育人、怎样育人、育什么样的人”的基本问题。三全育人的核心要素是立德树人，主体要素是全员参与，横向要素是全方位参与，纵向要素是全过程参与，为构建普通高中资助体系提供了全新思路。宁夏六盘山高级中学在“三全育人”理念指导下，不断更新资助理念，创新资助方式，构建起了全员、全过程、全方位服务型资助育人体系。

（一）整合育人主体，实现全员育人

第一，整合校内资源。学校党委建立和完善了资助育人工作领导体制，加强了对资助工作的领导和部署。政教处等部门根据学校党委会议精神制定出具体的资助政策，督促资助政策的贯彻落实。班主任最为了解学生的生活学习状况，是资助政策的具体操作者。当然，要做好资助育人工作，仅仅靠党委、政教处和班主任是不够的，还要将任课教师、后勤管理人员、同辈群体等纳入资助育人队伍。任课教师利用教学优势，充分发挥资助工作对学生情感激发、能力培养、品格塑造等功能。后勤部门将育人理念与服务工作相结合，重点关注家庭困难学生的生活状况和精神状态，并努力帮他们解决一

些实际问题。通过评选“自强之星”等活动，发挥同辈群体的榜样示范作用，激励贫困学生奋发图强，遴选优秀学生，与家庭困难学生展开结对帮扶。

第二，优化育人队伍。资助队伍是落实资助政策的关键力量，要加强资助育人队伍机制建设，推动资助育人队伍朝着专业化方向发展。首先，要配齐人员，优化资助队伍的结构，形成育人合力。其次，要加强对资助育人队伍的培训，打造一支讲政治、守纪律、业务精、有担当的专业化资助育人队伍。最后，要优化考核机制，通过奖励优秀工作者和畅通人员晋升通道等方式，激发资助队伍的专业水平和工作积极性。

第三，注重学校、家庭和社会协同育人。学校加强与学生家庭的联系，细致了解贫困学生的基本家庭情况，让贫困家庭知晓学校资助政策。学校还加强了与社会的联系，积极争取社会爱心企业、基金会、校友会等方面的资助，宁夏六盘山高级中学目前已经形成了政府补贴、国家助学和企业捐资三个层次的资助体系，即政府补贴所有录取学生免费入学，国家助学激励贫困家庭优秀学子成才，企业捐资保障特困家庭学生完成学业，三个层次的帮扶措施和奖助体系，使来自山区的优秀学子在高中三年的学习生活得到了基本保障，保证了家庭贫困学生顺利完成高中学业，跨入高等学府，实现人生理想。学校同时邀请优秀校友进行励志讲座和展开夏令营及海外游学等活动，发挥社会群体对贫困学生的思想引导和品格塑造作用。

（二）明确阶段重点，实现全程育人

资助工作要根据学生成长过程展开，可以将学生成长阶段划分为入学前、入学时和毕业时。对于资助育人工作而言，可分为受助前、受助时和受助后三个阶段，资助工作要根据学生不同时期的身心发展状况和个性需求，明确阶段重点，实现全程育人，切实提高育人成效。

受助前要加强政策宣传和心理疏导。通过宣传，可以使经济困难学生了解学校和国家的资助政策，感受到来自党和政府的关怀，这是资助工作发挥

成效的重要途径。新生入学前，学校通过开通资助电话、印制宣传彩页、开设专题网站等形式详细宣传学校的资助政策，畅通家校沟通渠道。新生入学后，通过主题班会、资助政策宣讲会等形式，向学生介绍资助项目，引导学生根据实际情况申请资助，减轻家庭经济负担。同时要加强对家庭贫困学生的心理疏导。贫困学生求学面临着两方面的压力：一方面是经济压力，另一方面是经济压力带来的心理压力。前者通过学校完备的资助政策体系容易解决，但学生的心理负担在短期内难以解决，资助工作要扶贫更要扶志。学校努力营造自立自强的文化氛围，对学生开展励志教育和感恩教育，并由心理老师开展心理咨询，指导学生正确看待贫困，帮助高一学生尽快适应高中生活。

受助中制定育人方案，满足学生成长需求。首先，要对困难学生进行精准识别，可以通过实地走访、自我陈述、舍友推荐、社会认定等方式，对家庭困难学生进行精准认定，并在此基础上根据学生的实际情况进行动态调整。其次，要根据困难学生在不同时期的不同需求，制定符合学生成长的资助计划。针对高一学生，主要提供经济资助和适应性教育，让他们尽快融入高中生活；针对高二学生，在开展经济资助的同时，要引导学生自立自强，培养学生的感恩意识和担当意识；高三期间，要鼓励学生努力学习，冲刺高考，提升自身综合素质，为学生开展职业规划和志愿填报等服务，引导学生将自身发展与国家前途命运结合起来，努力成为堪当民族复兴大任的时代新人，做守卫中国特色社会主义的青春卫士。

受助后要建立反馈机制，对毕业生跟踪回访。一方面，要广泛收集毕业生对学校资助工作的意见和建议，不断完善资助育人模式。另一方面，要为毕业生建立档案，通过电话、邮件等形式了解学生毕业后的发展状况，并努力挖掘优秀校友的先进事迹。如宁夏六盘山高级中学 2009 级学生马世龙同学，父母都是农民，两个姐姐也因贫早早辍学，家庭十分贫困。当年以 493 分的中考成绩勉强进入学校，但他在校期间勤奋刻苦，志存高远，最终以

648 分的总成绩名列全区文科第一，被北京大学录取。宁夏六盘山高级中学大力宣传马世龙同学的求学经历，为在校学子提供了精神动力。还有一些六盘毕业生成立了“春雨助学金”“永兄弟助学金”，资助更多的贫困学生完成学业。学校要对优秀校友的善举进行表彰，并加大宣传力度，充分发挥榜样示范引领作用。

（三）拓展育人内容，实现全方位育人

全方位育人回答了“育什么人”的问题，宁夏六盘山高级中学坚持“五育并举”，努力发展素质教育，对家庭困难学生开展德育、智育、体育、美育、劳动教育，培育全面发展的时代新人。

第一，加强对受助学生的思想政治教育。随着经济社会的发展，各种思潮层出不穷，对学生的价值观念形成了冲击和挑战，学校资助育人工作的重要任务之一是帮助家庭困难学生形成正确的三观。学校通过开学典礼、校本课程、新闻课、课余党校等形式，努力提高学生的政治素养，培育学生的核心素养，激发学生的爱党爱国之情。通过评奖评优树立典型，激发学生树立的自强意识，励志成才，报效祖国。学校还开展了各类社会公益活动，深入社区、敬老院、孤儿院等地方送去温暖。引导贫困学生经常给资助企业写感谢信，有些受助学生大学毕业走上工作岗位以后，又资助像他们当年一样贫困的孩子，感恩情怀和回报社会的优秀品质在宁夏六盘山高级中学代代相传。

第二，注重提高受助学生的学业水平。学校的办学定位之一是扶贫教育，办学目标是培养一名大学生，脱贫一个家庭，致富一个村庄，带动一个地区发展。帮助受助学生提升学业水平和综合能力，事关个人幸福、学校发展、家庭脱贫。一方面，学校整合育人资源，配齐师资队伍，建立了“全员育人导师制”，做学生思想上的指引者、心理上的疏导者、学习上的辅导者、生活上的指导者，对受助学生实施个性化的辅导方案，帮助学生夯实学业基础。另一方面，学校通过开展校本课程、国内外交流研学、寒暑假社会实践、科

技竞赛等活动，让受助学生思想得到启迪，眼界得到开阔，学识得到提高。

第三，借助体育活动提升受助学生的身心发展水平。健康的体魄是青年学生成长成才的前提条件，部分经济困难学生在成长发展过程中，不能积极参加学校组织的各类体育活动，没有体育方面的爱好和特长，这不利于他们增强体质、磨炼意志、健全人格。为此，学校展开了丰富多彩的体育活动，确保“月月有主题，天天有竞赛”，并在体育教师的指导下成立田径队、足球队、篮球队等体育活动社团，提升了体育锻炼的专业性。在校三年实现了每天锻炼一小时，毕业时掌握两项以上的体育技能的目标。在开展体育活动的同时，学校注重对体育精神的发掘和培育，努力营造优良的体育文化，着重培育家庭经济困难学生坚韧不拔、顽强拼搏的优良品质。

第四，依靠美育助力受助学生创造美、追求美。部分家庭经济困难学生受条件限制，接触艺术的机会较少；部分同学缺乏文艺特长，大多停留在欣赏美的阶段，缺乏创造美的能力。宁夏六盘山高级中学通过开设美学课程、高雅艺术进校园等形式激发学生的审美兴趣，提高学生的审美能力。同时还开设了书法、手工、乐器演奏等课程，让每一位同学写出一幅书法作品，至少掌握一门乐器，切实提高受助学生创造美的能力，并通过“文化艺术节”“周末大舞台”等方式，为受助学生展示才艺提供舞台。

第五，通过劳动教育激发受助学生自立自强。劳动是社会物质财富和精神财富的创造活动，组织受助学生参加日常劳动，能够让学生获得有积极意义的价值体验。宁夏六盘山高级中学在劳动教育塑造受助学生自立自强人格方面，主要做了以下工作：一是加强教育，引导学生树立正确的劳动观，在全校营造“以热爱劳动为荣、以好逸恶劳为耻”的校园风尚；二是持续开展日常生活劳动，通过对宿舍、教室、学校环境区域卫生的清洁，增强学生生活自理能力，形成良好劳动习惯；三是开展寒暑期社会实践，就自己感兴趣的职业展开调查，参与岗位实习，获得岗位初体验，增强职业生涯规划的意识与能力。

资助育人工作是一个系统工程，宁夏六盘山高级中学在“三全育人”理念的指引下积极探索，在资助育人方面取得了明显的成效。宁夏六盘山高级中学自创办以来，始终坚持扶贫教育的办学特色，专门招收宁夏南部山区学生，对建档立卡贫困家庭学生适当照顾录取，让贫困家庭的学生到城市接受优质教育。所有录取学生免收学费、住宿费，并给农村户口学生每年提供1000元的生活补助费；全校40%农村户口学生每人每年享受国家助学金1500～2500元，每年国家助学金和农村生活补贴达1095万元；学校还联系爱心企业、爱心人士捐资助学，创办了“联想进取班”“劲牌阳光班”“黄河银行班”“燕宝班”等各种资助班。目前，从宁夏六盘山高级中学毕业考入大学并已毕业的学生有16000余名，有80%的学生回到宁夏，这些学生正在或即将改变他们的家庭、他们的家乡世代贫困的面貌，他们不但使自身家庭实现了脱贫，而且还带动了当地经济社会的发展。通过教育阻断贫困的代际传递，宁夏六盘山高级中学实现了培养一名大学生、脱贫一个家庭、致富一个村庄、带动一个地区发展的办学目标。

三、亦师亦友亦亲人——导师制的实践探索

《教育大词典》将导师制定义为：导师对学生的学习、品德及生活等方面进行个别指导的一种教导制度。宁夏六盘山高级中学在全员育人理念指导下，结合学校实际，动员全校教师参与到德育工作中，通过实施导师制，实现了对传统德育模式的完善，提升了学校德育工作的成效。

（一）实施导师制的必要性

实施导师制是学校德育工作的需要。宁夏六盘山高级中学是自治区党委、政府在首府银川建立的专门招收宁夏南部山区学生的学校。宁夏回族自治区中部干旱带和南部山区是全国有名的贫困地区，属于国家六盘山集中连片特

困地区，宁夏90%的贫困人口居住生活于此，素有“苦甲天下”之称。由于受历史、文化传统、经济和自然等因素的制约，基础教育事业发展缓慢，教育基础尤其薄弱，每个县城仅有一到两所高中学校，且由于师资水平不高，义务教育基础薄弱，学生流失严重。高中教育成了山区基础教育发展的瓶颈，也是制约山区经济社会发展的一个主要因素。宁夏六盘山高级中学的建立就肩负起落实教育优先发展战略、促进宁夏基础教育均衡发展、提高宁夏南部山区人口素质、加快贫困地区经济发展、构建和谐社会、实现精准扶贫的历史重任。因此学校也被外界和媒体誉为“山村孩子的城市学校”。

除了多数学生来自条件较为落后的农村地区之外，学校的另一大特点是对全员实行封闭式的寄宿制管理。由于学生初次离开父母，对寄宿制生活存在一定的抵触，在受挫时容易产生较大的情绪波动和心理危机；不同区域的学生因文化背景、生活习性、审美趣味等方面的差异，容易在相互交往中产生冲突；部分学生生活能力较差，不会叠被子、洗衣服，初中的生活由家长包办，学习由家长督促，脱离父母的监督之后，在学习上缺乏积极性和主动性，无法适应独立生活。推行导师制这种个性化、亲情化的教育方式，有助于帮助学生缩短高中生活适应周期，打开德育工作的新局面。

实施导师制是教师专业发展的需要。教师的基本职责是教书育人，现有教育体制下，相关部门对学校和教师的评价侧重于“教书”的实际效果，而“育人”则被置于次要地位，教师热衷于与升学考试相关的学科教学工作，除此之外的道德教育工作既不重要，也无法在现有的评价体系中量化，因而出现了教育与教学“两张皮”的现象。任课教师认为班级管理是班主任的工作，与自己无关，当学科教师所带班级的学生出现问题时，认为是班主任的问题，将在自己课堂上犯错误的同学直接交给班主任处理，班主任成了育人工作的唯一主体，承担了学校和家长的育人期待，而学科教师的育人功能则不断退化。正如齐学红教授所言：“一方面，现有的学科体制不断强化教师的学科专业性，使得教师承受着越来越高的专业要求，如职称评定制度对教师教学、科研成果不断追加的要求等，教师不得不沦为狭隘的专业人士。另一方面，社会将对教师职业道德性的要求集中地赋予班主任这一特殊教师队伍，进而通过媒体舆论等宣传手段刻意将其神圣化，使得班主任承受着来自学校现实考核与社会期待的双重压力，进而造成其特有的角色紧张和压力。”[3]

亟须将班主任从繁重的育人工作中解放出来。导师制通过邀请相关教师共同参与育人工作，有助于破除角色分工带来的思维惯性，克服教师的自我矮化与狭隘化，引导教师从全局出发思考问题，激发教师强烈的责任感和对现有秩序下角色的反思与批判，进而走向理性自觉，主动承担起育人的责任。在育人实践中，学生的问题可能成为教师的研究课题，学生的品质能够激发教师对生命的理解，学生的独特视角能够引导教师的教学实践。教师只有在走进学生心灵中才能实现对教育本质的把握，才能促进人格魅力和专业水平的提升，实现教学相长。

实施全员育人导师制是学生成长成才的需要。对于宁夏六盘山高级中学学生而言，其身心发展和成长过程有一些个性特征需要特别关注：第一，大多数学生出生于农村家庭，接受教育于他们而言不仅是享受知识的乐趣，更是改变个人命运、实现阶层流动、改善家庭生活的重要甚至是唯一途径。因此，他们比一般学生更加注重成绩，也对成绩的下降更为伤心和敏感，甚至会因为成绩下降产生强烈的负罪感，这种想法容易诱发极端行为的产生。第二，他们在处理人际关系时常常会遇到一定的障碍，当发现自己初中引以为傲的成绩优势不复存在，且在外貌、才艺、家庭背景等方面落后于城市学生时，常常容易产生自卑感，不愿也不敢迈出人际交往的关键一步。也常常在与家长的交往中产生疏离，现实让他们早早懂事，他们打电话报喜不报忧，很少敞开心扉向家长描述生活和学习中的细节，也不会通过热烈的方式表达对父母的感情。与同伴和父母的疏离让他们很容易产生孤独感，心灵上的孤独容易让他们产生强烈的被他人理解和接纳的愿望，他们渴望爱却不敢勇敢迈出第一步。第三，受制于家庭环境的影响，他们在成长的过程中缺乏文化资本，文化资本的匮乏使他们在考试竞争、职业生涯规划等方面存在着劣势，父母非常爱自己的孩子，但是对孩子的学业无能为力，不是因为不想指导，而是因为缺乏专业能力。学生成长的过程是一个踟蹰独行的过程，这条路充满了荆棘，在艰难探索中常常被划得遍体鳞伤。高中生正处于从儿童期向成年期转化的关键时期，社会和家长将孩子交到学校手中，教师一定要遵循教育规律，通过导师制的实施，尊重学生个性，促进学生健康发展。

（二）实施导师制的步骤

第一，成立领导小组，制定实施方案。学校成立了导师制工作领导小组，将导师制上升为学校层面的制度，学校领导小组由校长、副校长分别担任组长和副组长，各科室主任和年级主任为组员；年级指导小组由年级主任担任组长，班组长和班主任为组员；班级工作小组由班主任担任组长，科任教师为组员。各小组之间分工协作，密切配合，确保工作的有序开展。在前期广泛调研和征求意见的基础上，制定了《宁夏六盘山高级中学健康导师制实施方案》，为工作开展指明了方向。同时要做好宣传动员工作。通过全校会议、分组学习等方式，让学校教职工认识到实施导师制的重大意义，从思想上自觉支持和拥护导师制。在操作过程中，部分教师对落实方式、重点任务、导师职责等关键问题存在困惑，学校就上述问题进一步明确思路，进行指导。

第二，明确导师职责，确定导师人选。导师需经常深入所指导学生中间，认真倾听他们的心声，充分了解所指导的每位学生的性格、兴趣、思想动态和生活情况、学习情况，及时帮助学生解决成长中遇到的思想、学习、生活、心理等方面的困难和困惑，做学生思想上的指引员、心理上的疏导员、学习上的辅导员、生活上的指导员、生涯中的向导员。能够成为学生导师，要有高尚的师德，在指导过程中秉持平等原则，对受导学生公平公正，一视同仁；要注意保护学生的隐私，避免学生的自尊心和隐私权受到侵犯；同时需要掌握一定的专业知识，能遵循学生身心发展规律，耐心观察，循序渐进，引导学生稳步提升。除了邀请本校教师外，宁夏六盘山高级中学也选聘已经退休但经验丰富的老教师、学生家长、校外心理咨询专家等人士参与到德育队伍中来。

第三，师生双向选择，确立结对关系。采取导师制与班级并行的运行方式，导师填写导师基本情况介绍表，学生填写学生基本情况介绍表，双方在相互了解的基础上进行双向选择。每位老师分别指导本班不同层次的几位学生，任教班级较多的老师，以班组为单位统筹协调，可适当减少指导人数。尽量确保每位学生都能够选到与自身特点相适应且自己非常喜爱的导师。

第四，建立常规工作制度，完善培训机制。学校定期进行心理学、教育学等方面的交流研讨活动，提高教师的育人水平；建立学生成长档案袋制度，给每位学生建立成长档案，详细记录学生的学习、生活、健康、谈话记录等方面的内容，并对学生成长轨迹进行动态追踪；建立谈心与交流制度。谈心有助于加强师生之间的情感连接，增进师生互信，消除师生隔阂，是走进学生心灵的好方法。宁夏六盘山高级中学要求每位导师在一学期内，要至少指出受导学生的两个优点，帮助受导学生解决一项困难，给受导学生提出一点建议，简称“导师二一一计划”。导师要指导学生制订成长计划，并每周至少与受导学生谈话一次，详细了解受导学生的生活、学习方面的实际情况，记录所带学生成长过程中的闪光点和不足点，对症下药，帮助学生改进不足和发扬优点，使他们健康成长，不断进步。

第五，加强考核评估，完善激励机制。学期末，导师需向年级部提交工作记录，年级部结合导师工作记录和受导学生实际表现，听取有关教师和班主任以及家长对导师工作的评价，在此基础上形成对导师工作的综合评价并记入教师专业发展档案。学校结合受导学生表现将对导师进行表彰和奖励，考核结果作为教师职称评定、评优选先的参考条件之一。

（三）实施导师制的成效

导师制自实施以来，取得了较为明显的效果，因教育效果难以量化，故选取两个案例来简略说明。

案例一：

我辅导的一位学生在政治考试结束时还有10道选择题没有填涂在答题卡上，恰逢我收卷，为了维护考试的公平性，我没有等她填上就收了答题卡，看到她情绪不佳，怕影响后续的考试，我递给了她一块巧克力。

她在考后反思中写道："月考政治刚考完的时候，简直丧得不要不要的了。我以为您收完卷子会把我痛骂一气，谁知道你没有，还给了我一个巧克力。虽然只是一个小小的巧克力，却让我的心情瞬间好了很多。很多时候，你更像一个能时时温暖到别人的大哥哥。当时，我把卷子交了，挺崩溃的，觉得这次肯定考不好了。比起上次，一定会差很多。因为想向自己证明，我可以学好政治，就好好复习了，上次破天荒地上了回80分，我开心得不得了。谢谢你，让我找到了学习的动力与快乐，高三，希望你可以陪我们到最后。"

我辅导的这位同学非常努力，但是成绩提高缓慢，为此，每次考完试后，我都找她面谈，详细分析她在本次考试中的得失情况，和她一起制订下一阶段的学习计划，并结合自身学习经历给她加油打气，引导她要相信自己，调整心态，继续努力。后来，她顺利毕业，并常常发来消息表示感谢："老师，节日快乐！怎么说呢，9月10日这一天，可能在很久之前对于你已经不是个寻常的日子了，教师与学生的这层特定的身份关系早已让我麻木，但是遇见你之后，好像才明白，老师与学生之间还存在一种朋友关系，而我也渐渐习惯了称呼你为涛哥，也渐渐习惯了将'您'改为了'你'。那是因为，从很大程度上来说，你于我而言，早已是一位好朋友了。从小就知道，在9月10日这一天，要祝福老师教师节快乐，但你是我在这一天第一个想要祝福的人，意义重大。在碰到你之后，我坚定了自己做老师的信念，你的人格魅力真强，或许也就是我人生的向导吧，我来到六盘山之后学到了一句话，生命的意义在于成长，而你可能就是教会我如何成长的人吧。你已经有了自己的第二届学生，以后还会有很多弟子，以后不知道还会不会有人代替我们呢。说这么多，也不知道自己想表达什么，我文采也不太好，很长时间也不写东西了，其实也就是想把内心一部分感受告诉给我想告诉的人。涛哥，节日快乐，祝你今后能够桃李满天下！”

案例二：

高一开学伊始，我辅导的一位男同学引起了我的注意，他头发凌乱，校服上满是墨汁和油渍，面无表情，眼神空洞，走路无精打采，完全没有中学生应有的青春与活力。最要命的是，他几乎每一节课都会睡觉，班里人送外号“睡神”。

起初我以为他感冒了，详细询问之后，发现他并无感冒的症状，我提醒他要注意身体。第二次谈话，我认为可能是他不太适应高中寄宿制生活，作息不规律，建议他调整作息，早睡早起。事实证明，两次谈话效果均不明显。一周之后的一个自习课上，他仍然趴在桌子上睡觉，我觉得有必要向孩子家长了解一下情况，于是我拨通了他母亲的电话。

从孩子母亲口中得知，孩子的父亲几年前外出打工，母亲和他兄弟俩相依为命。母亲因为长期干农活，患有风湿、关节炎、贫血等疾病，需长期服药，这位学生的弟弟患有先天性心脏病。母亲因为文化程度不高，且需要照顾上中学的弟弟，只能在附近打零工补贴家用，家庭经济情况十分困难。孩子父亲会时不时地打来电话，常对两个孩子恶语相向，恐吓威胁，甚至让他们去死，使孩子多次受到惊吓，心灵受到了极大的摧残。

他母亲说：“张老师，我太难肠了，这些事情我给我的父母都没有说过，这是我第一次给别人说，我文化程度不高，也不在孩子身边，还希望您多在这个娃娃身上费点心。”接听完电话之后，我感觉到十分难受，不仅是因为孩子不幸的家庭遭遇，更是因为我工作的粗心和大意，只看到了孩子表面的不良行为，而没有看到他内心的情绪需求。我也感到十分后悔，前几天进行助学金申报工作，我也未对其家庭状况进行深入的了解，导致他错过了一类助学金的享受资格。

那几天我寝食不安，总想着为这个孩子做点什么，甚至考虑以个人名义对他进行资助。恰巧学校又给全年级下发了20个助学金的名额，我悄悄地将他叫进办公室，让他填了申请表，并告诉他我已了解了他的家庭基本情况，并向他道歉，临走时还给了他一个拥抱。

后来他悄悄地在我桌子上放了一封感谢信，信中写道："每天想到妈妈疲倦的身影，我就鼻子一酸，眼泪不争气地掉下来，我通过个人的努力考上了高中，但这却让母亲的压力变得更大了，我无法想象在电话那头，她究竟是一副怎样憔悴的面容，我恨不得快点长大，有能力养活母亲和弟弟，缓解母亲的压力，让她别那么担心。这几天又受到了父亲语言的侮辱和刺激，我感到非常无力，无心学习，只能用睡觉的方式来逃避。妈妈告诉我，我和弟弟是他的希望，让我们好好学习。有了这笔助学金之后，我一定会更加刻苦，考上好大学，回报祖国，回报社会，一定不会让母亲和老师失望的。"

此后他在课堂上睡觉的时间大大减少，也比之前更加自信阳光了，其他老师说他就像换了一个人一样，问我采取了何种教育方式，居然"感化"了他。我想，如果有一点方法的话，那就是：不要轻易地给问题学生贴标签，而是要花些时间，带着尊重的心态，认真倾听学生的感受和需要，并针对需要采取措施，老师要想让自己的教育行之有效，就一定要读懂孩子，看到学生行为背后的期待和需求。

通过上述两个案例我们可以看到，导师制自实施以来，取得了较为明显的成效。第一，促进了学生的健康成长。部分学生在老师的辅导下转变了学习观念，提高了学习兴趣，激发了自身潜能，平稳地度过了青春期，并在高考中取得了优异的成绩。第二，推动了教师教学理念和方式的转变，倒逼教师们放低姿态，主动深入到学生中，倾听学生的心声，捕捉学生的闪光点，承认学生的个体差异，在教育中倾注人文关怀，在有针对性的指导过程中体验共同成长的快乐，引导教师自觉实现教书与育人的统一。第三，凸显了学校的办学特色。学校变管理为服务，整合多种资源，满足学生的个性需求，让学生在学校中感受到家一般的温暖。

四、推进党史学习教育，赓续红色血脉——党史育人的实践探索

宁夏六盘山高级中学课余党校成立于 2005 年 3 月。作为新时期党建工作的新阵地和培养青年马克思主义者的摇篮，宁夏六盘山高级中学课余党校在校党委的直接领导下，对要求入党的优秀学生及教师进行系统的党的基本理论知识、党性教育学习，为宁夏六盘山高级中学党组织建设和发展服务。近年来，在宁夏六盘山高级中学党委的直接领导下，学校不断探索新时期党史学习教育的路子，充分利用校内外各种教育资源，坚持党课教育主阵地，不断拓宽教育形式，把理论教育与实践教育相结合，全方位开展党史学习教育，培养了一批政治觉悟高、道德修养好、有能力、靠得住的优秀青年骨干和接班人。

（一）完善规章制度，加强组织管理

第一，强化和规范“两校”教育活动。

为了进一步对宁夏六盘山高级中学广大青少年学生及青年教师进行系统的党的基本理论知识、党性教育，2005 年 3 月，利用课改契机，经校党委批准，宁夏六盘山高级中学“课余团校”“课余党校”相继成立。截至目前，宁夏六盘山高级中学“课余团校”“课余党校”已经形成一定的办学规模和特色。

主要做法有：首先完善规章制度。成立初，宁夏六盘山高级中学分别制定了《宁夏六盘山高级中学课余团校章程》《宁夏六盘山高级中学课余党校章程》《宁夏六盘山高级中学课余团校组织制度》《宁夏六盘山高级中学课

余党校组织制度》及《宁夏六盘山高级中学课余党团校考核制度》，这些制度为我们办学指明了方向。其次健全组织机构。学校对“课余团校”“课余党校”工作实行三个层面的交叉协调管理，校党委定方向、出思路，政教处、校团委和各支部具体负责制订计划，落实教育考核内容，组织安排授课，各团总支负责党团课学习小组。再次建立一支相对稳定的师资队伍。授课教师主要由校党政领导、政治课教师、历史课教师以及其他具有较高党性觉悟和一定理论修养并具备教学实践经验的党员教师组成，同时适当聘请学校离退休领导、校外专家授课。第四，编写可供使用的教材。为了学习的需要，我们整理编写了《宁夏六盘山高级中学课余党校学习读本》一书，并投入使用，极大地方便了学生课上学习和课外自学。

通过学习，学员们清晰了思想认识，提升了理论水平，深入了解了党的基本知识，明确了自己肩负的历史责任。同学们感到，在党校里，学理论、看世界，个人成长和中国共产党、祖国母亲的命运紧密相连，坚定了他们为实现中华民族的伟大复兴而奋斗的信心！每一名听课的学员既在理论认识上有收获，又在思想境界上取得了新的提升。目前，他们在生活学习中能积极主动地为同学、班级和学校服务，在同学中发挥了模范带头作用，取得了良好的教育效果。

第二，加强入党积极分子培养工作。

在做好课余党校常规工作的同时，为了进一步巩固和提高党校育人质量，我们在入党积极分子的推优和培养方面做了如下工作：坚持推优和培养“三项制度”，确保育人质量。推优制度。即通过本人申请，团支部推优，班主任推优，团委审查，党支部批准，方可确定为入党积极分子；责任人制度。即我们在入党积极分子的培养过程中，由所在班级的教师党员担任责任人（班主任是党员的，班主任就是责任人，班主任是非党员，则任课教师中的教师党员作为责任人，若两者都不是党员的，则由党支部委派一人为责任人）。跟踪制度。即通过班主任、任课老师、同学对学员的表现进行跟踪，一直到毕业。对于期间发现学员不良现象，及时批评教育。同时健全档案，做好与高校的衔接工作。首先是完善日常档案材料，包括要求参加课余党校学习的申请书、课余党校学员登记表、辅导报告后的体会、结业考试试卷、归学员自己保管的结业证书。其次是完善与高校衔接所需材料，是入党积极分子的，提供入党积极分子考察表以及入党申请书、思想汇报等档案，表现突出但因年龄关系不能在高中阶段入党的入党积极分子，则以学校支部名义向高校院系党组织出具推荐信。

近些年来，共有上千名同学参加了培训学习并顺利结业，大多数同学向党组织递交了入党申请书，经过严格的培养和发展，有近百名同学光荣地加入了中国共产党。

（二）培育核心素养，凸显价值引领

第一，引导学生在党史学习教育中追寻初心，砥砺前行。

为深入学习贯彻习近平总书记在全国党史学习教育动员大会上的重要讲话精神，落实立德树人根本任务，教育引导青年学生大力发扬红色传统，传承红色基因，赓续共产党人的精神血脉，把爱国情、强国志、报国行自觉融入坚持和发展中国特色社会主义事业，实现中华民族伟大复兴的不懈奋斗中，学校组织历史和政治学科部分骨干教师，为课余党校的同学展开了四史教育。

张鑫老师的讲座以《社会主义发展史》为题，从社会主义理论和实践发展的五个阶段讲起，阐述了学习社会主义发展史的重要意义，回顾了社会主义形成和发展的过程，尤其是中华人民共和国成立后，中国共产党对中国特色社会主义的探索和实践；张涛涛老师的讲座从反映闽宁镇扶贫工作历程的热播电视剧《山海情》的原型故事引入，通过对干沙滩变金沙滩的原因的分析，让同学们清楚地认识到，闽宁镇的发展史，既是党中央和全国人民对宁夏的“关怀史”，也是宁夏各族人民的团结奋斗史。正是因为有像李双成、林占禧这样一批批党员干部的身先士卒、真抓实干、心系群众、为民负责，才有

了今日欣欣向荣的闽宁镇；景冬梅老师侧重于引导学生梳理新中国 72 年的风雨征程，让学生从中感悟到 72 年披荆斩棘，72 年风雨兼程，中国从“站起来”到“富起来”，再到“强起来”的光辉历史；马晓媛老师带领同学们一起回顾“沧海桑田、中国巨变”的改革开放之路，引导青年学生明确改革开放是一条正确之路、强国之路、富民之路，并思考未来改革开放之路，激励青年学子为早日实现中国梦而奋斗，让学生的家国情怀在学习中不断得到升华。

第二，利用中央党校（国家行政学院）学习机会，培养一批政治觉悟高、道德修养好、有能力靠得住的优秀青年骨干和接班人。在中共党史学习教育办公室的关心下，宁夏六盘山高级中学先后选派优秀青年党员教师和优秀学生前往中央党校（国家行政学院），参加青少年党史学习教育培训班。回校后，他们把自己学习的成果通过汇报会等形式讲给其他老师或学生，把学习心得以书面形式与他人交流，做到了“一人学习，大家受益”。利用学习机会，我们培养了一批政治觉悟高、道德修养好、有能力、靠得住的优秀青年骨干和接班人。通过党史学习教育培训班的学习，使我们的年轻党员教师与青少年学生对党的光辉历史有了更深刻的认识，使他们自身的能力、素质、党性得到了提高，在工作学习中，他们目标明确，勤奋刻苦，积极进取，动力十足，为学校的整体发展贡献着自己的力量。

（三）拓展教育资源，迈入社会实践

宁夏六盘山高级中学课余党校的工作在前些年教育形式单一，偏重理论教育，忽略了与学生实际生活的密切联系。我们深刻地认识到，要让学生对党的历史、党的先进性有更为深刻的认识，必须辅之社会实践活动，丰富校内外的教育资源，才能达到既定的目标，为此，宁夏六盘山高级中学进行了以下探索。

第一，积极建设党校实践活动基地。宁夏六盘山高级中学虽然面向南部

山区招生，却坐落在首府银川的金凤区。在学校方圆不到5公里的地方，有宁夏最大的七个场馆：东有宁夏电力科技博物馆和宁夏邮政博物馆；北有宁夏气象科普基地，与之毗邻的是宁夏科技馆、宁夏博物馆和宁夏图书馆；南有银川福寿园英烈广场，这些自然构成了一个集历史文化、现代科技、革命理想于一方的教育资源网络，学生步行或乘坐直达的公交车最多需要30分钟即可到达目的地，交通很便利，这是宁夏六盘山高级中学拥有的得天独厚的自然条件。宁夏六盘山高级中学与宁夏博物馆、宁夏图书馆、宁夏科技馆、宁夏电力科技馆、宁夏气象馆、宁夏邮政博物馆、宁夏军史馆、银川福寿园等单位签订协议，把这些场馆作为宁夏六盘山高级中学党校实践活动基地，学校定期组织师生参观学习，让他们亲身体验党在革命年代的奋斗历程、丰功伟绩和改革开放以来带领全国人民取得的巨大成就，从中受到教育。

第二，积极开展“志愿者”服务活动。为了培养广大学生青年奉献社会、服务他人的优秀品质，继承和发扬中华民族团结友爱、助人为乐、见义勇为、尊老爱幼等传统美德，在学校的支持下，以课余党校学员为骨干的“志愿者”服务活动在六盘校园中蔚然成风。他们积极开展各种社会实践和宣传活动，定期清扫校园卫生，积极承担义务劳动，主动配合校医务室进行每周两次的全校教学楼消毒工作，多次开展社区服务活动，把“奉献、友爱、互助、进步”的青年志愿者精神传递到校园的每一个角落，赢得了广大师生的一致好评。

第三，开展“创先争优”活动，增强青少年学生的创先争优精神。自宁夏六盘山高级中学开展“创先争优”活动以来，按照校党委的部署和要求，学校组织入党积极分子进行公开承诺，努力增强构建和谐校园的服务意识，并积极参加各种志愿者服务活动。通过各种学习实践活动，他们的思想觉悟和认识水平有了进一步的提高，政治信念更加坚定。学校在课余党校学员和入党积极分子中成功组织开展了“我身边的共产党员”主题演讲比赛。自活动开展以来，同学们踊跃参与，各参赛选手深入挖掘身边优秀共产党员教师的感人事迹，讲述党员教师在各自工作岗位上坚守信仰、践行宗旨、爱岗敬业、无私奉献的生动事例。营造出了以身边的事教育身边的人以及“崇尚先进、争当先进”的浓厚氛围，激励和鼓舞广大青年教师及学生创先争优，勇挑重担，努力学习，为实现学校内涵式发展作出更大贡献。

五、启智健体——“三全育人”视域下“阳光体育”模式的构建

习近平总书记在2019年全国教育大会上指出：“要树立健康第一的教育理念，开齐开足体育课，帮助学生在体育锻炼中享受乐趣，增强体质，健全人格，锻炼意志。”[4]习近平总书记的讲话为学校体育工作指明了方向，是对学校体育改革发展的全新定位。为此，全面贯彻党的教育方针，需要重视学校体育工作的德育价值，将体育育人融入“三全育人”工作中，奋力实现立德树人根本任务和体育强国目标。宁夏六盘山高级中学基于“三全育人”的视角，对体育与德育的关系进行梳理，并探索出了普通高中以体育人的可操作的现实路径，发挥了学校体育在“三全育人”中的独特作用。

（一）统筹全员育人

第一，党委领导统筹规划。学校党委领导高度重视学校体育工作，指出学校体育教学是实现立德树人根本任务、提升学生综合素质的基础性工程，是建设教育强国和体育强国的重要手段，对于弘扬社会主义核心价值观，培养学生爱国主义、集体主义、社会主义精神和奋发向上、顽强拼搏的意志品质，实现以体育智、以体育心具有独特功能。教学部门和体育教师要高度重视体育教学工作，组织学生积极参与体育锻炼，进一步提高学生体育水平。为此，宁夏六盘山高级中学制定了《宁夏六盘山高级中学关于推进学校体育工作发展的实施方案》《宁夏六盘山高级中学学生体育竞赛计划》。为了保

证活动方案的顺利实施，专门成立体育活动领导小组，由分管副校长任组长，政教主任为副组长，全体班主任及体育教师为成员的阳光体育活动领导小组，明确、细化了各自的职责和具体工作要求。同时，学校制定了严格的评价机制以及相应的活动方案，并逐步逐项落实推进。

第二，有效发挥体育工作者的作用。体育工作者直接面对学生，负有激发学生体育兴趣、提升学生体育能力、锤炼学生体育意志的责任。宁夏六盘山高级中学体育教师着力抓好课堂主阵地，根据高中学生的身心特点，研究制订符合实际、有针对性的教学计划，为不同程度的学生匹配不同难度的学习任务，给学生传授基本健康知识、基本运动技能和专项运动技能。让学生在体验成功中爱上体育。除常规课堂教学外，宁夏六盘山高级中学广大体育教师，还充分发挥自己的专业特长，组建了一系列体育兴趣小组，如徐刚老师辅导的女子篮球队、黄恒阳老师辅导的足球队、周步晋老师辅导的乒乓球队、曹嘉琳老师辅导的田径队、陈鹏老师辅导的太极拳队、党小燕老师辅导的健美操队……这些体育兴趣活动小组，常年坚持训练，活跃了校园文化生活，为学校培养了体育苗子，也为有特长的同学提供了发展的平台。

第三，多方联动，创造体育育人氛围。班主任是学生的导师，是引导学生健康成长的骨干力量，在学校体育工作中，对培养优秀体育人才，引导学生树立终身体育思想，促进学生全面发展等方面发挥着重要的作用。学校几乎所有的体育活动和赛事，都离不开班主任的组织和参与。宁夏六盘山高级中学部分班主任本身就是体育教师或掌握了较高的体育技能，他们在平常的班级管理中，有意识地提升学生的运动技能，如在班内开展单杠、俯卧撑、仰卧起坐等比赛，引导学生掌握基本的体育技能。通过组织和动员学生参加校内的体育赛事，让学生感受到合作的重要性，同时树立竞争意识和规则意识，当竞赛成功时，一同分享喜悦，当失败时，引导学生敢于面对比赛结果却不轻言放弃，培育学生自信勇敢的心理品质和敢于拼搏、永不气馁的人格。学校其他教师也积极参与体育活动，如宁夏六盘山高级中学举行了“健身防疫、喜迎新年——教职工（冬季）团体健步行”活动，彰显了全校教师勇于拼搏、热心公益的健康心态，以身作则，为同学们树立榜样。

（二）把握时段全过程育人

全过程育人的教学重点就是要在教学过程中体现出教学的整体性、一贯性和连续性。从教育角度而言，学校体育教育的最终目的是让学生树立终身体育的意识，并从体育锻炼中“享受乐趣，增强体质，健全人格，锻炼意志”，在终身锻炼中获益，健康工作，报效国家。

为了使每一位学生都能自觉地参加到阳光体育活动中来，充分享受运动带给生命的快乐，学校充分利用黑板报、宣传栏、主题班会等各种宣传手段，大力宣传阳光体育活动，广泛传播“健康第一”的思想，让“每天锻炼一小时，健康工作五十年，幸福生活一辈子”的理念深入人心，唤起全校学生对自身健康的关注。引导学生学习《国家学生体质健康标准》《体育与健康》读本、校规校纪和运动安全与防护等方面的内容，为学生树立正确的运动观打好基础。

从一日常规来看：坚持“三操一活动”，确保课外锻炼时间。自建校以来，宁夏六盘山高级中学学生一直坚持每天 6：30 ~ 6：50 出早操，早操不仅帮助学生锻炼了身体，让学生变得更有朝气，更加精神饱满，同时也磨炼了学生的意志，减轻了学生的学习压力，培养了集体荣誉感。每天的早操展示，同学们动作协调一致，步伐矫健整齐，口号洪亮，体现了宁夏六盘山高级中学优良的校风，已成为宁夏六盘山高级中学一道亮丽的风景线。每天 10：10 ~ 10：35 开展大课间活动，为全校学生精心安排了游戏、拔河、跳绳、踢毽、乒乓球、羽毛球、篮球、排球、单双杠等十多项锻炼内容。学校统一购买活动器材，以年级和班级为单位划定活动区域，活动过程中，体育老师和班主任全程跟班，做好学生的活动辅导及安全监护，确保每天的锻炼安全、有序、高效。每天上午第三节课后和下午第一节课后组织学生做眼保健操，起到保护视力、缓解视觉疲劳的作用。每天下午第三节课后，按照教务处的安排，开展各项体育课外活动，自建校以来，这些常规都雷打不动地执行着。确保学生每天锻炼时间在一小时以上。

从学生三年发展规划来看：高一新生入学后，为进一步规范学生的广播操动作和技术要领，宁夏六盘山高级中学积极开展广播体操比赛。通过评比，一方面进一步规范学生的动作，提高锻炼质量；另一方面通过集体活动的开展，培养学生的集体主义观念，提高他们的合作能力。学校安排每年的9月份为“迎新杯”球类比赛月，有篮球、足球、乒乓球等。通过此项活动的开展，带动高一新生加入体育锻炼的行列，有效地促进了高一、高二新班集体的交流和融合，也强化了学生学习的动力，收到了较好的效果。每年4月份，学校以召开春季田径运动会为契机，促进各班体育活动的开展。开好一年一度的运动会，构建“六盘体育月”。宁夏六盘山高级中学的4月就是以“体育活动”为主题的一个月，也被称为宁夏六盘山高级中学“体育月”。运动会的开幕入场式上，每个班级都有表演项目，有健美操、呼啦圈、秧歌队、腰鼓队、拉丁舞等。比赛项目设置上，除了常规的田径项目之外，近年来，结合学生的兴趣和爱好，学校每年都增加一些趣味性的集体项目，不断丰富体育活动内容，提高体育活动质量。扎实抓好教学常规管理，保证体育课时间。宁夏六盘山高级中学对根据教学常规管理要求，认真执行课程计划，真正做到了开齐、开足、开好每门课程，从高一到高三，每个班每周开两节体育课。学校领导经常督促检查体育课和课外活动的开展情况，高度重视阳光体育活动的开展，在人员器材场地上全盘统筹，保证了所有学生都能按计划正常参加体育活动。

（三）拓展体育资源全方位育人

宁夏六盘山高级中学除了开展常规的体育课程和体育活动之外，还非常注重校外的体育交流拓展活动，积极参加全区组织的各级各类比赛，以比赛促提升，并取得了非常优秀的成绩，如宁夏六盘山高级中学的千人广播操、中国功夫太极扇、大课间啦啦操等活动已经成为全区特色并受到领导的高度评价。宁夏六盘山高级中学也经常组织学校学生参观体育训练基地，邀请优秀体育人士为学生作报告，让学生感受体育拼搏精神，接受科学健康教育。宁夏六盘山高级中学还非常重视校园体育文化建设，以橱窗、横幅、海报、绘画等形式向学生呈现体育名言、科学健身常识、体育运动文化，最大限度地对校园空间进行休闲健身化改造，帮助全校师生形成健身意识与习惯。

除此之外，宁夏六盘山高级中学充分借助信息化手段，推进校园智慧体育建设，创新自主锻炼形式。目前已经探索出体育网络精品课程、线上钉钉群开展体育教学、运动会网上报名等形式。未来，宁夏六盘山高级中学将进一步加强体育教学信息化和科技化，教师可以利用平台进行线上备课、考勤打卡、分数上传、数据分析等活动。通过开发课外锻炼平台，引导学生自主参加锻炼，并对数据进行分析诊断，形成个性化的方案推送给学生，让学生锻炼更加有针对性。

总之，通过系列体育活动，宁夏六盘山高级中学广大师生深深地体会到了“拥有健康才能拥有明天、热爱锻炼就是热爱生命”的内涵，进一步树立了天天锻炼、终身锻炼的意识。阳光体育活动极大地增强了学生团队协作意识，磨炼了学生的意志，陶冶了学生的情操，为学生身心的健康发展打下了良好的基础。

六、创新劳动教育，培养时代新人——劳动教育的实践探索

2018 年 9 月，习近平总书记在全国教育大会上的重要讲话中指出：“培养德智体美劳全面发展的社会主义建设者和接班人”“要在学生中弘扬劳动精神，教育引导学生崇尚劳动、尊重劳动，懂得劳动最光荣、劳动最崇高、劳动最伟大、劳动最美丽的道理，长大后能够辛勤劳动、诚实劳动、创造性

劳动”[5]。2019年11月，习近平总书记在中央全面深化改革委员会第十一次会议上强调，要实现改革举措的有机衔接、融会贯通，确保取得扎扎实实的成效。会议通过了《关于全面加强新时代大中小学劳动教育的意见》，并强调指出：“劳动教育是中国特色社会主义教育制度的重要内容。要全面贯彻党的教育方针，坚持立德树人，把劳动教育纳入人才培养全过程，贯通大中小各学段，贯穿家庭、学校、社会各方面，把握育人导向，遵循教育规律，创新体制机制，注重教育实效，实现知行合一，促进学生形成正确的世界观、人生观、价值观。”[6]可见，近年来劳动教育越来越被党中央和国务院重视，基于此背景，笔者致力于探析劳动教育的核心内涵与价值意蕴，并结合宁夏六盘山高级中学劳动教育的实践，在此基础上提炼劳动素养的培育路径，以期对提升当前劳动教育的实效有所裨益。

（一）劳动教育的基本内涵

劳动在人类社会发展进程中处于关键地位，是我们认识世界和把握人类历史的钥匙。首先，劳动创造世界，人类实践最基本形式的生产劳动为人们提供了必须的生活资料，而且人类的实践活动是有目的、有意识的能动性活动，人在劳动中显现出区别于动物的“类本质”。劳动不是孤立的单个人的活动，通过劳动，人与外界的关系发生了根本性的转变，感性活动转变为人的现实社会活动。劳动创造了人和人类社会。其次，劳动创造历史。劳动是人类历史发展的事实起点，人类的一切活动都离不开物质资料的生产，离不开人的劳动，人是社会历史的主体，人是历史的创造者，是物质和精神财富的创造者，是变革社会的决定力量，劳动是“一切历史的基本条件”。另外，劳动创造了人本身。劳动的过程就是人使用自身的机能与自然之间进行物质交换的过程，而人为了占有对生活有用的自然物质，必然要使用自身所拥有的自然力，这对于人类的进化起到了非常重要的作用，在劳动中，促进了意识的物质器官——人脑的生成，促进了意识的表达手段——语言的产生，可以说，劳动在从猿到人的转变过程中具有决定性作用。正是在改造世界的劳动过程中，人类才真正地证明自己是类存在物，而劳动就是人类能动的类生活。劳动是人的本质体现，是人类自身生产和再生产的创造过程。

通过对劳动的重要地位进行阐释之后，我们需要继续思考：劳动如何与教育相结合，以及我们需要什么样的劳动教育与劳动价值观？

马克思认为："劳动形成人的本质，劳动是实现人的全面发展的重要途径，教育与劳动生产相结合是社会主义教育的根本原则。"[7]首先，劳动形成了人的本质。教育面向人本身，而人是社会性动物，要深刻地改造人，就必须要理解人背后的社会关系。人的社会关系主要是通过劳动构建出来的，人们在劳动中展现自身，体现出自己的生命特质。因此，劳动是发生在人身上的教育，一方面要通过教育提升人的劳动能力，另一方面，劳动本身就具有教育功能。其次，劳动是实现人的全面发展的重要途径。随着工业社会的发展，社会分工越来越精细，人的劳动被切割得支离破碎，不再具有整体性，体力与脑力的分离破坏了人发展的全面性，因此，只有教育与生产劳动相结合，才能让劳动的内容和形式更加丰富，激发人的主动创造性，进而创造出更多的物质和精神财富。最后，教育与劳动生产相结合是社会主义教育的根本原则。教育的目的是培养具有健全脑力和体力的新型劳动者，劳动者只有掌握现代生产技术才能改造未来世界。

综上，我们可以将劳动教育定义为发挥劳动的育人功能，对学生进行热爱劳动、热爱劳动人民的教育活动。这里要特别强调，劳动教育不能畸变为技艺学习、休闲娱乐、惩罚手段，要避免有劳动无教育，为了劳动而劳动的情况出现。从育人角度出发，劳动教育的本质在于培养学生的劳动价值观和养成良好的劳动素养。在劳动价值观方面，要培育积极的劳动精神，帮助学生树立劳动观念，端正劳动态度，让学生能够认识到劳动是创造物质世界和人类历史的动力，加深对"劳动创造财富，劳动丰盈人生"的理解，"以热爱劳动为荣，以好逸恶劳为耻"，形成热爱劳动，崇尚劳动的观念。同时要引导学生尊重为社会作出贡献的不同阶层的劳动者，并积极投入到社会主义建设之中，建设祖国，贡献社会，服务人民。在劳动素养方面：其一，要让学生掌握必备的劳动知识，学会劳动技能。其二，要帮助学生养成良好的劳动习惯和品质，有效去掉慵懒散漫等人性的弱点，唤醒沉睡的自尊自信自爱，让他们拥有责任，懂得担当。

总之，要把培养学生的劳动观念和劳动素养贯穿于劳动教育的全过程，只有明白了劳动的内涵道理，领悟到了劳动的意义价值，才能形成勤俭、奋斗、创新、奉献的劳动精神，成为学生品格的一部分。

（二）劳动教育的现实意义

加强劳动教育，是实现普通高中立德树人根本任务的客观需要。我国已经实现了第一个百年奋斗目标，为实现第二个百年奋斗目标，根本上要依靠人民群众的辛勤劳动。重视劳动教育，培育知识型技能型创新型劳动者大军，具有非常重要的现实意义。普通高中肩负着培养社会主义建设者和接班人的重大任务，劳动教育是中小学教育体系中的重要组成部分，它是开展德育、智育、体育、美育活动的切入点和载体，通过与德育、智育、体育、美育等活动的交织融合，共同推进了素质教育的发展。

对高中生加强劳动教育，一方面可以培养学生良好的道德品质，引导中学生热爱劳动，在劳动实践中懂得劳动光荣、美好生活靠劳动创造，在劳动中磨炼意志，养成吃苦耐劳、勤俭节约、勇敢诚实的良好美德。另一方面可以引导中学生尊重劳动者。通过亲身参与劳动，获得劳动体验，能够更加深刻领悟劳动的价值及劳动者的不易，进而发自内心地尊重劳动、尊重劳动者。总之，劳动教育是完善人才培养目标，支持德智体美教育的重要抓手，要“以劳树德、以劳增智、以劳强体、以劳育美、以劳创新，促进学生德智体美劳全面发展”。[8] 在全社会营造热爱劳动、尊重劳动者的良好风尚，引导广大青年成长为有劳动精神、有劳动能力的社会主义建设者和接班人。

加强劳动教育，是健全身体观的实现路径。劳动教育不仅仅是对劳动价值观的培育，更是对人的身体、技艺、心灵每一方面的培育，即对“全人”的培育。首先，劳动教育能够强身健体，促进身体状态的提升。身体是人生命活动的物质承担者，中学生参加劳动的过程，就是以人的身体作为中介，与自然界进行物质交换和能量转移的过程。劳动使得身体的肌肉、筋骨等各个部分都得到锻炼，使器官的功能得到增强，从而养护和发展身体的状态，达到强身健体的目的。通过劳动，开发了人的智力，使得人整个身体的运用能力大大提升，身体各部分之间更加协调，身体的整体活动能力进一步提升。其次，劳动教育能够帮助青少年掌握良好的技艺。一方面，通过在劳动中不断地对身体的运用，帮助人们去除“笨拙感”，建立“灵巧感”，对身体的支配更加自如，对一整套操作性能力的习得有助于身心的整合，人真正成为了身体的主人，为将来从事更加严密复杂的工作做好了准备。另一方面，通过对劳动技艺的掌握，人真正成为了技术的主人，他在面对技术时不再感到紧张恐惧、手足无措，因为他从小就习得了劳动中的安全意识和防护意识，并掌握了劳动技术，便可以充分享受到劳动的乐趣。再次，劳动教育对“心”具有非常重要的培养价值。在劳动中，强身健体、获得技艺，但如何克服对劳动的厌倦，如何面对现实生活中劳动的异化，是劳动者需要解决的重要课题。劳动教育使得人在青少年时期就拥有良好的自我调节能力，培育平衡感，促进身心和谐发展。

综上，劳动教育通过对身体、技艺、心灵的培育，塑造出身心健全，具有蓬勃生命力和幸福感的人[9]。在劳动中，人发挥主观能动性与外界发生互动，身心高度融合，协调统一，达到专注忘我的状态，自身的生命力在改造世界中得到了充分的显现。劳动使人获得幸福，只有在劳动中，人才能自由地彰显自己的智力和体力、意志和情感，创造和实现自己的价值。劳动是创造美好生活，促进人的自由全面发展的重要手段，也是实现幸福人生的途径。

（三）劳动教育的路径选择

根据《大中小学劳动教育指导纲要（试行）》提出的新要求，宁夏六盘山高级中学将“立德树人，劳动为先”融入劳动教育的方方面面，汲取传统劳动教育的精华并进行拓展创新，探索实施“五化教育”，使劳动教育落地生根，全面推动学生劳动素养的提升。

第一是劳动教育系统化，保障劳动教育行稳致远。传统的劳动教育基本上是体力劳动教育，这与当今社会对创新型、智能型人才的要求还有很大的差距，因此劳动教育也要因时而变，增加智性劳动。为此，学校提出“大劳动教育”的理念。其一，劳动不仅要立足于当下，更要为学生的未来工作和生活奠基，既要培养学生日常生活所需的基本劳动知识、劳动技能，更要着力培育学生的劳动价值观与劳动素养，始终将劳动观念和劳动精神教育贯穿于人才培养全过程，努力让学生形成“劳动最光荣、劳动最崇高、劳动最伟大、劳动最美丽”的思想观念。高一年级重在基本劳动技能训练，高二年级重在劳动习惯养成，高三年级重在劳动素养培育。其二，在内容上与学科教学紧密结合，通过学校课程化的实施，将劳动素养培育与学科核心素养培育相结合，强调劳动教育在学科教学中的渗透。通过举办系列学科活动，让学生将所学知识努力运用到劳动实践中去，提升学生的劳动实践能力，增进学生对劳动的理解。

第二是劳动教育日常化，在日常生活中培育学生的劳动习惯。宁夏六盘山高级中学为全日制寄宿制学校，学生生活是学校劳动教育的重要组成部分，因此从日常的劳动值日入手，是推进劳动教育的必然选择。全员全过程参与日常卫生打扫，可以构建学生的劳动认知，丰富劳动体验，提高学生生活自理能力。学校组织全体学生对宿舍、教室、校园区域进行日常清扫，制定了宿舍、教室卫生评比细则，每周开展一次文明宿舍和文明班级的评比，以此激励学生劳动的积极性。宁夏六盘山高级中学还制定了《六盘山高级中学校园卫生值周班制度》，将校园划分为不同区域，由不同班级每周轮流清扫，要求做到一天4次打扫，分别为早读前、课间操、小班会前、下午放学后4个时间段。重点捡拾清扫落叶、垃圾；扫除大路小道、走廊通道、塑胶跑道的垃圾；清理花园、绿化带等卫生死角；清洁石凳、露天座椅、体育器械、宣传栏、标语牌等。

第三是劳动教育课程化，以课程支撑劳动教育深化落实。教育部、共青团中央、全国少工委发布《关于加强中小学劳动教育的意见》，在表述“抓好劳动教育的关键环节”时，第一条建议就是落实相关课程：“要根据《义务教育课程设置验方案》和《普通高中课程方案（实验）》，将国家规定的综合实践活动课程、通用技术课程作为实施劳动教育的重要渠道，开足开好。要明确并保证劳动教育课时。普通高中阶段严格执行通用技术课程标准，课时可视情况相对集中。各地各校可结合实际在地方和学校课程中加强劳动教育。”[10]宁夏六盘山高级中学以物理、化学、生物、通用技术、历史、政治、艺术等学科为依托，整体架构学科知识、学生活动、技术创新的课程体系，积极在学科教学中渗透劳动教育，逐渐形成了内容丰富的课程资源。如生物教师带领学生在课余时间辨认校园植物和鸟类，组织学生参观本地花卉种植基地，学习花木的种植与养护。历史教师通过讲授中国古代科学技术史，让同学们感知我国古代科学技术是中国人民勤劳、智慧和艰苦奋斗的结晶，是中华民族生命力和创造力的生动体现。思政教材中同样蕴含着非常丰富的劳动教育资源，如《经济生活》中商品生产、新时代的劳动者等内容，《生活与哲学》中在实践中追求和发展真理、群众观点和群众路线、个人价值的创造与实现等知识，都可以通过劳动议题的创设，构建学科情境，帮助学生树立马克思主义劳动观。高中劳动教育必须回应时代诉求，体现时代特征，提高学生创造性劳动的能力。学校还结合时代，开设创意劳动和智性劳动课程。宁夏六盘山高级中学将创意劳动课程与校园科技节相结合，举行服装设计、教具制作、电子电路安装与改进等活动，在科技创新中综合解决学科知识。宁夏六盘山高级中学还开设了剪纸、女红等非遗校本课程，通过对乡土非遗文化的学习，提升学生的审美能力和实践创新能力。

第四是劳动教育协同化，三管齐下增强学生责任担当。开展劳动教育是一个系统工程，学校是主导，家庭是基础，社会是依托。学校、家庭和社会要密切合作，共享教育资源，构建起劳动教育的长效机制。宁夏六盘山高级中学着力创建家校共育的工作机制，通过家委会等渠道对家长开展劳动教育方面的培训，明确家长的劳动教育责任，引导家长在假期为孩子创设劳动情境，让孩子通过家务劳动和农业生产实践等形式锻炼自己。每年寒暑假除了布置常规作业外，还给学生布置假期的劳动任务和社会实践作业，根据开学后家长的反馈，很多学生都能在假期掌握一至两项家务劳动技能，帮助父母干力所能及的家务活。学校除在校内开展劳动教育外，还积极开展社会公益劳动教育，组织学生进行植树造林、美化校园周边环境、参与社会大型考试引导等活动，这些不计报酬的义务劳动，培育了学生的志愿精神和社会责任感，也为他们了解社会提供了很好的平台。

第五是劳动教育评价多元化，有效发挥评价的育人导向功能。学校将劳动素养纳入学生综合素质评价体系之中，既关注以量化考核为手段的结果性评价，也注重过程性评价。如在校园卫生区域清扫中，将班级同学分为不同小组，每个小组由小组长对劳动过程进行记录，劳动结束后将自评和他评相结合，利用大数据和宁夏教育云平台等现代信息技术手段，将学生劳动活动纳入综合素质评价档案，学期末基于劳动观念、劳动品质、劳动习惯等项目对学生的劳动素养进行综合评定，通过评价促进学生全面发展。

七、为了每一位学生的发展——班会课程化的实践探索

班会课是班级育人的重要载体，也是教师对学生实施系统教育的舞台。班会课能否上好，是检验班主任专业素养高低和学校德育工作成败的关键指标。为顺应时代发展要求和德育工作需要，宁夏六盘山高级中学在“三全育人”

理念的指导下，在班会课的规范化、体系化、精品化方面进行了有益的实践探索，实施以来，推动了学生素质的提升，凸显了课程的育人效应，提升了班主任的专业素养和教研能力，彰显了宁夏六盘山高级中学的办学特色。

（一）建立制度，让班会教育规范化

班会课是班主任对学生、班级进行组织管理、指导和教育的重要课程，其重要性不言而喻。然而，面对应试教育的压力和诸多评价标准的束缚，升学考试成为了衡量教学价值的唯一标准。在唯分数论的评价体系中，学科教育被置于关键地位，而德育则被边缘化，班会课更是不被重视。在很多教师眼中，班会课不是严格意义上的课，“班会课处于‘四无’状态：无课程目标，无课程内容及资源，无课程评价，无课程科学实施模式与策略。班会的管理也处于‘四无’状态：无规范设置，无教学评价，无管理机制，无教研机制”。[11]班会课成为教师自由发挥的园地，成为了班主任的常规布置课和训话课，甚至成为各学科教师的讲题课或自习课。为解决班会课的缺失与异化问题，宁夏六盘山高级中学从三个方向进行了班会课程的规范化建设。

首先，学校加强引领，实现思想教育序列化。学校结合德育工作的整体安排和实际需要，在班会课的设计中，既根据不同学生年龄特点、知识程度和认知水平，分阶段、分层次进行，也从班级发展实际水平出发，处理好各年级、各阶段的关系，实现主题教育的连续性和递进性，使各阶段的教育更加具有针对性。从高一到高三分别安排开展不同的教育内容，对班会课作出了整体设计与规划，有效避免了班会课的随意性和无效性，实现了主题班会教育的环环相扣。为了确保班会课程化工作有序开展，学校成立了校长担任组长，由各处室领导和年级部主任共同参与的领导小组，全面部署和实施班会课程化工作。学校先后拟定了《宁夏六盘山高级中学主题班会课程化目录》和《主题班会实施方案》，从教学主题、教学设计、教育效果等方面进行了规划，使得主题班会课程化工作得以扎实有效推进。

其次，年级具体安排，加强督促与考核。为了减少班会课授课的随意性和盲目性，年级部根据学校整体规划与安排，结合年级学生实际，对教育主题再进行细化。如同样是开展养成教育，高一年级的重点是入学后的生活习惯和学习习惯的教育，而高三则是理想信念教育和感恩教育。年级部根据学生特点、学生对现实问题的关注与思考、节庆活动安排等选定主题，为班主任班会课的开展领航掌舵。与此同时，年级部制定了班会课量化考核细则，建立和完善巡课制度，不定期抽查班主任的班会方案并进行赋分，采取进入课堂和调取网上常态化录播客户端相结合的听课方式，及时发现班会课授课中存在的问题，针对问题进行集体研讨，及时整改。期中期末通过学生座谈、问卷调查等形式，调研班会课的实施效果，促使班会课逐步走向规范化、科学化。

再次，努力打造一支优秀的班主任队伍，促进班主任专业化。班主任是教师队伍中的优秀代表，不仅承担着基本的教学任务，更要团结带领广大教师担负起全面育人的重任。班主任需要提高自身能力与素养，才能从大量繁琐的班级事务中解脱出来，把工作重心放在研究学生上，实现德育过程的优化。为此，学校引导班主任树立终身学习理念，加强对班主任的理论和业务能力培训，支持班主任脱产学习和进修，并定期开展读书分享和经验交流等活动，引导班主任对工作中存在的问题进行专题研究，加强信息沟通与共享。并上调了班主任工资，建立起了合理的班主任工作评价体系，不断激励班主任最大程度地发挥自己的潜能，实现可持续发展。

（二）深化研究，让课程设计体系化

学校每学期制订德育工作计划时，安排了每月一个大的德育主题，每周一个小的德育主题，每周一节德育活动或主题班会，使主题班会活动主题化、系列化，实现了“月月有主题、周周有活动、人人都参与”的良好局面。学校根据各年级学生思想教育的重点，确定不同的教育主题，开发出具有宁夏

六盘山高级中学特色的主题班会校本课程。

高一阶段是高中阶段的起始学年，学生带着期待和梦想，从南部山区来到首府银川，他们都希望自己在新的环境里学有所成。为此，高一年级开发了养成教育和诚信教育两个德育模块。引导学生养成良好的学习习惯、生活习惯。在高一第一学期，班主任组织学生逐条学习《中学生守则》《中学生日常行为规范》以及《宁夏六盘山高级中学学生学习生活一日常规》等文件。还邀请聘请校领导、处室主任为学生举事例、讲规范，给学生讲明道理，告诉学生为什么要这么做。各班开展“我身边的不规范行为”举例、向不文明行为告别签名等主题班会，让各种“规范”入耳入心，取得学生的认同，让“规范”在入耳入心之后，化理念为行动，化行动为修养。

高一第二学期，学校组织实施诚信教育。学校成立了诚信教育课题小组，政教处、教科室、年级部、班主任共同参与，克服了诚信教育的抽象性、复杂性等困难，结合中学生行为规范，探索出了科学、系统、规范化的诚信教育评价体系。要求学生对待老师、对待同学、对待家长、对待自己，要讲诚信；在学习中、考试中、交往中、生活中，要讲诚信；对团队、对社会、对国家要讲诚信。每学期期末，在学生综合素质评价中，对学生进行诚信评价考核。通过开展诚信演讲比赛、诚信主题征文、诚信格言征集、诚信之星评选等大型教育活动，通过召开诚信教育动员大会，让全体同学宣读诚信誓言，通过诚信签名等系列活动，教育学生坚守诚信。

高二阶段是高中生的“事故多发段”，学生的思想多变而复杂。这个阶段，学生普遍存在难以管理、难以教育的现象，有的老师称之为“高二现象”。因此，宁夏六盘山高级中学在高二阶段注意抓住文理科分班的教育契机，加强新组建班级的整合，注重班级的文化建设，在学生中开展集体主义教育，引导学生尽快融入新集体。引导学生在思想上追求进步，向党组织递交入党申请书，参加学生课余党校。宁夏六盘山高级中学把建设良好班风，营造有利于学生良好品德形成的班级环境，作为高二阶段教育的重点，既注意大面积教育，又兼顾个别差异，因材施教，循序渐进，为学生安全度过高二打下坚实的思想基础。

高二年级围绕主题，开发了集体主义教育和爱党、爱国教育模块。文理分科后，急需加强新组建班级的整合。班主任从同学之间团结友爱、互相关怀、互相照顾、服从集体利益、遵守集体纪律、热爱集体、关心集体、善于在集体中生活、学习等方面开展教育活动。各班通过组织班级活动、班组活动，对学生进行集体观念和集体主义教育，在游戏、学习、生活中引导学生学会主动配合、分工合作协商解决问题等，在活动中引导学生学会关心他人，养成合作的良好习惯。特别是球类、田径、游戏等活动，蕴含着丰富的集体主义教育内容，通过这些教育活动，使学生明白团结就是力量，合作创造辉煌的道理，从而自觉做到个人服从班级、个体融入集体，主动为班集体作贡献。

宁夏六盘山高级中学是一所特殊的学校，是山区孩子的城市学校。党的关怀，政府的重视，让所有的学生都明白了一个道理——没有共产党，就没有宁夏六盘山高级中学；没有共产党，就没有这么好的学习环境；没有共产党，一大批孩子就会因交不起学费而失学。同学们只有十六七岁，但对党的感激之情已经相当深厚。进入高二，班主任邀请模范人物、校领导、政治课教师，为学生作报告、讲党课，让学生学党史、读党章，引导学生认识中国共产党的伟大和光荣。在思想成熟的学生中着手培养入党积极分子，并通过参观访问、瞻仰革命烈士陵园等活动，强化学生向党靠拢的思想意识。在学校的引导教育下，学生的追求更具有深度，更具有先进性，他们把向党组织靠拢当成了一种新的时尚。

高三阶段是中学时期最为关键的一年，学习任务重，学习强度大，时间紧张、考试频繁，学习上遇到的困难多，承受的心理压力大，学生的心理、思想、行为等方面具有一定的复杂性和特殊性。宁夏六盘山高级中学认真研究和分析学生的这些特点，突出了“以人为本”的教育理念，高三年级围绕主题，开发了理想教育和成功教育模块。

高三学生最需要的是坚定理想信念，有了坚定的理想信念，才会在学习生活中有强大的精神动力，才会满腔热忱地投入到紧张的复习备考中去，才会不怕困难挫折，百折不挠，直指目标。宁夏六盘山高级中学的理想教育不是空洞的，我们结合学生和学校的实际，向高三学生提出把做一个合格的高中毕业生，考取理想的大学，作为他们的共同理想。学校、年级部、班主任为学生分析实际、帮助学生准确定位，让每个同学都树立一个目标。班主任让学生把自己的目标写在纸上，折成千纸鹤，投进许愿瓶，学校组织学生参加成人宣誓仪式、高考百日誓师等活动，培养学生的责任感。通过一个个小目标的实现，向最终目标靠近，让学生在潜移默化中实现自己的理想。

每位高三学生都想在学习上获得较大的成功，成功教育就是对学生成功心理进行积极引导，让他们在享受成功喜悦的同时不断激发学习兴趣，提高自信心，化压力为动力，形成一种主动心理，从而提高学习效率。宁夏六盘山高级中学高三年级班主任及广大教师，爱生如子，对学生的关爱就像春天的雨露，润物细无声，渗透学生的心田，极大地鼓舞了学生的斗志，增强了学子们学习的自信心，让每个学生都感到被重视而不是被抛弃。学校引导教师在高三阶段要以表扬鼓励为主，让学生持续得到成功的体验，特别是后进生，哪怕是一点点的进步，都应给予肯定、表扬，以激励其成功的动机。每次模拟考试结束后，都要开展总结表彰活动，除了设立优秀奖以外，还设立了进步奖，给进步较大的同学以充分的肯定，激励他们继续努力，追求卓越。

（三）推陈出新，让班会课程精品化

为贯彻《自治区教育厅关于开展基础教育质量提升“5+1”系列活动的通知》精神，提高宁夏六盘山高级中学德育工作实效，完善宁夏六盘山高级中学德育工作机制，提高班主任思想道德素质、业务水平和工作能力，加强班会课质量，打造精品班会课，结合宁夏六盘山高级中学教育教学实际，我们主要做了以下工作。

第一，开展主题班会展示和评比活动。主题班会比赛分高一、高二两组进行，政教处负责组织实施。学校选取部分有经验的优秀班主任担任评委，全体班主任参加听课研讨活动，互相学习，共同进步。以高一年级为例，高一新生如何尽快适应高中生活，如何克服学习困难，如何做好初高中知识衔接，高一年级三位班主任围绕这一主题展开了别开生面的主题班会课。白月老师围绕“学习困难怎么解”这一主题，有针对性地解决了高一新生在学习方面遇到的困难。在课堂上，白月老师运用心理活动课中的拼图方式，鼓励学生随机组成小组开展活动，课程主体活动仿照《圆桌派》和《非正式会谈》的方式，根据老师之前设计的“学习加速攻略”进行交流。同学们在倾听与表述中自主发现自己入学以来的学习困难，寻找共同的困难，包容差异化困难。活动组织过程中，还邀请评委老师旁听不同小组的交流，借用小蘑菇卡的形式从教师视角及时给予学生反馈，帮助学生发现自己的优势和潜力，给予学生适当的建议。马侨蔓老师开展了以“脚踏实地 仰望星空 ——如何适应高中学习”的主题班会。通过导向性问题引导学生说出自己的困难，由教师引导并总结在学习中的困境与解决办法，帮助学生树立信心。同时采用小组合作讨论的形式，沟通交流解决问题。学生通过话剧表演展示初高中学习生活差距；通过“校园寻宝”小游戏增强对学校的了解；通过“交换烦恼”“听学姐说”为学生树立目标与自信。田虹老师通过调查问卷开展了以“时间管理——有计划地学习”为主题的班会。课堂活动以一天的学习任务怎样规划、如何合理有效地安排时间为主体，通过小组讨论交流，分享一天的学习规划，探讨如何优化方案，教师引导学生制订适合自己的学习清单，使学生深刻体会到有运用得当的学习计划并坚持实施，学习会变得有条不紊，自身也会变得有信心有动力。以上老师巧妙的设计、精彩的授课获得了听课教师的好评，也发挥了强有力的示范和导向作用。

第二，建立资源共享平台。学校根据确定的主题，建立了全校主题班会资料库，每年年终都会开展教学设计、微视频、德育论文的征集和评选活动，并制作成了主题班会案例手册，供全校教师参考。

第三，多方借力，整合教育资源。宁夏六盘山高级中学除了开展以班主任为主导的主题式常规班会外，还进行了体验教育的校本实践。所谓体验式教育，主要是引导学生在班级中体验、在学习生活中体验、在社会生活中体验，通过体验，增强对正确道德观念的理解和认同，从而内化于心，外化于行。通过广泛开展学生团体合作式班会课，解决班级管理中的难点问题。班主任根据教育、教学的要求和班级学生实际情况确立主题，尊重学生的主体地位，让学生去组织主题班会，教师作为参加者和点评者，让学生在体验中成长，如开展“夸一夸我的同桌”“正确处理与父母的关系”“写给爸爸妈妈的一封信”“中美关系之我见”等班会活动，学生在组织分享中提升丰富了精神世界，提升了精神力量；通过全校性的体验教育活动，触动学生的心灵。宁夏六盘山高级中学非常重视仪式典礼活动的教育功能，例如，我们在高三毕业时开展“九个一工程”：最后一次升国旗、最后一次卫生大扫除、最后一次视频展示、最后一期黑板报、最后一次早操展示、最后一阶段课堂教学、最后一次主题班会、最后一次值周、最后一天的离校，这些体验活动营造了良好的毕业和高考氛围，激发了广大学子奋发向上、迎战高考的决心，也展现了高三毕业生懂感恩、知荣辱、讲文明的良好风尚；将主题班会教育与社会教育相结合，引导学生走出校园，迈向社会实践活动的大课堂。如宁夏六盘山高级中学每年寒暑假引导学生对民族团结、脱贫攻坚、改革开放等内容开展社会调查，形成社会调查报告，并进行评选表彰。通过带领学生参观博物馆、图书馆、科技馆、企业等，加深学生对社会的认识与理解。引导学生进行各类职业体验，体会父母劳动的不易，形成尊重他人劳动成果的良好习惯。总之，校外社会实践活动为主题班会课的开展提供了更丰富的资源、创设了更真实的情境，学生能在诸多的体验活动中得到感悟、获得成长。

八、奏响协同育人最强音——课程思政的实践探索

习近平总书记在全国高校思想政治工作会议上强调“三全育人”的同时，也明确提出：“要用好课堂教学这个主渠道，思想政治理论工作要坚持在改进中加强，提升思想政治教育亲和力和针对性，满足学生成长发展需要和期待，其他各门课都要守好一段渠、种好责任田，使各类课程与思想政治理论课同向同行，形成协同效应。”[12]习近平总书记提出了一种全新的教育理念——课程思政，即要将思政元素融入各学科之中，发挥各学科的协同效应，实现合力育人的工作格局。构建课程思政体系，离不开成熟的指导思想，“三全育人”理念的提出为课程思政体系的建设指明了方向，而课程思政体系的完善有助于“三全育人”理念的落地实施。因此，深化普通高中思想政治教育改革，由思政课程建设转向课程思政建设，对于深化教育教学改革，提高学生综合素养，具有重大而深远的意义。宁夏六盘山高级中学积极推动学科育人模式的课堂变革，优化思政课堂，加快各学科与思政元素的融合，探索并形成了符合实际、特色鲜明的课程思政体系。

（一）厘清认知误区，加强顶层设计

首先要深化对课程思政的认识。目前课程思政协同育人成效难以实现，一个重要原因是部分教师观念不统一。在课程思政的基本内涵上，部分教育工作者存在着以下三个误区，这些错误认知阻碍了协同育人机制的构建。误区一：认为思想政治教育是思政课和思政教师的事情，与普通学科及任课教师无关。部分教师没有意识到协同育人的重要性，因比赛、考核等因素被动参与。误区二：认为“课程思政”是增设的课程或活动。课程思政的实质不是数量的增减，而是思想政治教育与常规教学的有机融合。误区三：要努力将专业课上成思政课。实际上，课程思政仍然是以专业学科知识为骨架，只

需要进一步探索如何将爱国主义、人文情怀等内容融入课程之中。综上，课程思政是把思想政治教育贯穿于学校所有课程之中的育人理念和实践活动，即课程是思政的载体，思政寓于课程。

厘清认知误区后，需要抓好顶层设计。从思政课程到课程思政，是一项系统工程，需要实现“科科思政、人人育人”的常态化机制，加强顶层设计能够让协同育人工作少走弯路，最大限度地发挥协同育人功效。首先要加强课程的政治属性，建立起党委领导的普通高中课程思政育人工作领导小组，广泛发动思政教师、学科教师积极参与，让他们在思想上对课程思政形成正确认识，利用自身学科和专业优势，形成教育合力，将立德树人融入日常的教育教学环节中。其次，要加强教师队伍建设。在日常教育实践中，要通过培训提升教师的专业水平，引导教师对本学科专业知识进行重新梳理，重点挖掘学科知识与思政教育的耦合点，加强对学科教师的思想政治指导和思政教学技巧培训，有效开展思想教育。推进跨学科备课互动，将不同学科的教师安排在一个办公室中，引导学科教师在备课中与思政教师进行沟通，形成大思政教学的良好氛围。学校主管部门要充分挖掘思政教育资源，如利用节庆活动，以合唱比赛、趣味运动会等形式，让学生感受到校园浓厚的思政元素，让学生在潜移默化中丰富精神世界、增强精神力量，促进全面发展。

（二）创新教育方法，注重价值引领

普通高中在抓好思政课堂的同时，应将爱国主义、社会主义核心价值观等内容有机渗透到各学科课堂中，构建思政课、专业课、跨学科研究课程“三位一体”的大思政育人格局。

第一，加强思政课堂建设，切实提升思政课程育人实效。思政课堂是立德树人的主阵地和主渠道，以往的课堂教学中，教学内容理论化、知识化倾向明显，教学方法生硬，没有充分遵循学生身心发展规律，忽视了学生主体作用的发挥。为改变这一现状，宁夏六盘山高级中学政治教研组根据新课标

要求，在全组范围内推进议题式教学，改进传统的教育教学方法。议题式教学是塑造活动型学科课程的重要抓手，也是落实学科核心素养目标的主要方法。通过实施议题式教学活动，提升了教师的专业水平，促进了教师的专业发展，同时培育了学生的核心素养。

第二，策划课程内容，将专业课程与思政元素相结合。专业课程是课程思政建设的重要载体，普通高中可以根据专业课程的属性，依托专业知识，充分挖掘课程中的思政元素，将思政之“盐”融入课程之“汤”，让学生在潜移默化中受到思想的熏陶，并将受到的思想政治教育内化为自身的道德素养。

宁夏六盘山高级中学每年都举行“百花奖”和“优质课”教学比赛，而评价标准中非常重要的一项就是教学是否挖掘课程思想内涵，推动习近平新时代中国特色社会主义思想进教材、进课堂、进头脑，引导学生正确把握人生方向，扣好人生第一粒扣子。在比赛中也涌现了一大批优秀教学设计，如韩佩蕾老师在教学中始终围绕“我的最强大脑”这一主题展开探究，目标明确，主题鲜明。教学设计环环相扣，教学节奏层层递进，教学技巧灵活自如，通过对多元智能组合的探究，引导学生正确地看待优缺点，发挥智能优势成为更优秀的自己，让八大智能与专业联系起来，引发学生对职业生涯规划的启迪与思考；英语代课老师马晨的《Festivals around the World—— Festivals and Celebrations》Reading一课，由清明节假期导入，采用游戏的形式激活学生关于节日的已有知识，使学生迅速参与到话题的讨论和思考中，最后结合时代特点，引导学生进行“中国传统节日在新时期新的庆祝方式”的思考和讨论。板书设计呈现的是一棵以中华文明为根基、世界各地节日为繁枝茂叶的大树，直观新颖，充分展现了中华文化的源远流长和博大精深，让学生在学习中增进了文化自信；马雪燕老师借助我国古代数学家赵爽的“风车模型”，从“真、善、美”三个维度“润物细无声”地融入核心素养，充分彰显传统性、渗透性、美学性，有利于学生从优秀传统文化底蕴中汲取智慧和力量，欣赏数学智慧之美，丰厚数学文化底蕴。这些风格迥异但同样异彩纷呈的课程实现了课程和思政的同频共振。把课程思政落到实处，实现了铸魂育人的目的。

第三，推进跨学科综合研修。学校非常注重对不同学科、不同教师的优势整合，将资源优势转化为育人合力。跨学科综合研修通过融合多学科的知识体系和价值体系，引导学生深度探究、深度学习，在课程统整中提升了育人功能，彰显了育人价值。以文科融合教学实践活动为例，郭俏彤老师的《人口流动——从疫情地图说开去》一课，紧贴时事，以地理学独特的视角分析我国疫情的分布与扩散的地域差异，原创性强，学科特色突出，学生兴趣浓厚。以三个探究问题作为主线，环环相扣，各有侧重，共同揭示了影响人口流动的主要因素。通过对疫情扩散因素及武汉中心地理位置的分析，解释武汉封城的正确性和必要性，从而坚定认识当下疫情防控策略，引导学生认识到国家力量的强大，社会主义制度的优越性以及个人力量的关键作用，最后提示学生疫情未结束，防控别大意，这是一节非常成功的案例教学课。

景冬梅老师在讲授人教版选修四《中外历史人物评说》第一单元《古代中国的政治家》时，同本单元知识相联系，把知识主线定位为时代变迁背景下的清圣祖康熙皇帝治国理政举措及其得失、启迪，课文标题为《清圣祖康熙的家国情怀和时代担当》。景老师在这一课中设置了识康熙、评康熙、抚古思今三个环节。在识康熙这一节中，引导学生观看两组历代疆域图，启发学生通过对比理解，找到其中的相同点和不同点，再关联史实进行理解归纳，对比探索地理学科中基本的识图能力与历史史实有机结合。从少年康熙智勇双全敢当帝王重任，到康熙一生为维护和发展多民族国家呕心沥血，结合当今中国的统一大业和自强复兴，家国情怀被深深种植在学生心田。从康熙亲政后在政治版图上东南西北方向的困境，到秦汉唐元明清民国新中国版图呈现，都给了学生最为醒目的时空观念，唯物史观也明显地体现在全面辩证地评价康熙的所有环节。康熙终其一生都在践行着自己的人生誓言“立心以天下为己任，许死而后已之志”，这是他深沉的家国情怀、时代担当。课程的结尾，景老师分享了几句话和同学们共勉：“传家国情怀，立高远志向，担时代使命，筑美好未来。”这些话语中包含着景老师对新时代的少年担负起民族自强和复兴的时代使命的期待，也将课程推向了高潮。这些跨学科综合课程让学生在观察、反思、交流中确立了正确的三观，充分感受到了中国精神、中国价值、中国力量。

（三）采取多种形式，实现同频共振

在课程思政的实践中，需要借助先进手段，实现教学目标。在“互联网+学科教学”的背景下，互联网视听同步，图文并茂，动静结合的优势能为高中教学带来极大的帮助。教师通过网络辅助，设置任务，启发学生思考，帮助指导学生完成任务，增加课堂的容量，教师主导、学生主体的师生关系在互联网技术的辅助下更加凸显。互联网技术的应用增加了课堂的互动性，增强了学生学习的兴趣，互联网拓宽了学生学习的维度，使学习生态呈现出多元、多样、自然等特点。

宁夏六盘山高级中学教师在课程思政建设中，充分借助多媒体技术手段，挖掘教学资源，取得了较好的效果。如语文代课老师贾艳在《生死场整本书阅读交流》的授课中，运用微信“雨课堂”小程序及其他信息技术，实现了线上与线下，课堂与场外的有效互动，是互联网+教学融合的生动实践。赵凌晖老师的《再别康桥》一课，学生分组探讨研究诗歌，利用手中的电子设备查找资料，进行归纳整理，利用多种形式将小组要讲的这节诗展示给大家，有音频、视频、动画、绘画，让每位同学感受到了新月派诗歌的“三美”。历史白月老师的《物质生活与习俗的变迁》一课，充分信任学生，放手让学生通过百度搜索、微博、学习软件客户端和微信公众号等平台去分组搜集、整理中国近现代社会在衣、食、住等物质生活和社会习俗方面的历史文物、历史图片和史料文献资料。以上这些教学形式更新了传统的教育模式，调动了学生学习的热情和积极性，提高了课堂思政教育的能力和水平。

在课程思政建设中，需要加强团队建设，实现校内教研协同。以思政学科为例，宁夏六盘山高级中学积极推动并成功申请成立了“宁夏学校思政课来紫玉名师工作室”。学校充分发挥思政课教学名师（工作室）示范带动作用，高质量完成学校思政课教学改革、开展思政课教育研究、新入职思政教师培训、助力青年思政课教师成长、推广思政课教学成果等任务，着力培育和打造一批政治强、情怀深、思维新、视野广、自律严、人格正的思政课教学名师。力争通过为期三年的工作室建设，以优异的成绩、显著的成果，争创下一周期的工作室建设，为学校教育教学质量提升作出更大贡献。

在课程思政建设中，需要改进教学方法，提升课堂质量。以高中人教版必修二《政治生活》“人民代表大会：国家权力机关”一课为例，一位政治教师以“怎样看待人大代表的作用”为议题，基于是什么、为什么、怎么样的思维活动线索，结合全国两会这一时政热点，分层设计议题，并将议题序列化。设计了引入议题、探究议题、升华议题三个环节，对应相应的学科内容，让学科核心素养落地，旨在培养有信仰、有思想、有尊严、有担当的中国公民。

首先，合理选择、设计和拓展议题。这位教师基于宁夏六盘山高级中学学生每天收看新闻联播的实际，选择时政热点进行设计情境，通过举办“假如我是人大代表”的演讲会，引导学生关注现实问题，提升学生的公共参与意识与能力。其次，整合学科知识，优化情境构建。这位教师在导入时基于真实性设计了一个思辨性的情境：城区春节期间应该 / 不应该禁止燃放烟花爆竹？这贴近学生生活，让学生有探究的动力，同时通过这一思辨性的情境，让学生从多个维度去展开分析并做出判断，为后续引出“立法机关”的知识构建提供了铺垫。最后，精心设计活动，促进思行合一。议题式教学需要依托活动来开展。这位教师让学生列出访谈提纲并采访身边的人大代表，学生通过已有的资源联系到了全国人大代表马慧娟老师，采访涉及人大代表的权利、义务，甚至人大代表领不领工资这种日常性的话题，采访内容全面，不仅覆盖了课本知识，而且对已有内容进行了深化和拓展。议题式教学坚持生活逻辑与知识逻辑的统一，将枯燥、抽象的学科内容通过议题展示出来，实现了议中思、议中学、议中做，达成了由知识本位向素养本位的转变。让学生通过小组讨论、交流展示等形式参与到议题中来，使学生成为课堂的主体，改变了高中政治课堂的实施样态，活跃了课堂气氛，唤起了学生的学习兴趣和热情，在师生的双向互动中提高了课堂的效果和效率，实现了教育主体的人本回归。

总而言之，“课程思政”是“三全育人”背景下高中思想政治教育工作的重要组成部分，我们将进一步加强“课程思政”建设，实现思想政治教育和专业知识教育的有机融合，形成课程思政的协同育人机制，推动全员育人水平的全面提升。

参考文献

［1］涂争鸣 . 论诚信德性的主体生成方式 [J]. 求索，2007(05):128–130.

［2］石中英，余清臣 . 论良心及其可教性 [J]. 集美大学学报：教育科学版，2005(02):3–7.

［3］齐学红 . 学校德育与班主任专业成长 [M]. 上海：华东师范大学出版社，2018.

［4］学校体育要“教好”“办好”“管好”[M]. 光明网 .

［5］习近平在全国教育大会上强调：坚持中国特色社会主义教育发展道路 培养德智体美劳全面发展的社会主义建设者和接班人 [N]. 人民日报，2018–09–11.

［6］习近平主持召开中央全面深化改革委员会第十一次会议强调：落实党的十九届四中全会重要举措 继续全面深化改革实现有机衔接融会贯通 [N]. 人民日报，2019–11–27.

［7］胡君进，檀传宝 . 马克思主义的劳动价值观与劳动教育观——经典

文献的研析 [J]. 教育研究，2018,39(05):9–15+26.

［8］刘向兵，李珂，彭维峰 . 深刻理解新时代加强劳动教育的重大意义与现实针对性 [J]. 中国高等教育，2018(21):4–6.

［9］参娄雨 . 什么是“劳动的独特育人价值”——论劳动之于“体、技、心”的教育意义 [J]. 中国教育学刊，2020(08):12–17.

［10］教育部、共青团中央、全国少工委关于加强中小学劳动教育的意见 [EB/OL]. 中华人民共和国教育部网站，http://moe.gov.cn.

［11］孙晓晖，王天贵，徐文基 . 普通中小学班会课程化建设与实践研究 [J]. 教育科学论坛，2018(25):40–42.

［12］习近平谈治国理政：第二卷 [M]. 北京：外文出版社，2017：378.

第三章 “三全育人”的时代价值

一、“三全育人”创新了普通高中的德育模式及运行机制

（一）普通高中的德育模式

1. 中国古代德育模式

中国传统文化中具有十分丰富的德育思想和方法。其中儒家学说中的德育思想堪称中华传统文化之瑰宝，并对当代中国学校德育具有重大而深刻的影响。这些思想和方法至今仍然闪耀着智慧的光芒，值得我们学习继承、创新发展。

第一，启发诱导模式。儒家学派创始人孔子说：“不愤不启，不悱不发。举一隅不以三隅反，则不复也。”（《论语·述而》）意思就是要善于抓住“愤”“悱”的时机对学生进行启发。启发诱导的一个基本要求就是循循善诱。孔子的得意门生颜渊根据自己的切身体会这样说：“夫子循循然善诱人，博我以文，约我以礼，欲罢不能。”（《论语·子罕》）意思就是要逐渐引导学生形成正确的道德认识、培养道德情感、坚定道德信念、付诸道德实践，从而养成良好的道德习惯。

第二，因材施教模式。对于不同的学生，先贤们运用或表扬、或批评的

手段，对其进行教育。在《论语》中，孔子这样表扬颜渊："回也好学""回也不愚""贤哉，回也"；而对于子路，由于其秉性刚烈、率直，又骄傲自大，很容易轻举妄动，所以孔子就采用批评的方式教导他。

第三，以身垂范模式。孔子在德育中不仅重视"言传"，更重视"身教"。他在长期的教育实践中，时时处处以身作则，以自己高尚的品行给学生做表率，以自己真诚坦荡的人格魅力，熏陶感染学生，因此，深受其弟子及后人们的崇敬。如《论语·宪问》中，子路问君子，子曰："修己以敬。"曰："如斯而已乎？"曰："修己以安人。"曰："如斯而已乎？"曰："修己以安百姓。修己以安百姓，尧、舜其犹病诸！"意思是子路问什么是君子？孔子说，修自己的言谈举止，敬爱他人；修好自己，可以让人安心；修好自己，可以安百姓的心。让百姓放心的人，就是尧、舜，世界上哪里还有那么多的是是非非！

第四，修心育德模式。根据儒家关于教育的观点，德育的最终目的是开启善的心灵和德性。要做到这一点，就必须通过"修心"，即心灵的道德修养。朱熹在《四书集注·学而篇》中指出："德者，得也，行道而有得于心者也。"在"修心"方法上，我国古代学者提出了清心寡欲法、唤醒良知法、培育羞耻感法、自我慎独法、返璞归真法等方法，其目的是要求人们通过"修心育德"，达到追求至善境界。

2. 西方德育模式

近代以来，欧美心理学家、教育学家提出了很多德育模式。这些模式基于科学实验和实证，对当代中国德育工作者有一定的借鉴意义，概括起来主要有以下五种模式。

第一，认知模式。认知模式是当代德育理论中流行最为广泛、占据主导地位的德育学说，它是由瑞士学者皮亚杰提出，而后由美国学者科尔伯格进一步深化的。该模式假定人的道德判断力按照一定的阶段和顺序从低到高不断发展，道德教育的目的就在于促进儿童道德判断力的发展及其行为的发生。

认知模式的特色在于：一是提出以公正观发展为主线的德育发展阶段理论；二是建构了较为科学的道德发展观，提出智力与道德判断力关系的一般观点；三是通过实验建立了崭新的学校德育模式。

第二，体谅模式。体谅模式形成于20世纪70年代，为英国教育学家彼得·麦克费尔和他的同事所创。体谅模式的特色在于：有助于教师较全面地认识学生在解决特定的人际—社会问题的各种可能反应；有助于教师较全面地认识学生在解决特定的人际—社会问题时可能遇到的种种困难，以便更好地帮助学生学会关心；它提供了一系列可能的反应，教师能够根据它们指导学生围绕大家提出的行动方针举办讲座或角色扮演的主题。

第三，社会模仿模式。社会模仿模式主要是由美国心理学家班杜拉创立的，该模式认为人与环境是一个互动体，人既能对刺激作出反应，也能主动地解释并作用于情境。社会模仿模式的特色在于：在探讨道德教育与行为形成方面，社会学习理论的许多成果值得借鉴，对我们加强道德知识教育和行为习惯培养有较大启迪作用；强调自我效能，注重个体自我评价能力的培养，努力引导学生学会自我强化。

第四，价值澄清模式。价值澄清模式的代表人物是纽约大学教育学院教授路易斯·拉斯，认为在学生价值观形成过程中，通过分析和评价的手段，帮助学生减少价值混乱、促进统一价值观的形成，并在这一过程中有效地发展学生思考和理解人类价值观的能力。它主张价值观的形成不是灌输，而是通过澄清的方法；其目的是通过选择、赞扬和实践过程来增进赋予理智的价值选择。这种学说正是坚持了这一主张，使它在西方价值混乱中诸如一剂清水，因而确立了它的主要地位。教师在教育过程中，利用专门设计的方法和练习，通过创造一种没有威胁的非强制的“柔和”的对话环境，帮助学生将这种方法运用到现存的理念和行动中，帮助学生学会澄清价值观。

第五，发展模式。认知发展道德教育模式的代表人物是美国的心理学家、教育家柯尔伯格。他反对相对主义的道德价值观，主张建立普遍的道德价值。

柯尔伯格提出“三水平六阶段”品德发展理论。（1）前习俗水平：包括惩罚和服从的道德定向阶段；朴素的享乐主义或功利主义定向阶段。（2）习俗水平：包括人际和谐定向阶段；尊重权威和维持社会现有秩序的定向阶段。（3）后习俗水平：包括社会契约和法律的定向阶段，普通的道德原则和良心的定向阶段。发展模式认为首先要了解儿童的道德发展水平，德育才有针对性和实效性；儿童道德发展顺序是一定的，不可颠倒的，与儿童思维发展有关；要促进儿童道德发展，必须让他不断地接触道德环境和道德两难问题，以便讨论和展开道德推理练习，进而提高儿童的道德敏感度和道德推理能力。其理论意义在于，德育需要由他律到自律和循序渐进，道德教育必须与儿童心理发展相适配。（百度百科·德育模式）

3. 普通高中的德育模式

当代中国的德育模式，在继承中国传统德育模式的基础上，借鉴西方德育模式，与中国教育实际相结合，形成了具有中国特色的学校德育模式，即从知、情、意、行四个方面入手，晓之以理、动之以情、导之以行、持之以恒。

第一，晓之以理。晓之以理就是给学生讲清道理，提高道德认识，树立是非观念，这是德育的主要任务；培养学生识别善恶、美丑、是非的能力，这也是学生思想品德形成的前提。教师一般从学生的认识能力出发，由简单到复杂、从具体到抽象，多角度反复教育，引导学生对自己身边发生的事例进行分析，培养学生明辨是非的能力。在此基础上，让学生运用道德认识，评价自己和他人的言行。最终让学生明白什么是可以做的，什么是不能做的，提高学生的道德认识和明辨是非的能力。

第二，动之以情。感情是人类特有的心理现象，是人对客观事物好恶的内心体验。教育是师生共同参与的双向交流活动，在这一过程中，教师自身的情感性质和特点会对学生产生巨大的影响。马克思说，“只能用爱来交换爱，只能用信任来交换信任。”就很好地对动之以情做出了阐释。学生有自己的认识和判断能力，对自己或他人的言行、事物做出肯定或否定、满意或不满意的表露。当学生对自己老师有情感时，在他们的行为中往往表现为尊敬、乐意和服从；如果发生师生情感上的冲突，学生就不接受老师的教导，甚至做出排斥、抵触的行为。所以说“通情”才能“达理”，“亲其师，才能信其道；信其道，才愿受其教”。（《学记》）动之以情，要求教师必须富有真情实感，与学生进行情感交流，做到“以情激情、情理交融”，激发学生与正确认识一致的情感，做到以爱施爱、以情动情，真挚的关爱、细心的关怀，滋润学生心田，心结如春风化雨迎刃而解。所以，学生德育必须基于情感教育之上。

第三，导之以行。导之以行就是建立明确的道德行为目标，培养学生高尚的道德行为。受诸多因素制约，高中学生的道德动机还不够成熟的，是非观念也不够稳定，对一些错误言行无动于衷；有的学生道德意志比较薄弱，在老师或家长的监督下能够实现，老师、家长一旦离开，就无法自我约束。对学生的道德行为，需要在具体的行为、事件中加以强化。有的学校通过对身边典型人物、时代楷模的优秀事迹进行宣传，让学生明确道德行为的努力方向。有的学校通过抓养成教育，培养学生的言行习惯，纠正其错误言行，经过长时间培养，让学生把《中学生守则》《中学生日常行为规范》等规范、规矩变成自觉的行为习惯，培养他们的道德行为，最终形成牢固的道德习惯。

第四，持之以恒。持之以恒就是不间断地对学生进行道德教育，在反复的行为实践中培养学生的道德意志，使之逐渐养成良好的行为习惯和高尚的道德品质。这是一个长期的过程，不是一朝一夕就能培养成的。有的老师通过表扬、鼓励，对学生表现出来的良好思想品德行为做出肯定和好评，让学生明确自己的优点和长处，以便进一步巩固发扬。有的老师对学生的心理和意志进行正确引导和培养，培养他们自我约束、自尊自爱的品格，加强道德意志的锻炼。中学生的意志还不是很坚定，自控能力差，一些不良言行会出现反复，需要老师“反复抓、抓反复”，因为一个人的正确认识，需要经过实践、认识、再实践、再认识，这样多次反复，才能最终形成。因此，在道德教育中需要坚持不懈、持之以恒。

教育学和心理学理论认为，晓之以理、动之以情、导之以行、持之以恒，是知、情、意、行四个方面的具体表现，四个方面彼此联系、相互影响、相互促进、相互转化。学生思想品德的培养必须通过晓之以理、动之以情、导之以行、持之以恒，多管齐下、与时俱进、因材施教，才能不断提高道德教育的实效性，提高学生的思想道德修养，培养出符合时代道德标准的合格人才。

4. 普通高中德育模式的弊端

当前普通高中学校的德育模式，一般都采用晓之以理、动之以情、导之以行、持之以恒的理论和方法。在具体实践过程中，大多以班主任为中心、以班级事件为载体，教师教导、学生接受，单向灌输；德育内容不够系统，碎片化、零散化，有零敲碎打、就事论事的倾向；学生道德教育任务主要通过政教处和班主任来完成，学校德育与家庭德育、社会德育衔接不够，缺乏合力，甚至冲突抵消；幼儿园—小学—初中—高中—大学德育一体化格局尚未构建起来，出现脱节、错位现象；部分学校德育渠道单一、方法生硬，有以政治教育代替道德教育倾向。传统德育模式表现出的驱使性、强制性和单向性，已经难以适应经济全球化、政治多极化、文化多样化、社会信息化的发展趋势，难以适应我国市场经济发展和全球化进程的推进，难以适应学生价值多元化、人格独立化、行为自主化等现状，不能满足新时代高中学生成长的需要，传统德育模式面临严峻挑战。

（二）新时代呼唤“三全育人”德育模式

为了克服传统德育模式的局限性，“三全育人”德育模式应运而生。“三全育人”德育模式把德育贯穿、渗透、融合到所有学科的课程建设和课堂教学、知识传授的过程之中，把德育分散在学校、家庭和社会等学生学习生活的各个环境之中，把德育任务分解到幼儿园、小学、初中、高中、大学等学生成长的各个阶段。“三全育人”德育模式充分体现“人本德育”理念，能够更好地指导学校、家庭、社会共同完成“立德树人”根本任务。新时代教育改革要求教育教学方法要“以学生为中心、以情境为中心、以活动为中心”，采用浸润式情境陶冶、参与式讨论探究、体验式实际锻炼、反思式自我教育等新方法，以激发学生参与德育过程的积极性，调动学生的自觉性、主动性。

1. 全员育人

全员育人从广义上讲是指一切与育人有关的人员，狭义上是指学校所有教职员工都要参与到育人中来。2020 年 10 月新修订的《中华人民共和国未成年人保护法》明确规定，“国家、社会、学校和家庭应当对未成年人进行理想教育、道德教育、科学教育、文化教育、法治教育、国家安全教育、健康教育、劳动教育，加强爱国主义、集体主义和中国特色社会主义的教育，培养爱祖国、爱人民、爱劳动、爱科学、爱社会主义的公德，抵制资本主义、封建主义和其他腐朽思想的侵蚀，引导未成年人树立和践行社会主义核心价值观”。“保护未成年人，是国家机关、武装力量、政党、人民团体、企业事业单位、社会组织、城乡基层群众性自治组织、未成年人的监护人以及其他成年人的共同责任”。家长在学生成长过程中具有不可推卸的家庭教育职责，全社会都有义务对未成年人进行教育、引导，学生家长和每个社会人都要主动、有意识地承担对身边未成年人进行教育的职责，这样才能保证家庭德育和社会德育落到实处，而不仅仅局限在学校德育上。

学生的学习主要是在学校里完成，学校及教师是学校德育的重要组织者和承担者。在课程思政实践中，政治、语文、历史、英语等学科是进行爱国主义教育、社会主义核心价值观教育、传统美德教育的主要课程，是增进学生的家国情怀、弘扬民族精神的主要阵地。数学、物理、化学、生物、地理等课程，也是高中学生认识社会、感悟人生的重要渠道，同样承担着重要的德育任务，这些课程对学生进行科学态度、科学精神以及在科学探索中百折不回、勇攀科学高峰精神教育的重要课程。音乐、体育、美术等学科重在珍视中华优秀传统文化和文明成果传承，引导学生弘扬民族精神，激发他们奋勇拼搏的精神。

另外，学校引导教师树立“课程思政”意识，每位教师都是德育工作者、各学科都是德育阵地的观念，无论教授哪门学科都要注意培养学生的情感、态度和价值观，根据学生的情况及时调整自己的教育方法，在学科教学中明确德育要求、强化德育意识、提高德育效率。学生家长和每个社会人也要主动有意识地承担对身边的人进行德育。特别是教师，这样才能保证德育的范围不仅仅局限在德育课的课堂上。

2. 全过程育人

全过程育人主要体现在时间和空间上，从时间上来看，全过程育人从广义上讲，指的是人的一生都要不间断地提高思想道德修养与科学文化修养，而相关育人机构和组织主体，都要进行相关工作，加强人的思想道德建设。从学生的成长顺序看，婴儿期、幼儿期、小学阶段、初中阶段、高中阶段、大学阶段，孩子成长的每一个阶段，甚至每一天，都需要家长、老师和相关社会人，进行教育、引导，不能留下“教育空白”时段。宁夏六盘山高级中学针对高中学生不同阶段的特点和成长规律，提出了“三步三导”教育，即高一阶段以适应高中学习、生活和习惯养成为主要内容，抓好教导；高二阶段以心理发展、学业提升为主要内容，抓好引导；高三阶段以复习备考、志愿填报为主要内容，抓好指导。

高一阶段以适应高中学习、生活和习惯养成为主要内容，抓好教导。宁夏六盘山高级中学的高一学生来自不同地区、不同学校、不同家庭，他们的学习习惯、生活习惯、思维方式、行为方式、宗教信仰等各不相同，甚至有些许冲突。怎样才能让他们在同一所学校、同一个班级、同一间宿舍里同频共振、和谐相处，学校以适应高中学习、生活和习惯养成为主要内容，抓好教导。

第一，强化养成教育。首先，加强法制教育和学校规章制度教育，这是实施养成教育的起点，以增强高一年级学生的法治观念。通过制度宣讲、例谈制度、信息推送等方式，引导他们用法律、制度的视角分析讨论生活中的热点问题，用法律知识分析问题、解决问题，用规矩意识约束自己的行为，真正实现理论和实践相结合、相统一。其次，强化校园制度引导。在高一阶段，反复组织学生认真学习、讨论《中学生守则》《中学生日常行为规范》和学校相关管理制度，引导他们树立遵纪守法意识和自我安全防范意识。严格作息制度是加强养成教育的基础，通过检查督导，让学生按时出操、按时上课、按时就餐、按时休息，作息制度从根本上影响学生的习惯养成。通过组织“爱宁夏六盘山高级中学园”主题活动，从见老师问好、弯腰捡垃圾、自觉排队、如厕冲水等基础文明行为抓起，直至爱党爱国、爱校爱班，节能减排、低碳生活等思想教导，使高一年级新生形成良好习惯和文明素养。

第二，加强班风建设。班集体作为学校管理的基层单位，是学生教育的主要承担者。良好的班风建设，需要班主任贯彻落实学校的各项规章制度，营造积极向上的班级氛围。还需要选拔同学认可度高、可以作为有力助手的班干部，每周召开班会和学生干部会，总结上周工作、部署下周工作；通过文体活动、主题班会、宿舍建设等环节增强班级凝聚力；关心帮助有困难的学生，加强对学生的心理关爱；确定班级发展目标，给学生确定个体发展目标，促使学生勤于圆梦。

第三，加强学法指导。初中和高中的学习任务、学习难度、学习方法大相径庭，需要在高中入学阶段加强学法指导。学校邀请经验丰富的教师，结合学科学习内容，利用晨会、晚自习开展各科学法指导，做好初高中衔接，帮助学生迈好高中第一步。学校提出了起始年级教学“双适应”要求，即高一年级教师要适应学生的学习实际，合理安排教学内容、教学进度和教学难度，选用适当的教学方法，以学定教；高一学生也要适应高中老师的教学方法和学习内容，比如适应英语教师的全英文教学，加强课前预习和课后归纳总结，尽快度过入学后的“阵痛期”。

第四，加强全员育人。学生入校时及时获取学生家庭信息，并把班主任和学校常用联系方式反馈给家长，以便与家长及时沟通，反馈学生在校情况。班主任通过家校群等平台加强与学生家长的日常沟通，形成家校共育的教育合力。政教处安排各部门主任、优秀校友等各方面力量，利用学校的人、财、物、时间、空间、信息等各种教育资源，并对各种教育资源优化配置，使之发挥最大作用，产生最佳效益。

高二阶段以心理发展、学业提升为主要内容，抓好引导。对于高中的学习，每个阶段都有不同的学习任务和学习重点，高二是高中学习的分水岭。在这一阶段，学生已经熟悉了高中的学习，还没有高三学习的紧迫感，有些学生对待学习的态度开始发生变化，学习的动力不足，进入高中学习的迷茫期。因此，在这一阶段的心理引导是至关重要的，并且在他们的学习中，经常体现出来的就是如果成绩不理想，就会逐渐对自己失去信心，自暴自弃，不愿意跨越学习上的障碍。学校针对高二学生的心理特征，抓住文理分科契机，加强新班级整合，抓好教育引导。

第一，努力改变以往的习惯心理，引导学生进入正常化。当学生升入高二之后，让他们认识到环境的变化对于他们所带来的影响，努力作好导入工作。这个工作对于他们来讲是极为重要的，如果导入正确，他们就会在高二阶段打下坚实的基础，为高中的关键期写上关键的一笔，从而在高三中取得成功。如果不打破他们以往的习惯心理，任其自由发展，就会沦落到自暴自弃的境地。

第二，加强思想道德教育，塑造高尚的道德情操。对于高二这样的关键时期，学生正处于世界观和人生观的形成的雏形期，老师通过教育引导，使得他们懂得什么是正确的世界观、人生观、价值观，结合学生的学习、生活实际，正确认识人生的价值，让他们在实践中去认识人的社会性，正确地去认识自我。引导他们正确处理个人与社会、自我与集体的矛盾，逐步树立正确的世界观和人生观。只有使他们有了这些认识，才可能让他们全心全意地投入到自己的学习中去，抑制他们错误观念。引导他们正确认识早恋问题，学会正确地处理与异性同学的关系。

第三，加强学习指导，促进思维品质的完善。学习是一种极为复杂的活动，是学生的主要活动。高二学生的思维正处于积极、灵活时期，如果有正确的学习指导，那么对于学生的思维品质的完善将会起到不可估量的作用。文理分科后，学校加强学习方法指导，要求教师普遍采用启发式教学，充分发挥学生积极性，让他们独立思考并掌握定理、公式、原理等规律性的知识。在此基础上，分类别指导，文科生采用哪些学习方法更为有效，理科生怎样提高学习效率，争取能够在教育过程中，使各类学生都基本能够掌握心智技能，提高智力水平。总之，在高二这个关键时期内采取正确的教育、教学方法，引导学生走上正确的人生之路。

高三阶段以复习备考、职业选择为主要内容，抓好指导。高三学生面临毕业，特别是日益临近的高考，其思想、心理、行为等具有一定的复杂性和特殊性。随着高考的临近，高三学生心理负担不断加大，从而引起学生不良的反应，主要表现为紧张、焦虑、浮躁、自卑。由于升学愿望强烈，学生急于提高成绩，急于求成，一味地求多、求快，当现实和愿望产生冲突的时候，便产生焦虑、浮躁、自卑等心理情绪，在这种情绪之下，常常表现为失眠、厌食，学习不能深入，安不下心来。学校心理教研组和班主任针对高三学生特点，采取科学有效的措施。

第一，缓解学业焦虑。学生学业焦虑表现在对考试成绩过分看重，其实质是学生对自己未来前途的焦虑。高三第二学期，学校安排心理课，通过教育引导、心理辅导、团体活动等措施，指导学生及时调整，正确认识高考，一分为二看待成绩，让心态回归到正确的轨道上，为学生减轻精神上的压力，帮助其以一颗平常心迎接高考。

第二，缓减心理压力。随着高考临近，考生进入到紧张的复习备考状态，你追我赶，部分同学感到竞争激烈，压力“山大”，心情紧张。心理教师、体育教师、班主任组织开展一些集体活动，转移学生持久而专注的注意力，让学生暂时忘却学习、忘却考试、忘却成绩，沉浸在音乐里，专心于活动中，陶醉在故事里，减轻负担，缓解压力。

第三，指导学生建立信心。部分高三学生由于一两次模拟考试成绩不理想，付出的努力在短时间内看不到效果，就对自己的努力产生怀疑，自我否定，失去自信。年级部安排班主任和任课教师关注低分学生，重视考后的心理疏导，帮助成绩不理想学生正确面对、正确归因、正确分析，制定符合实际的阶段性目标，让其产生喜悦感和成就感，逐步建立自信。

第四，指导学生做好生涯规划。高中阶段处于生涯发展的一个探索期，关系到一个人未来一生发展的大方向。这个工作其实从高一就已经开始做，心理教师指导学生通过 MBTI 职业性格测试进行基本测试，通过自我剖析、同学分析、教师分析，做出尽可能客观的判断，让学生对“我是什么样的人”有一个客观清晰的认识。高考志愿填报是每一名高三学生都绕不过去的任务，在学生对自己有了初步认知的基础上，班主任指导学生进行科学的自我规划，冷静分析自己“想干什么”“能干什么”“该干什么”，帮助学生了解未来经济社会发展趋势，指导学生把实现人生价值融入实现中华民族伟大复兴的大背景里，科学规划自我，选择自己感兴趣的学习方向，做出较好的生涯抉择与准备。实践证明，通过生涯规划指导，还可使学生拥有更加明确的生涯发展目标，增强学习动力。

3. 全方位育人

全方位育人对于普通高中来说，是指拓展育人空间，以实现学生全方面、全方位发展，以落实立德树人这一根本任务。拓展育人空间从内容上来讲，不仅思想政治课要育人，其他课程也要挖掘育人资源，甚至管理与服务等都要最大限度地发挥育人功能。宁夏六盘山高级中学构建教书育人、管理育人、服务育人、环境育人、自主育人等“五大育人工程”，充分体现全方位育人的育人理念。

（1）教书育人

第一，身教胜于言教。各学科教师及全体职工都应在政治、思想、道德方面做学生的表率。一个好教师不仅要有高超的教学能力、丰厚的文化基础、扎实的教学基本功底，还要有一颗热爱教育的事业心、关爱学生的仁爱心。忠诚党的德育事业，在默默奉献中无怨无悔地工作。新时代的教师，不单是传统意义上的“传道、授业、解惑”，还蕴含着思想道德的解惑、社会生活的解惑。教师的思想道德品质如何，毫无保留地暴露在学生面前，去影响学生的一生。宁夏六盘山高级中学非常注重加强教师队伍的师德师风建设，一是积极组织学习相关的法律规范，举办师德演讲活动，开展师德培训，使《新时代教师十项准则》入耳入心，产生身教胜于言教的效果。二是建立严格的师德考评制度，把教师的思想政治素质、师德表现作为教师考核和评优选先的主要依据，实行“师德一票否决制”。三是引导教师做“四有好老师”、做“四个引路人”。做有理想信念、有道德情操、有扎实学识、有仁爱之心的好老师；做学生锤炼品格的引路人、学习知识的引路人、创新思维的引路人、奉献祖国的引路人。

第二，课堂教书育人。学科教学是教师在向学生传授知识的同时进行德育的最普通的途径，对提高学生的政治思想、道德素质具有重要的作用。各科教师要教书育人，为人师表，认真落实本学科的德育任务要求，结合各学科特点，寓德育于学科教学内容和教学过程之中，各学科的教材、课程标准，要坚持正确的思想导向。宁夏六盘山高级中学教学管理部门和学科教学指导小组坚持深入教学一线，指导学科教学与德育有机结合。要求学科教师以《课程标准》《中国高考评价体系》为依据，培养学生的核心价值，将学生培养成为拥护中国共产党领导和社会主义制度、立志为中国特色社会主义奋斗终身的建设者和接班人。核心价值主要包含“政治立场和思想观念，世界观和方法论，道德品质和综合素质”3个一级指标和10个二级指标。

核心价值指标体系

一级指标	二级指标	指标内涵
政治立场和思想观念	理想信念	学习领会马克思主义，特别是习近平新时代中国特色社会主义思想。树立共产主义远大理想和中国特色社会主义共同理想，增强中国特色社会主义道路自信、理论自信、制度自信、文化自信，立志肩负起实现中华民族伟大复兴中国梦的时代重任。
	爱国主义情怀	热爱和拥护中国共产党。认同中华人民共和国，认同中华民族，厚植爱国主义情怀，自觉维护民族团结和国家统一，维护国家尊严与利益。认同中华文化，弘扬中华优秀传统文化，继承革命文化，发展社会主义先进文化。
	以人民为中心思想	理解人民群众是历史的创造者，是决定党和国家前途命运的根本力量。树立为人民服务的思想，立志扎根人民、奉献祖国。
	法治意识	树立宪法法律至上、法律面前人人平等的法治理念。理解全面推进依法治国必须坚持党的领导、人民当家作主、依法治国的有机统一。能够尊法学法守法用法，自觉参加社会主义法治国家、法治社会建设。能够依法行使权利、履行义务，维护公平正义，做中国特色社会主义法治的忠实崇尚者、自觉遵守者、坚定捍卫者。
世界观和方法论	正确的世界观和方法论	坚持辩证唯物主义，坚持无神论，反对唯心主义。一切从实际出发，实事求是，尊重客观规律。相信科学，尊重事实，追求和传播真理。坚持唯物辩证法，反对形而上学，坚持用联系、发展、矛盾的观点观察和分析问题，善于透过现象看本质。坚持理论联系实际，在实践中检验真理、修正错误。坚持历史唯物主义，反对历史虚无主义。能够运用历史唯物主义的观点、方法观察分析社会历史现象，正确认识社会发展规律，顺应改革发展潮流。
道德品质和综合素质	品德修养	培育并践行社会主义核心价值观，有大爱大德大情怀。遵守社会公德和职业道德，崇尚家庭美德，培育个人品德。理性面对当代社会经济、文化、科技、环境等方面的伦理问题与伦理冲突，自尊自信、意志坚强。

续表

一级指标	二级指标	指标内涵
道德品质和综合素质	奋斗精神	树立高远志向，认同奋斗成就幸福、奋斗者最幸福的观念。历练不懈奋斗的精神，具有勇于奋斗的精神状态、乐观向上的人生态度，做到刚健有为、自强不息。
	责任担当	具有社会责任感，积极承担社会责任、履行义务。具有集体主义精神，以国家利益和集体利益为先。积极维护公共利益，关注并参与人类命运共同体的构建。有序参与社会公共事务，行使人民当家作主的政治权利。
	健康情感	具有健康意识，注重增强体质、健全人格、锤炼意志，珍爱生命，热爱生活。具有高雅的审美情趣和良好的审美意识，在生活中能够感受美、鉴赏美、创造美。
	劳动精神	崇尚劳动、尊重劳动，认同劳动最光荣、劳动最崇高、劳动最伟大、劳动最美丽的观念。坚持以辛勤劳动、诚实劳动、创造性劳动实现自己的人生价值，愿意为国家富强、社会进步和人民幸福而辛勤工作。

（资料来源：《中国高考评价体系》）

第三，完善实践育人体系。《中小学德育工作指南》指出，“教育与生产劳动相结合是坚持社会主义教育方向的一项基本措施。学校要把生产劳动和社会实践活动作为必修课列入教学计划，根据不同的年龄层次，指导学生学会自我服务性劳动和必要的家务劳动，组织学生参加一定的生产劳动和公益劳动，在劳动中切实培养学生热爱劳动、热爱劳动人民、珍惜劳动成果的思想感情、行为习惯和艰苦奋斗的作风；积极组织学生参观、访问、远足、进行社会调查、参加社会服务和军训等实践活动，使学生开阔眼界，认识国情，了解社会，增长才干，把理论和实践结合起来，增强辨别是非的能力。”宁夏六盘山高级中学把学生军训、教学实践、校园科技节、校园艺术节、社会调查、志愿者服务、公益活动等纳入社会实践课程，通过学分管理予以强化落实，让学生在实践中受教育、长才干、作贡献，引导学生树立正确的世界观、人生观和价值观。通过参加社会实践活动，让学生接触社会、了解社会、关注社会，树立为他人和社会服务的责任感，促进学生知行统一，提高德育的实效性。还通过抓重要纪念日等时间节点，开展教育活动，如五四青年节、七一建党节、八一建军节、教师节、国庆节，学校团委组织开展庆祝（纪念）活动，通过活动使学生的思想品质、文明习惯，得到进一步提高。

（2）管理育人

管理育人的主体是学校领导、中层干部和广大班主任，他们在完成本职工作的同时，还要发挥示范带头作用，站在学校育人队伍的“第一排”，走在学校育人队伍的“最前列”，在管理工作中体现育人理念。

第一，班子成员树立严谨务实的工作作风。宁夏六盘山高级中学制定了班子成员例会制度、学习制度、议事制度、考评制度，在作风建设上提出了“勤、严、细、实、恒、新、效”七字要求，在管理中服务师生，在管理中教育学生。结合全寄宿制特点，实行领导带班、值班制度，通过班子成员和值班教师在校园巡查、进教室听课、进餐厅陪餐、进公寓检查，发现问题及时纠正引导，教育学生养成良好的学习习惯、生活习惯、卫生习惯、锻炼习惯，强化养成，实现五育并举、全面发展。

第二，班子成员率先垂范、模范带头。宁夏六盘山高级中学加强领导班子队伍建设，要求班子成员时时处处发挥模范带头作用，走在前、做表率。班子成员秉持正确的世界观、人生观和价值观，廉洁奉公、从严治校、依法治理，全心全意为师生服务。校领导率先垂范，中层干部身先士卒，全体教师身正为范，全校学生见贤思齐。在六盘校园里，学生的刻苦勤奋感动着老师，老师的无私奉献感动着校长，老师和校长的默默付出感动着一届届学子，激励他们成就自我、报效祖国。“爱生、敬业、博学、奉献”的教风犹如春风化雨，滋润学子心田；“勤学、苦练、善问、深思”的学风恰似桃李芬芳，回报老师付出。

第三，班子成员深入一线、关爱学生。宁夏六盘山高级中学班子成员深入教育教学一线，深入餐厅、学生公寓，了解学生食宿情况，及时发现问题，掌握学生思想动态，解决学生的困难，激发学生的学习积极性。每届学生入校，都要开展家庭情况摸底调查，建立特殊家庭学生档案，对孤儿、残疾学生、单亲家庭学生、经济困难学生等一一造册登记，及时联系爱心人士开展救助，叮嘱班主任关心、关注他们。通过深入调研，对那些积极进取、取得成绩的后进学生给予表扬奖励，对那些犯了错误的学生，进行耐心教育，正确引导。

（3）服务育人

学校的服务对象是学生。宁夏六盘山高级中学的学生来自于不同的家庭，长期远离父母，食宿在学校。高中期间也正是他们长身体、增知识的重要时期，学生的学习压力大，学校通过改善生活服务，以减轻学生的压力，通过工勤人员服务育人，培养学生热爱劳动、勤俭节约、讲究卫生等好的习惯。

第一，教辅工勤人员以良好的形象和出色的工作，为学生提供优质的服务。宁夏六盘山高级中学总务处、生活处等部门通过为学生创造优良的学习环境、生活环境，帮助学生解决学习和生活中的后顾之忧，让他们吃好饭、睡好觉、学好功课，促进学生健康成长。学校要求工勤人员遵守校园文明礼仪，遵守职业道德规范，提高自身素质，提高服务技能，认真对待学生提出的学习、生活等方面的问题，耐心解答、真诚关心、优质服务，为学生创造一个文明、优雅、舒适的学习、生活环境，创造温馨愉悦的育人氛围。

第二，教辅工勤人员以教育者的身份，为学生成长做表率。学校要求教辅工勤人员，在校园里规范言谈举止，以教育者的身份对待学生，态度和蔼、语言文明、行为端庄。在全寄宿制学校，公寓管理的服务质量，直接影响着服务育人的效果。为了更好地服务学生，公寓实行管理员夜间值班巡查制度，实行医务室夜间值班应急制度，就是为了保证学生能够休息好，发生突发事件有人处理。宿管人员为学生补衣服、钉纽扣、晾被褥都是常态，她们的行为感染着学生，学生亲切地称她们为“生活妈妈”，每届毕业生都会为宿管人员送上锦旗以示感谢。

（4）环境育人

校园环境对学生起着潜移默化、熏陶启迪的作用。一个布局合理、生机盎然、整洁优美、宁静有序、健康和谐的学校环境，对学生乐学勤学，产生潜移默化的影响。六盘山高级中学注重学生学习、生活环境的创设，通过实施校园绿化工程、亮化工程、美化工程“三大工程”，美化育人环境；通过改造足球场、田径场、篮球场“三大改造”，改善运动环境；通过实施加装饮水净水设备、加装防近视护眼灯、加装保温隔热窗户“三大加装”，改善学生生活环境。

在加强学校物质环境建设的同时，宁夏六盘山高级中学更加注重人文环境建设，提升文化的教化作用。通过悬挂社会主义核心价值观等永久性标语，营造育人氛围；通过开展学生经典诵读、整本书阅读工程和开设阅览课，提升学生的知识素养和精神品质。每年投入经费 16 万元为师生订阅各类报纸杂志 500 多种，建设图书室 2 个、阅览室 4 个、信读吧 15 处，引导学生乐于读书、勤于读书、点滴充实、夯实学识，培养阅读素养，为学生成长提供有力保障。

宁夏六盘山高级中学的校园，荡漾着琅琅的读书声，优美的器乐声，操场上的加油喝彩声，师生们分享着文化之气息，悄然陶冶着心灵，体现和谐、优雅、高尚、健康的人文环境，让学生处处感受文化、处处欣赏文化、处处能被文化所感染和激励，激发着每位学子内在的潜能和积极性。

（5）自主育人

全国政协副主席、民进中央常务副主席朱永新在新浪 2020 中国教育盛典致辞时说：“最好的教育应该是自我教育。”学生既是教育的对象，也是教育的资源。宁夏六盘山高级中学建立了校学生会、年级学生分会、班级班委会三级学生自治组织，在政教处、校团委和班主任指导下开展学生自我教育、自我管理、自我服务。建立了学生干部例会制度、学生干部考勤制度、工作计划和总结制度、活动创新管理制度、学生干部任免制度等一系列工作制度；校团委加大对学生干部的培训力度，通过开设学生干部培训班、举办专题讲座、增加交流学习机会等形式，指导学生干部做好本职工作，真正为学校的发展起促进作用；支持学生社团开展生动有效、特色鲜明、主题突出的教育活动。学校对舞蹈社、文学社、演讲社、摄影社、天文社等一些有发展前景、工作基础较好、受广大学生欢迎的社团给予扶持，选聘有特长的教师担任社团指导老师，支持和引导学生社团在校团委的指导下自主开展活动，努力创建一批具有影响力的精品社团，丰富校园文化生活。结合学校管理实际，重点建设学生宿舍管理委员会、学生安全管理委员会、学生信息化管理委员会等学生自治组织，鼓励他们创造性地开展工作，助力学校管理，为学生服务，让学生在自我教育、自我管理、自我服务中健康成长。

（三）“三全育人”德育模式的运行机制

在“三全育人”理论指导下，经过学校领导、政教处、年级部、团委等德育职能部门和全校班主任多年实践探索，六盘山高级中学初步构建了完整配套、运行有效的普通高中“三全育人”机制。

1. 学校统一领导，政教处、年级部、班主任齐抓共管的团队机制

在“三全育人”德育模式运行中，通过学校的集中统一领导，把三全育人理念贯彻到政教处、年级部等组织实施部门，落实到具体操作者——班主任，才能保证步调一致、齐抓共管，最终形成合力育人的有效机制。只有在学校统一领导下，才能确保学校德育工作正确、正常地进行，才能汇集起各部门、各方面的教育合力，提高德育工作的实效性。一方面，学校加大德育干部的思想建设与作风建设；另一方面注重培养骨干班主任，建设优秀的班主任队伍。六盘山高级中学实施德育“四个一工程”，即每年召开一次全校德育研讨会，征集评选一次优秀德育论文，开展一次优秀主题班会课展评，评选表彰一批优秀班主任。对全体德育工作者进行育人理念、育人方式引导，开展“三全育人”理念培训和实践探索，渗透先进的德育思想，分享成功德育案例，保证“三全育人”思想深入人心、接受认同、自觉贯彻。

2. 政教处、校团委和年级部既分工又配合，形成育人合力

政教处、校团委和年级部按照学校统一部署，准确把握学生思想动态，分析德育形势，加深认知、达成共识，共同致力于“三全育人”工作的推进落实。三个职能部门基于“三全育人”和以学生为主体的理念，开展丰富多彩的德育主题教育活动。政教处、校团委、年级部明确德育职责、分工配合，结合学期、学段的重点育人目标，统筹协调各项活动，形成育人合力，提高育人的针对性和实效性。

3. 加强班主任队伍建设，发挥“引路人”的示范效应

班主任作为学校“三全育人”的核心力量，新时代班主任工作的重点是思想道德教育和心理健康教育。班主任面对思维活跃，世界观、人生观、价值观尚未完全形成的中学生，需要具备过硬的政治素质、道德素养和科学的工作方法，在学生的健康成长过程中起着积极的示范引导作用，学校要求班主任要做学生锤炼品格的引路人、做学生学习知识的引路人、做学生创新思维的引路人、做学生奉献祖国的引路人。因此，班主任队伍建设是学校“三全育人”工作开展的重要保障。

4. 发挥学校行政管理人员的育人作用

高中学校的管理主体就是校长、主任等行政人员，其自身素质和管理思想对“三全育人”德育模式的贯彻落实起到决定性作用。宁夏六盘山高级中学的管理者基于学生的主体地位，淡化行政管理观念，整合管理资源和育人资源，全面尊重、关爱学生，确保学生管理工作和育人目标相互适应。学校实行行政领导值周、值班制度，每天都安排一名校级领导、一名中层干部、一名年级部干部带班值班，深入教室、宿舍、餐厅、操场，对学生的运动、学习、生活、安全等方面进行全面监管。

5. 发挥思想政治课教师的主导作用

习近平总书记在学校思想政治理论课教师座谈会上强调，“思想政治理论课是落实立德树人根本任务的关键课程。”思想政治课是向学生较系统地进行思想品德教育、马列主义毛泽东思想基本常识及中国特色社会主义理论观点教育的一门课程，在诸途径中居于特殊重要地位，对帮助学生树立正确的政治方向，正确的人生观和思想方法，培养良好品德起着导向作用。普通高中思政课教师作为学校“三全育人”任务的主要执行者，学生的价值取向、思想规范和思政课教师的专业引导密切相关。六盘山高级中学思想政治教研组不断改进教学方法，适应学生的生活实际和心理特点，紧密联系学生思想和社会实际，力戒空洞说教。注重加强思政课教师的理论修养，塑造思政课教师的健全人格，以自身的人格魅力吸引、感染学生，引导思政课教师坚持教书和育人相统一、坚持言传和身教相统一、坚持潜心问道和关注社会相统一、坚持学术自由和学术规范相统一，真正发挥思政课教师的育人价值。

6. 发挥学校工勤人员的育人作用

后勤保障工作是学校正常运转不可或缺的组成部分，保洁、炊事、绿化、宿管、保安等工勤人员，是学校教职工队伍的重要组成部分。宁夏六盘山高级中学高度重视工勤人员育人职能的发挥，充分利用这部分特殊的德育资源，加强对学生的教育，教育学生尊重一切劳动者，珍惜一切劳动成果，树立劳动光荣、劳动者伟大的观念。学校也充分发挥工勤人员的服务作用，通过饱满的热情和积极的心态帮助学生，给学生成长和发展提供条件，创设温馨和谐的校园环境。

二、“三全育人”丰富了新时代学校德育内涵

（一）德育理论创新

德育理论创新是教育发展和学生发展的客观要求，是促进教育发展与学

生发展的时代需要，也是德育发展的历史必然。新时代，教育面临的问题复杂多元，立德树人根本任务光荣艰巨，德育要体现时代特点和现代意识，关注学生、关注生活、关注社会发展，德育的指导理论必须创新。德育创新需要符合时代发展的德育理论指导，没有德育理论的新发展，德育创新只是经验的、零散的，只能停留在德育观念更新、内容拓展、手段丰富等肤浅层面上，不会有实质性的跨越突破。“三全育人”德育理论，是在继承新中国德育理论历史发展的基础上，坚持守正创新、紧扣新时代育人主题，坚持问题导向、关注互联网背景下的德育新问题，为立德树人根本任务实现提供了强大理论支撑。

“三全育人”理论是中国特色社会主义教育理论的新发展，是马克思主义认识论与方法论的统一，体现了立德树人的内在要求、契合构建“大思政”内在规律、顺应了新时代人才培养的目标任务。“三全育人”德育理论，改变了过去传统的“空洞说教式”“单纯灌输式”“制度强制约束式”等德育理论，从关注学生生命、关注学生健康、关注学生生活、关注学生个性、关注学生品德的现代德育理念出发，把培养全面发展的人作为德育工作的出发点，把学生健康成长作为德育工作的落脚点，以每个学生幸福发展为根本，关注学生的全面发展。“三全育人”德育理论以“以人为本，全面发展”为目标，以学生可持续发展为导向，构建全员、全程、全方位育人的综合性、立体化育人模式。

1. 全员德育——每一位教职员工都是德育工作者

在“每一位教职员工都是德育工作者”理念指导下，宁夏六盘山高级中学构建了校长亲自抓，分管副校长具体抓，中层职能部门抓安排和检查，班主任抓落实和整改的多层级全员德育网络。

第一，校长亲自抓德育。校长领导全校德育工作，坚持把德育工作贯穿在学校工作的各个方面，对各部门的德育工作检查、指导，确立“全校教职员工人人都是德育工作者”的观念，贯彻教书育人、管理育人、服务育人、环境育人、自主育人理念，把德育工作渗透到教学管理和学校一切活动之中，协调校内各条教育途径的工作，指导全体教职工言传身教，教书育人，形成课内外、校内外协调一致的德育工作网络，发挥整体合力作用。

第二，分管副校长具体抓德育。分管副校长负责审查学校的德育工作计划，协助组织开展德育工作，推动和检查其计划的落实，组织教师学习有关教育理论，落实德育为首的思想，加强德育队伍建设，开展德育科研活动，搞好观摩活动和德育研讨，培养德育骨干，提高教师的德育工作水平。

第三，政教处抓安排、检查和反馈。政教处主要制订德育工作计划，认真贯彻《中小学德育工作指南》和《中小学生守则》；协助分管副校长抓好班主任工作，加强班主任思想建设和理论学习，不断更新教育观念，提高班主任素质，定期组织班主任开展培训活动；负责对班主任工作进行检查、考核、评定等；抓好班级建设，组建家长学校，全面构建学校、家庭、社会三位一体德育教育网络；负责班级量化管理的检查、评比、表彰工作，负责对学生纪律检查和奖惩；负责学校安全、纪律、卫生等工作的管理。

第四，班主任抓落实、整改、提高。在班级管理中，班主任是最核心的管理者，他的理念与方法直接决定了班级文化氛围的形成和班级管理成效。高中学生正是世界观、人生观、价值观形成的重要时期，班主任通过狠抓落实、整改，提高来落实“三全育人”要求，培养学生良好的政治素养和学习品质。班主任站在“三全育人”的第一线，具体负责学生的思想、学习、生活以及身心健康等工作，是联系家长及任课教师的纽带，也是沟通学校、家庭和社会，对学生实施全方位教育的桥梁。班主任落实班级管理和学生成长的具体工作，发现问题及时处理、整改，促进提高。

第五，每一位教职员工都是德育工作者。宁夏六盘山高级中学明确要求，行政人员“一岗双责”，既是行政事务的管理者，又是德育工作者，在本职岗位上落实管理育人；任课教师要做到教书育人，落实课程思政；教辅后勤人员要立足本职工作，保障学生成长，做到服务育人。教职员工人人都是德育工作者，从根本上解决了教学和德育“两张皮”、管理和德育“两张皮”、服务和德育“两张皮”的问题，真正形成了全员育人、全方位育人、全过程育人的新格局，使全校德育工作朝着整体化、序列化、特色化发展。

2. 全程德育——让德育贯穿学生成长始终

学生的生活、学习离不开家庭，离不开社会。家庭、学校、社会是对学生的品质影响非常大的三个因素，“三全育人”理论要求挖掘并整合三大因素，将德育贯穿于学生的整个成长过程，实现全程育人。学生进入学校之后，学校在规定的德育标准下对学生的思想观念进行教育引导，让学生在学习过程中不断提升思想品德觉悟。学生进入社会后，要通过社会公德、法律法规引导学生遵守公德、遵纪守法。学校作为一个有组织、有目标的德育主阵地，可以通过对家庭以及社会成员的引导，聚集育人合力。优化社会德育资源，创建良好的家庭环境，这不仅需要家长的努力，同时也要依靠学校对家长教育方式的指导。通过召开学生家长会，组织教育专家帮助和引导家长开展正确的家庭教育，指导家长运用健康的内容、科学的方法，开展与学校同心同向的家庭教育，引导孩子树立正确的世界观、人生观、价值观。在宁夏六盘山高级中学，学生从高一入学一直到高三毕业离校，德育始终伴随着学生的成长。学校从学生学习、生活、纪律、卫生的每一件小事抓起，着力加强学生的行为习惯养成教育，把德育贯穿在学生的成长过程中。每一天，从学生的早操开始，到晚上就寝入睡，学生一天的学习、生活、锻炼，就是一个完整的德育过程。早操渗透着强烈集体意识的“豆腐块”队伍，晨会的主题教育、诗词朗诵；课间学生在“信读吧”自由选读书籍杂志，大课间开展启智健体系列比赛活动；课外活动期间有丰富多彩的校本课程，德育与智育融为一体，德育与体育息息相关，德育与劳动实践教育相得益彰，达到“人人参与、人人快乐、人人有收获”的良好效果，切实落实“三全育人”“五育并举”。

3. 全方位德育——让更多教育资源助力学生成长

德育资源是指一切对育人有用的信息、物质和人力，分为校内德育资源、校外德育资源和网络德育资源。在德育实践中积极开发并合理利用各种德育资源是新时代德育创新的要求。因此，充分利用校内外德育资源，对落实立德树人，开展全方位育人，提高德育实效性具有重要意义。

第一，构建优秀的校内德育资源。著名教育家苏霍姆林斯基说：“无论是种植花草树木，还是悬挂图片标语，或是利用墙报，我们都要从审美的高度深入规划，以便挖掘其潜移默化的育人功能，并最终连学校的墙壁也在说话”。学校作为育人场所，是学生成长的重要空间，是立德树人主要的阵地，也是师生传递信息、交流情感的基地。学校要善于营造良好的校园氛围，构建环境育人资源，实现“让每一面墙壁都说话，让每一块土地都育人，让每一个活动都孕育德育内容”。进入宁夏六盘山高级中学学校大门，就进入了一个德育大世界。展板横幅，展示核心价值；班牌橱窗，内容丰富健康；课堂教学，渗透德育内容，体现课程思政；校园文化，陶冶学生情操，彰显核心素养；校园环境，宁静和谐高雅，催人奋进向上；各项活动，潜移默化，传递道德正能量。

第二，引入丰富的校外德育资源。《中小学德育工作指南》要求，校外教育中的思想品德教育是学校教育的重要补充和扩展。学校和教师要主动和少年宫、儿童（少年）活动中心、文化馆、科技馆、博物馆、图书馆、纪念馆、艺术馆、业余体校等校外教育单位建立联系，充分利用这些专用场所和教育设施，组织学生参加各种活动，在活动中接受教育。宁夏六盘山高级中学积极创建校外德育实践基地，让学生在参观、走访、体验等社会实践中感悟道理、感悟情感、感悟价值、体验生活。让学生在生活中学习，在实践中进步，在社会中成长。学校主动挖掘校外德育资源，开展丰富多彩的德育实践。组织学生祭扫革命烈士陵园、参观科技馆博物馆、到社会福利院开展志愿者服务活动、参观革命遗址，邀请法治副校长开展法治讲座，邀请革命老前辈、战斗英雄、劳动模范、科学家、企业家到学校作报告，发挥他们对学生的榜样教育作用，弘扬爱国主义精神，培育社会主义核心价值观。

第三，优化网络德育资源。新时代，互联网已经成为学生学习知识、获取信息、交流情感、休闲娱乐的主要平台。学生面对形形色色的网站、网页，触手可及的各类终端，良莠不齐的网络资源让学生产生众多困惑，德育工作者必须直面互联网资源对学生思想道德的影响。采取积极措施消除网络资源的负面影响，因势利导，把网络资源转化成德育资源。宁夏六盘山高级中学充分利用网络资源给学校德育、生活、学习带来的优势，建设数字校园平台，开展周末校园绿色网吧，开发适合学生的学习资源，培养学生兴趣特长，教育学生遵守《全国青少年网络文明公约》，指导学生文明上网、健康上网、绿色上网。

（二）德育实践创新

在“三全育人”理论指导下，宁夏六盘山高级中学探索实践体验沉浸式、任务导向式、开放兼容式“三式”德育，受到学生欢迎，得到班主任支持，收到明显效果，检验了“三全育人”理论。

1.体验沉浸式德育，让德育与生活深度融合

通过全员、全程、全方位育人，把德育与学生的学习、生活、成长全面对接，坚持德育与学生成长深度融合，让德育回归生活、回归学习过程，是一种全新的德育实践。这种德育实践将学习与生活结合起来，将做人与做事结合起来，把爱党、爱国与爱家乡、爱学校结合起来，把社会主义核心价值观融入学生日常学习生活中。《中小学德育工作指南》强调，德育要以“培养学生良好思想品德和健全人格为根本”，需要“联系学生生活实际”“充实学生校园生活”。回归生活实践，不仅是中小学德育课程标准的基本理念，更是“三全育人”理论的核心要义。

宁夏六盘山高级中学积极践行“三全育人”德育理念，开展基于学生学习生活的德育实践，广泛实施参与式德育活动，探索体验沉浸式德育。在开展诚信教育活动中，教育引导在先，给学生讲清楚诚信的重要性、失信的危害性，指导学生在校园里如何讲诚信：诚信作业不抄袭、诚信说话不妄言、诚信考试不作弊、诚信待人不欺瞒。学校连续19年实施“无教师监考”，老师信任学生，学生严格自律、自我监督。一届届学生在诚信体验的德育道路上砥砺前行，且行且思，且思且明，诚信陪伴六盘学子茁壮成长，助力宁夏六盘山高级中学教育质量持续升高。“时时是育人之机、处处是育人之地、人人是育人之师、事事是育人之材”，这是“三全育人”的生动写照，也是宁夏六盘山高级中学的德育信条，体验沉浸式的德育实践在六盘校园里生根开花，硕果累累。

2. 任务导向式德育，培养担当民族复兴大任的时代新人

习近平总书记指出，“要坚持立德树人、以文化人，建设社会主义精神文明，培育和践行社会主义核心价值观，提高人民思想觉悟、道德水准、文明素养，培养能够担当民族复兴大任的时代新人。”担当需要有责任、有能力的时代青年，一个人如果具备良好的责任意识和专业能力，才能正确处理各种社会关系，才会对道德规范产生自觉的遵循。因此，唤醒学生的责任心、唤起学生的责任感，是当前德育实践的重要内容。培养学生的责任心和担当精神，需要开展任务导向式德育实践。宁夏六盘山高级中学在体验沉浸式德育基础上，提出了任务导向式德育模式，将德育内容课程化、德育目标任务化。每月确定一个德育主题，每周开设一节主题班会课，把班会作为德育课程开发，班主任把德育培养目标转化为学习、生活中的具体任务，列出学生可操作的任务清单，分给不同小组学生限时完成。例如在开展家长访谈主题实践活动中，班主任列出访谈提纲，要求每名同学都要对家长（父母）做一次访谈，并撰写访谈报告和访谈感受。学生在任务驱动下，克服困难、积极实践，在完成访谈任务过程中培养了他们良好的思想道德品质。在访谈中充分感受父母劳作的艰辛、抚育子女的不易，同学们深受震撼，激发起他们刻苦学习、主动替父母分担的责任感。这种任务导向式德育模式，让学生从小形成可贵的担当精神，养成勇于担当的好习惯，最终成为能够担当民族复兴大任的时代新人。

3. 开放兼容式德育，构建德育共同体

当今世界正处于百年未有之大变局，经济全球化进程不断加速、社会信息化程度日益普及。多元文化、多元思想、多元价值观的冲突日益激烈，学校德育环境已经发生巨大变化，关起校门搞德育的时代已经过去，封闭单一的德育模式受到强烈冲击挑战。“三全育人”德育理念倡导开放式、兼容型的现代德育观，充分发挥学校德育的信息选择和文化整合功能，主动迎接德育新挑战。宁夏六盘山高级中学贯彻“三全育人”理论，构筑开放兼容式德育实践体系，主动引入校外德育资源，借力家庭教育资源，形成开放兼容的德育生态，促进学生主动、健康、全面发展。

学校、家庭、社区是学生健康成长的重要场所，教师、学生、家长、学校管理者、社区以及其他关联方的良性互动，是构建德育共同体的基础和前提。宁夏六盘山高级中学通过成立家长委员会、开辟校外德育实践基地、聘请法治副校长、聘请“五老人员”（老党员、老专家、老教师、老战士、老模范），构建联系紧密、同心同向的开放德育平台，开展“请进来、走出去”系列德育实践活动，让德育成为学校、家庭、社区、社会的共同责任。

（三）德育文化创新

德育是一种高层次的教化，世界观、人生观、价值观是文化素养的核心和标志，“三观”教育是德育的重要内容，也是德育的主要任务。德育从本质上看，其实是一个价值观传递、升华的文化传承过程。因此，从这个意义上说，德育是一种高层次的教化，是一种引导学生懂得和学会如何做人的教育，它不同于被我们看得很重要的知识教育，也有别于系于生计的技能教育。

1. 德育文化概念

德育文化是存在于教师、管理者和学生这样一个特殊的关系结构中，主要是通过他们之间的相互作用来实现思想、道德、思维、意识的生成和建构。作为培养学生道德精神的主要载体——德育，也属于一种文化活动。只有将

学校德育当作一种文化，在丰富的校园文化中解读，才能把握其本质。在当代中国，德育对于学生思想品德的培养主要是基于社会主义核心价值观，在日常生活中显现出以爱国主义、集体主义为特征的自我约束，学校导向的观念与行为特征。所以说学校德育的价值取向，是道德文化历史的延续和必然选择。德育文化，是以人为主体的精神价值生成与建构，文化的价值性是由人赋予的。因此，德育是社会政治、思想道德价值的生成与建构，清华大学教授石中英曾说：“教育的文化特性，本质上是一种价值的生成和建构。”

2. 德育文化创新背景

“三全育人”从价值层面注重把握学校德育与文化的内在关系。德育在本质上是体现科学价值观传承与升华的过程，由此表现为一种先进文化传承与创新的过程。在德育实践中，树立科学的德育文化理念，探索新时代、网络文化背景下有效的德育文化，推进德育创新发展。

随着全球化的不断深入，不同文明的碰撞与交流、中华文化与世界文化的包容与独立、传统文化与现代文化的冲突与整合、精英文化与大众文化的对立与互补，呈现在学生面前的是不同价值观和行为方式，在社会上或是相互冲突，或是并行不悖。这一切不可避免地对学生的价值观念、行为方式产生深刻影响。肩负着立德树人重任的学校德育，面临着严峻挑战。这种挑战来自于社会文化背景的变化、转型，伴随着网络文化时代的到来，这种挑战更加凸显出来。面对来自文化的挑战，学校德育创新势在必行，包括德育观念和德育模式的创新。

随着信息技术在社会各个领域的普及，与之相应的社会道德规范也在发生着变化，各种网络文化及其所内含的价值观也会对学生产生不同的影响，使青少年在丰富多彩、错综复杂的网络文化环境中的道德价值判断与选择及其自身价值建构，增加了新的难度，势必对他们的思想道德素质提出新的要求。如何正确认识和解决信息时代新的社会道德规范与青少年现有思想道德素质之间的矛盾，注重加强包括网络媒介素养教育在内的青少年素质教育，通过探索建构网络文化德育平台，进而创新德育方法、完善德育过程，促使青少年更好地完成自身的价值重构，提升包括媒介素养在内的自身整体素质，使之成为符合社会发展需要的社会人，是新时期德育实践中需要解决的一项重要任务。

3. 德育文化创新的切入点

第一，德育观念创新。观念是行为的指导，德育改革首先要更新观念。当前，经济全球化的进程不断加速、社会信息化程度日益深入。多元文化、多元思想意识、多元道德观和多元价值观的竞争和冲突日益激烈，封闭式的学校德育环境已不复存在，传统德育观念受到了彻底的挑战。我们应确立开放型的现代德育观，充分发挥学校德育的信息选择和文化整合功能，主动迎接开放社会的各种挑战。通过“三全育人”模式引导学生学会主动选择、主动发展，充分发挥主体性和自我教育能力，自觉地把外在的道德要求转化为内在的自我发展需要，促进他们在德、智、体、美、劳等方面全面发展。

第二，德育理论创新。德育理论创新，要坚持以习近平新时代中国特色社会主义思想为指导，以为人民服务为立场，以集体主义为原则，以社会主义核心价值观为基本内容，以职业道德、社会公德、家庭美德建设为落脚点。按照习近平总书记“三全育人”要求，以立德树人为根本任务，以培养担当民族复兴大任的时代新人为目标，全面推进以德育为首的素质教育，充分发挥德育在素质教育中的导向和保证作用，丰富“三全育人”理论内涵，拓展全员、全程、全方位育人渠道，实现德、智、体、美、劳之间良性互动，家庭、学校、社区多主体共同发力，校内、校外、网络资源优势互补，促进学生全面发展。

第三，德育手段创新。传统的德育手段正面临着挑战，随着网络技术的发展，面对面的思想交流在人们之间的信息交换量中所占比重越来越小，改变了人们学习和接受知识的方式。多媒体技术实现了图文并茂、虚拟技术使人身临其境，可以使德育的手段更加丰富、生动。现代科技特别是网络技术突飞猛进，极大地拓展了德育的空间和渠道。注重发挥网络在德育工作中的作用，开发德育软件、链接优秀网址、收集前沿信息、开展网上交流等，使德育手段由传统型向智能型转变、由单一向多元转变，提高德育的时效性、增强其影响力。因此，德育创新要与当代科学技术革命相适应。

第四，德育模式创新。着眼于提高德育的广度和深度，建立符合学生全面发展规律、激发学生创造性的新型德育模式，形成相互激励、教学相长的师生关系，努力创造有利于学生健康成长的良好教育环境和社会环境，使每一个学生都能充分发挥自身潜能，激发学习成长的主动性，实现全面发展。宁夏六盘山高级中学根据新时代发展要求，结合学校实际，研究制订和实施学校德育工作计划，科学规划不同年级德育的具体内容，形成不同的侧重点，逐步提高德育的广度和深度。把德育要求融入各项规章制度中，融入学校的各项管理中，不断推动“三全育人”德育体系的完善。

三、“三全育人”促进了学生健康成长

宁夏六盘山高级中学自开展“三全育人”工作以来，积极推进“三全育人”工作制度化、常态化，创新途径、丰富载体，构建体验沉浸式、任务导向式、开放兼容式“三式德育”；开展教书育人、管理育人、服务育人、环境育人、自主育人等“五大育人工程”；构建立德树人共同体、五育并举共同体、五项管理共同体、师生成长共同体、家校成长共同体等“五个共同体”，教育六盘学子尚德、励志、创业、报国，扎实做好“三全育人”工作。“三全育人”体制机制从简单到规范、从规范到精细、从精细到精致，结出了沉甸甸的果实。

（一）实施“五大工程”，构建育人新平台

宁夏六盘山高级中学构建体验沉浸式、任务导向式、开放兼容式德育模式，以教书育人、管理育人、服务育人、环境育人、自主育人为载体，把“三

全育人”理念融入学生成长的各阶段、各方面、各环节，提升育人质量，培育优秀学子，“三全育人”格局初步形成、初见成效，成绩亮点纷呈。

宁夏六盘山高级中学的德育案例《扬诚信之帆，创德育之先》被教育部评为全国中小学社会主义核心价值观教育优秀案例，学校的诚信教育、节俭教育、感恩教育先后被教育部评为全国中小学德育工作优秀案例，刊发在《中国教育报》上。“学生健康成长导师制”被自治区教育厅确定为全区精品德育项目，王生银老师的《新闻也是课程》获评自治区德育课程开发典型案例，王芳老师的《铸牢中华民族共同体意识》荣获全区德育精品课一等奖。

作为全区中小学“三全育人”综合改革试点项目单位，宁夏六盘山高级中学紧密结合寄宿制学校特点，构建“校园、管理、教师、课堂、学生”育人体系，以“三全育人”为指引，将德育工作融入学校各项工作中，致力于培养具有“六盘精神、核心素养、创新能力、国际视野”，德智体美劳全面发展的社会主义建设者和接班人。

（二）构筑“五个共同体”，开辟育人新途径

宁夏六盘山高级中学着力构建立德树人共同体、五育并举共同体、五项管理共同体、师生成长共同体、家校成长共同体等“五个共同体”，以此为依托，通过德育引领、协调育人、科学育人、课堂育人、协同育人，实现“立德树人、培根铸魂”的育人目标。例如，“学生健康成长导师制”作为精品德育项目，本着“关爱、关心、关注”的原则，导师帮扶小组建构过程中充分考虑学生的成绩、性别、性格、心理状态等因素，合理搭配，优势互补，原则上每一位导师指导 10 名学生，通过建档立卡、深入谈话、心理辅导、学法指导、社会实践等形式达到关心、关爱、关注每一名学生助其成长的目的。近年来，随着“互联网 + 教育”建设不断深入，宁夏六盘山高级中学与时俱进，健全家庭、学校、社区协同育人机制，推广使用家校共育平台“钉钉家校群”，定期推送家校共育信息，开展教师线上家访，通过定期召开线上家委会、线

上家长会议，整合家校育人资源，家校同心同步、同向同力，将学校育人的“独角戏”变为全员育人、全社会育人的“大合唱”，形成了学校各部门、班主任各司其职，家长全力配合，社区积极参与的“三全育人”工作体系。

（三）实施多元评价，形成评价新导向

2019 年 6 月，国务院办公厅印发了《关于新时代推进普通高中育人方式改革的指导意见》，统筹推进普通高中新课程改革和高考综合改革，全面提高普通高中教育质量。为了进一步落实立德树人根本任务，促进学生全面发展，根据《宁夏回族自治区普通高中学生综合素质评价实施办法》，宁夏六盘山高级中学以学生综合素质评价改革为抓手，结合学校实际制定了《六盘山高级中学学生综合素质评价实施方案》，围绕思想品德、学业水平、身心健康、艺术素养、社会实践五个维度，研制了 17 个二级评价指标，聚焦学生学习生活的 60 个评价点，完善“三全育人”的评价制度建设。《六盘山高级中学学生综合素质评价实施方案》要求评价主体多元化，采用学生自我写实评价、同学监督互评、教师总结评价相结合的方式。充分发挥过程性评价在促进学生发展中的作用，教师通过平时观察，及时评价学生在发展中存在的优势和不足，为学生提供有针对性的建议和指导，引导学生在掌握综合素质评价指标的基础上，自觉对照、不断反思和修正自己的行为，引导学生通过建立《个人成长写实记录册》，收集学生个体发展中有代表性的资料，客观反映学生的努力、成就和进步。

（四）学生访谈家长，打造“三全育人”新亮点

为了充分挖掘家庭教育资源，促进学生自我教育，让学生真正感悟到父母对自己的养育之恩，理解父母对自己的关爱，对父母产生感恩之情、常怀感恩之心，2020 年寒假期间，宁夏六盘山高级中学政教处、年级部组织开展了以“访谈父母 · 感恩父母”为主题的学生访谈父母实践活动，要求学生通

过体验、搜集、采访、观察、记录等一系列实践活动，学会换位思考，学会感念亲情，感受父母的艰辛与不易，以实际行动报答父母的养育之恩。

放假前，政教处拟定访谈提纲，印发给全体学生，如“爸爸、妈妈每天早上几点起床？几点上班？几点下班？爸爸、妈妈下班回家后，还要为你做些什么？爸爸、妈妈每月为你花费的钱占他们收入的多少？爸爸、妈妈每月为自己花费的钱占了他们收入的多少？在你的学习上，爸爸、妈妈给过你帮助吗？你父母知道你的生日吗？父母给你过生日吗？你知道父母的生日吗？你知道父母最喜欢吃什么？你每天几点起床？你回家后为父母做过什么？在父母的工作上，你给过他们什么帮助吗？父母最大的烦恼是什么？你知道父母的健康状况吗？……”要求学生利用寒假进行访谈，并写出访谈记录和调查报告，返校后交给班主任。通过访谈活动，促使孩子与家长面对面交流，了解父母的工作情况、生活情况和所思所盼。同学们通过访谈，真切地感受到父母对子女巨大的付出和神圣的爱，从同学们的调查报告中，老师看到了一颗颗感恩的心在爱的熏陶中升华。目前，第一轮访谈实践活动已经实现了全覆盖，全校 5890 名学生，访谈了 6200 多位父母，上交访谈报告 5890 篇，有效融通了家校联系，实现了家校共育的目的，大大提升了家长、社区对学校工作的满意度。

这一活动充分挖掘家庭教育资源，促进学生自我教育，激发学生自我成长，构建学校、家庭、社会“三结合”的育人网络，形成强大的育人合力。学校决定今后每年开展一次学生访谈父母实践活动，创建宁夏六盘山高级中学“三全育人”工作新亮点。

（五）党建引领，形成德育新引擎

近年来，宁夏六盘山高级中学通过实施“党建 + 德育”特色模式，实施“党建 + 德育”五项工作举措，以党建引领“三全育人”工作走深走实，办好学生课余党校和思政课，用身边的感人故事、感人事迹传递社会主义核心价值观，帮助学生“扣好人生第一粒扣子”，达到润物无声的良好效果。“党建 + 德育”五项工作具体内容有：一是强体系，建立健全学校德育管理体系，规范德育常规管理，形成科学、有效的德育常规管理体系。二是育项目，围绕“党建 + 德育”构建全员育人格局，培育“一支部一品牌”党建特色项目，夯实立德树人日常工作，努力实现党支部全员、全方位、全过程育人目标。三是抓队伍，发挥党员干部在德育队伍中的带头作用，打造一支求真务实的德育管理团队，培养一支师德高尚、有教育情怀、教学理念领先，勇于创新、敢于负责、大公无私，具有奉献精神的高素质德育管理队伍。四是建机制，建立班主任后备队伍培养机制，培养优秀骨干班主任。由骨干班主任与副班主任搭班，形成互助提升的发展共同体，让骨干班主任引领青年副班主任，充分发挥传、帮、带作用，形成可持续发展的班主任后备力量。五是搭载体，搭建德育实践活动载体，让德育实践活动成为提升学生德育的有效途径，利用校园周边的红色教育资源，组织学生入党积极分子在参与实践活动中，赓续红色血脉、提升思想品质。

（六）学生综合素质稳步上升，德智体美劳全面发展

近三年，宁夏六盘山高级中学学生在全区学科竞赛、体育比赛、文艺展演、创新大赛上屡获奖项，其中自治区级一等奖 7 项、二等奖 135 项、三等奖 300 多项。共有 81 人被评为市级以上三好学生、五育之星、优秀学生干部，有 648 人被评为校级三好学生、五育之星，有 324 人被评为校级优秀学生干部。各年级学生综合素质评价合格率均为 100%，优秀率达 70% 以上。

近三年，学生参加全区学业水平考试，合格率均达到 100%，优秀率均在 98% 以上，各学科平均分均居全自治区前三名，高考升学成绩一年一个新台阶。

2019 届共有 1793 人参加高考，全校文理本科上线 1717 人，本科上线率 95.8%。其中，文理一本上线人数 1323 人，上线率 73.8%；文科一本

上线人数 294 人，上线率 64.5%；文科本科上线人数 423 人，本科上线率 92.8%；理科一本上线人数 1029 人，上线率 77%；理科本科上线人数 1294 人，本科上线率 96.8%；文科最高分马龙 645 分，理科最高分冯瑞 645 分。

2020 届共有 1899 人参加高考，全校文理本科上线 1783 人，本科上线率 94%。其中，文理一本上线人数 1419 人，上线率 74.7 %；文科一本上线人数 351 人，上线率 73.4 %；文科本科上线人数 452 人，本科上线率 94.6%；理科一本上线人数 1068 人，上线率 75.2%；理科本科上线人数 1331 人，本科上线率 93.7%；文科最高分李伊凤 669 分，理科最高分撒小琳 653 分。

2021 届共有 1926 人参加高考，全校文理本科上线 1849 人，本科上线率 96%。其中，文理一本上线人数 1560 人，上线率 81%；文科一本上线人数 353 人，上线率 71.5%；文科本科上线人数 459 人，本科上线率 92.9%；理科一本上线人数 1207 人，上线率 84.3%；理科本科上线人数 1390 人，本科上线率 97.1%。文科最高分张雨蒙 644 分，理科最高分任永琰 618 分。

建校 19 年来，共有 42 名学生被清华大学、北京大学录取。

四、“三全育人”推动了学校高质量发展

近年来，宁夏六盘山高级中学在“三全育人”理论指导下，在构建“五育并举”育人体系、德育资源开发与实施、学生综合素质评价和办学质量提升等多方面积极实践探索，形成了独特的学校文化和办学特色，上级部门及各级领导对学校的育人成果给予高度评价。受到国务院、中华全国总工会、中华全国妇女联合会、教育部、人力资源和社会保障部、国家民族事务委员会、国家体育总局、自治区人民政府、自治区教育厅的表彰奖励；宁夏六盘山高级中学的办学模式和办学效益，受到各级各类媒体的广泛关注。

（一）“三全育人”队伍建设成效显著

宁夏六盘山高级中学初步形成了一支专兼结合、信念坚定、业务精良的“三全育人”工作队伍。由党委书记、校长任组长的“三全育人”工作领导小组，主要负责全校“三全育人”工作的决策，计划安排和宏观指导；由政教处、校团委等职能部门负责人，团干部、年级主任、班主任为成员，主要负责“三全育人”日常工作以及相应活动的组织管理；由年级团总支委、学生会干部组成的学生自我教育队伍，在各类活动中充分发挥其自我设计、自觉参与、自我教育、自我管理的作用；正在完善健全的家庭教育队伍，健全“三全育人”网络，组建家长委员会，以多种形式开展育人活动。学校还邀请法治副校长、关工委领导、“五老队伍”等社会人士到校开展育人讲座，形成了学校与社会共同育人的合力。

宁夏六盘山高级中学站在“思政课是落实立德树人根本任务的关键课程，发挥着不可替代的作用”的战略高度，将“建设一支政治强、情怀深、思维新、视野广、自律严、人格正的思政课教师队伍”明确为新时代学校思政课改革创新的关键环节，赋予思政课教师队伍建设新的时代使命。目前已经初步建成一支素质过硬、师德高尚、守正创新的思想政治课教师队伍，教学副校长负责政治教研组专业建设，培养思想政治课教师的政治素养和理论水平，提升政治鉴别力与政治责任感，确立底线思维，强化红线意识，让有信仰的人讲信仰，保证在教学实践中坚持正确方向。印发了《关于加强新时代思想政治理论课教师队伍建设的意见》，切实提高思政课教师综合素质、切实改革思政课教师评价机制、加大思政课教师激励力度、大力加强思政课教师队伍后备人才培养等提出明确要求。

（二）“三全育人”效益日益凸显

建校 19 年来，宁夏六盘山高级中学在宁夏南部山区九县区和川区移民吊庄共招收初中毕业生 31400 名，2006 年至 2021 年共有十六届 25434 名学生毕业，有 24433 名学生考入本科院校，其中 15445 名学生考入一本院校，有 42 名学生考入北京大学和清华大学，高考本科升学率达到 96%，一本升学率超过 80%，所有毕业生基本上实现了人人有大学上的梦想。自 2003 年建校以来，宁夏六盘山高级中学已经为宁夏南部山区 15000 余户农民家庭每家培养了一名大学生，为落实教育优先发展战略、促进宁夏基础教育均衡发展，提高宁夏南部山区人口素质、加快地区经济社会发展、构建和谐社会、实施精准扶贫发挥了重要作用。

2004 年以来，河北、辽宁、海南、内蒙古、新疆、青海、四川、甘肃、陕西、香港、澳门等区内外 50 多所高中学校来宁夏六盘山高级中学学习、交流“三全育人”工作经验。

2004 年以来，宁夏六盘山高级中学先后荣获国家级荣誉 11 项，荣获自治区级荣誉 19 项。

2004 年，全国教育网络建设工作委员会授予全国教育网络建设示范单位。

2006 年 3 月，中华全国妇女联合会授予全国三八红旗集体。

2008 年 9 月，中华人民共和国教育部授予全国教育系统抗震救灾先进集体。

2008 年 10 月，第 29 届奥林匹克运动会组织委员会授予全国奥林匹克教育工作突出贡献奖。

2009 年 9 月，中华人民共和国人力资源和社会保障部、中华人民共和国教育部授予全国教育系统先进集体。

2009 年 10 月，国家体育总局授予 2005—2008 年度全国群众体育先进单位。

2011 年 4 月，中华全国总工会授予全国五一劳动奖状。

2011 年 12 月，德育工作案例《开展诚信教育 培养诚实守信新一代》被中华人民共和国教育部评为全国中小学德育工作优秀案例。

2014年9月，中华人民共和国国务院授予全国民族团结进步模范集体。

2015年10月，德育工作案例《扬诚信之帆　创德育之先》被中华人民共和国教育部评为全国中小学社会主义核心价值观教育优秀案例。

2017年12月，中华人民共和国国家民族事务委员会授予全国民族团结进步创建示范学校。

2005年3月，自治区教育厅授予全区中小学校本培训先进集体。

2005年9月，自治区教育厅授予全区教系统师德建设年活动先进集体。

2005年11月，自治区地震局、教育厅、科协授予防震减灾科普教育示范学校。

2005年，被自治区教育厅评为自治区普通高中一级示范学校。

2006年3月，自治区综治委、教育厅、公安厅授予自治区安全文明校园。

2006年6月，自治区民委、体育局授予自治区民族体育先进集体。

2007年9月，自治区总工会、教育厅授予“9·10”教育奖状。

2009年9月，教育厅授予第二届全区教研工作先进集体。

2010年2月，自治区校务公开工作领导小组授予自治区校务公开工作达标单位。

2010年3月，自治区中小学学习实践科学发展观活动领导小组授予全区中小学学习实践科学发展观活动先进集体。

2010年7月，自治区教育工委、教育厅党组授予先进基层党组织。

2010年11月，自治区党委、政府授予全区支援青海玉树抗震救灾先进集体。

2011年6月，自治区教育工委、教育厅党组授予先进基层党组织。

2011年12月，自治区民族团结进步创建领导小组授予全区民族团结进步模范学校。

2013年7月，教育厅党组授予2012—2013年度先进基层党组织。

2015年7月，自治区教育厅党组授予2015年度先进基层服务型党组织。

2015 年 7 月，自治区教育厅、宁夏军区授予自治区首届军事训练营训练先进单位。

2016 年 11 月，自治区教育厅授予 2015—2016 年度全区校园风险管理工作先进集体。

2019 年 1 月，自治区教育工委、教育厅授予 2018 年度效能目标管理考核先进单位。

（三）“三全育人”效果得到各级领导高度重视和肯定

2010 年 9 月 9 日，中共中央总书记、国家主席胡锦涛在北京人大附中通过远程教学视频系统勉励宁夏六盘山高级中学学子：“听到你们通过远程视频听人大附中的课，而且有很好的效果，我为此感到非常高兴。希望同学们要充分利用好这样一个有利条件，更好地发挥远程视频的作用，让我们边远地区的学生能够学得多一些，学得好一些，将来长大以后，成为我们国家，成为我们民族地区所需要的建设人才。”

2003 年 7 月 4 日，教育部副部长张保庆视察学校建设工地。

2003 年 6 月，自治区党委书记陈建国视察学校。

2005 年 4 月 24 日，教育部部长周济、自治区主席马启智来校视察工作。

2006 年 8 月 18 日，全国人大常委会副委员长司马义・艾买提莅临学校视察工作。

2006 年 8 月，国家民委副主任吴仕民视察学校。

2007 年 5 月 15 日，全国人大常委会副委员长何鲁丽视察学校。

2008 年 6 月 7 日，全国人大民族委员会副主任周声涛在自治区人大常委会副主任马瑞文陪同下来校考察。

2007 年 7 月 6 日，国务委员陈至立视察学校。

2007 年 10 月 18 日，教育部副部长陈小娅视察学校。

2008 年 9 月 13 日，国务院副总理刘延东莅临学校视察工作。

2009 年 5 月 30 日，教育部副部长章新胜来校视察工作。

2009 年 9 月 11 日，全国政协主席贾庆林莅临学校视察工作。

2011 年 6 月 17 日，国务院总理温家宝为北京师范大学优秀毕业生代表、宁夏六盘山高级中学 2007 届毕业生黑小花颁发毕业证书。

2011 年 9 月，自治区主席王正伟来校考察。

2012 年 4 月，内蒙古自治区党委书记胡春华、政府主席巴特尔视察学校。

2012 年 2 月 19 日，教育部副部长杜玉波视察学校。

2013 年 10 月，自治区主席刘慧陪同福建省党政代表团视察学校。

2014 年 8 月 27 日，教育部副部长李卫红视察学校。

2015 年 9 月 11 日，教育部副部长林惠菁视察学校。

2017 年 5 月，教育部部长陈宝生、自治区主席咸辉视察学校。

2018 年 9 月，教育部副部长朱之文、自治区教育厅厅长李秋玲视察学校。

2018 年 9 月，全国人大常委会副委员长曹建民率领自治区六十大庆中央代表团第一分团来校看望慰问师生。

（四）“三全育人”成果受到各级媒体广泛关注

2003 年 11 月 18 日，《中国青年报》刊登了《宁夏六盘山高级中学全面实行无人监考》，报道了宁夏六盘山高级中学在校内考试中实施的“无教师监考”制度。

2003 年 12 月 2 日，《中国教育报》第 2 版刊登了题为《中国教育学会宁夏实验学校挂牌》的报道，指出“此举标志着中国教育学会与宁夏六盘山高级中学的合作办学已拉开帷幕”。

2004 年 5 月 27 日，《宁夏日报》头版头条刊登了《宁夏六盘山高级中学构筑创新教育体系》的报道。

2004 年 7 月 6 日，《宁夏日报》刊登了《四批北京专家进校园，宁夏六盘山高级中学借梯登高》的报道，详细报道了中国教育学会对宁夏六盘山高级中学的教学帮扶。

2004 年 7 月 26 日，《中国教育报》在“学校德育 100 例”专栏中，刊登了《德育，从勤俭教育开始》的德育故事，对宁夏六盘山高级中学开展的勤俭教育进行了报道。

2005 年 1 月 14 日，《宁夏日报》刊登了《宁夏宁夏六盘山高级中学试行健康成长导师制》一文，报道了宁夏六盘山高级中学针对学校实际开展的“学生健康成长导师制”。

2005 年 1 月 17 日，《新华每日电讯》刊登了 3600 多字的新华社专稿《不拾遗不监考：宁夏一中学试验“天下无贼”，校方坚称意在打造“精神社区”，质疑者认为脱离现实有“作秀”之嫌》，对宁夏六盘山高级中学实施的以“无教师监考”为核心的诚信教育及学生思想道德教育进行了深层次的剖析和报道，对学校的做法表示了肯定和赞赏。

2005 年 4 月 14 日、12 月 7 日，《宁夏日报》相继刊登了《宁夏六盘山高级中学诚信教育催生道德新风》《诚信教育，给宁夏六盘山高级中学带来了什么》两篇报道。

2006 年 6 月 23 日，《宁夏日报》刊登新闻《宁夏六盘山高级中学成为高考“黑马”》的报道。

2006 年 9 月 4 日，《中国教育报》用一个整版的篇幅，刊登了题为《山区孩子的摇篮 民族教育的春天》的长篇纪实文章，从创建背景、办学思路、办学过程、办学效益等方面进行了深度阐释。

2007 年 6 月 22 日，《宁夏日报》以《宁夏六盘山高级中学高考成绩骄人》的标题报道了当年宁夏六盘山高级中学高考二本上线率 74% 和重点上线率 51% 的高考佳绩。

2007 年 7 月 10 日，《宁夏日报》刊登《爱在七月憧憬间——国务委员陈至立考察宁夏六盘山高级中学》。

2008 年 7 月 19 日，《中国教育报》刊登《宁夏借读灾区学生致信自治区领导“我们在这里生活得很幸福”》。

2009 年第 7 期《人民教育》刊登了通讯《六盘山的希望——记宁夏六盘山高级中学扶贫办学之路》，生动而形象地向读者记述了他们在宁夏六盘山高级中学的所见所闻。

2010 年 9 月 10 日，《银川晚报》刊载《胡锦涛总书记视频对话宁夏六盘山高级中学师生》。

2011 年 6 月 24 日，《宁夏日报》刊登《黑小花感恩母校宁夏六盘山高级中学》。

2012 年 1 月 11 日，《宁夏日报》刊登《宁夏六盘山高级中学无教师监考八年，诚信已成学子价值取向》一文，对学校开展的诚信教育做了总结。

2012 年 4 月 12 日，《宁夏日报》刊载《宁夏六盘山高级中学多元课程“引水开渠”》。

2012 年 4 月 23 日，《宁夏日报》刊载《宁夏六盘山高级中学学生乐享文化大餐》。

2012 年 5 月 23 日，《宁夏日报》刊载《宁夏六盘山高级中学悉心呵护高考生》。

2005 年 1 月 11 日，《国际在线·新闻中心》发表了《免费培养贫困学生的宁夏六盘山高级中学》一文，用图文并茂的形式向网民介绍了创建仅有两年的六盘山高级中学。

2008 年 8 月 25 日，中新社发表记者刘舒凌的文章《宁夏纪行：宁夏六盘山高级中学——山村孩子的城市学校》，通过对在校生马力和已经考入中国地质大学的宁夏六盘山高级中学毕业生马锋的采访，向人们诠释“山村孩子的城市学校”真正的内涵。

2008 年 10 月 15 日，新华网以《 走进宁夏西海固：穷地方里的富教育 》。

2010 年 6 月 30 日，大江网以《走进六盘山高级中学：教育优先发展，扶贫必先扶智》的标题对学校进行了报道。

2007年9月1日，中央电视台“焦点访谈”栏目播出了《山村孩子的城市学校》。

2009年10月，由中央电视台、中共江西省委宣传部、江西电视台共同摄制的庆祝中华人民共和国60周年八集电视理论文献片《千秋基业·情系民生》中，详细报道了宁夏六盘山高级中学在民族教育、扶贫教育方面所取得的成绩，高度赞赏了宁夏在教育扶贫和教育均衡发展方面所做的可贵探索。

2012年10月18日，中央电视台第7套节目播出了《山里娃的名校奇缘》，以来自山区的宁夏六盘山高级中学学生虎连峰为例，详细介绍了山里孩子走进了城市学校的过程及成长。

2013年5月3日，中央电视台新闻频道报道了宁夏六盘山高级中学2009届毕业生、北京大学经济学院学生马世龙自愿报名去新疆工作的事迹。

2015年11月15日，中央电视台新闻频道以《“三西”扶贫纪事》为题，报道了学校教育扶贫的具体做法及取得的成效。

2016年10月29日，中央电视台12频道播放专题片，以宁夏六盘山高级中学学生秦银芳和王小艳为例，报道了山区孩子在宁夏六盘山高级中学的生活及成长。

2018年4月，为迎接宁夏回族自治区成立60周年，自治区党委宣传部筹拍了反映宁夏山区发展历程的纪录片《六盘山》，其中宁夏六盘山高级中学的教育扶贫内容，于2018年11月在中央电视台第10套节目播出。

附录一 “三全育人”政策

“三全育人”政策

一、习近平总书记关于“三全育人”的重要论述

（一）习近平总书记在全国高校思想政治工作会议上的重要讲话精神

2016 年 12 月 7 日，习近平总书记出席全国高校思想政治工作会议并发表重要讲话。他强调，高校思想政治工作关系高校培养什么样的人、如何培养人以及为谁培养人这个根本问题。要坚持把立德树人作为中心环节，把思想政治工作贯穿教育教学全过程，实现全程育人、全方位育人，努力开创我国高等教育事业发展新局面。

关于高校培养什么人的问题，习近平指出，我国高等教育肩负着培养德智体美全面发展的社会主义事业建设者和接班人的重大任务，必须坚持正确政治方向。高校立身之本在于立德树人。只有培养出一流人才的高校，才能够成为世界一流大学。办好我国高校，办出世界一流大学，必须牢牢抓住全面提高人才培养能力这个核心点，并以此来带动高校其他工作。

关于如何培养人的问题，习近平提出在“必须坚持以马克思主义为指导，全面贯彻党的教育方针”的前提下，要做到四个“坚持不懈”、四个“正确认识”、五个“要”。

四个“坚持不懈”，是要坚持不懈传播马克思主义科学理论，抓好马克思主义理论教育，为学生一生成长奠定科学的思想基础。要坚持不懈培育和

弘扬社会主义核心价值观，引导广大师生做社会主义核心价值观的坚定信仰者、积极传播者、模范践行者。要坚持不懈促进高校和谐稳定，培育理性平和的健康心态，加强人文关怀和心理疏导，把高校建设成为安定团结的模范之地。要坚持不懈培育优良校风和学风，使高校发展做到治理有方、管理到位、风清气正。

四个“正确认识”，是要教育引导学生正确认识世界和中国发展大势，从我们党探索中国特色社会主义历史发展和伟大实践中，认识和把握人类社会发展的历史必然性，认识和把握中国特色社会主义的历史必然性，不断树立为共产主义远大理想和中国特色社会主义共同理想而奋斗的信念和信心；正确认识中国特色和国际比较，全面客观认识当代中国、看待外部世界；正确认识时代责任和历史使命，用中国梦激扬青春梦，为学生点亮理想的灯，照亮前行的路，激励学生自觉把个人的理想追求融入国家和民族的事业中，勇做走在时代前列的奋进者、开拓者；正确认识远大抱负和脚踏实地，珍惜韶华、脚踏实地，把远大抱负落实到实际行动中，让勤奋学习成为青春飞扬的动力，让增长本领成为青春搏击的能量。

五个“要”，是要遵循思想政治工作规律，遵循教书育人规律，遵循学生成长规律，不断提高工作能力和水平。要用好课堂教学这个主渠道，思想政治理论课要坚持在改进中加强，提升思想政治教育亲和力和针对性，满足学生成长发展需求和期待，其他各门课都要守好一段渠、种好责任田，使各类课程与思想政治理论课同向同行，形成协同效应。要加快构建中国特色哲学社会科学学科体系和教材体系，推出更多高水平教材，创新学术话语体系，建立科学权威、公开透明的哲学社会科学成果评价体系，努力构建全方位、全领域、全要素的哲学社会科学体系。要更加注重以文化人、以文育人，广泛开展文明校园创建，开展形式多样、健康向上、格调高雅的校园文化活动，广泛开展各类社会实践。要运用新媒体新技术使工作活起来，推动思想政治工作传统优势同信息技术高度融合，增强时代感和吸引力。

习近平强调，教师是人类灵魂的工程师，承担着神圣使命。传道者自己首先要明道、信道。高校教师要坚持教育者先受教育，努力成为先进思想文化的传播者、党执政的坚定支持者，更好担起学生健康成长指导者和引路人的责任。要加强师德师风建设，坚持教书和育人相统一，坚持言传和身教相统一，坚持潜心问道和关注社会相统一，坚持学术自由和学术规范相统一，引导广大教师以德立身、以德立学、以德施教。

习近平指出，办好我国高等教育，必须坚持党的领导，牢牢掌握党对高校工作的领导权，使高校成为坚持党的领导的坚强阵地。党委要保证高校正确办学方向，掌握高校思想政治工作主导权，保证高校始终成为培养社会主义事业建设者和接班人的坚强阵地。各级党委要把高校思想政治工作摆在重要位置，加强领导和指导，形成党委统一领导、各部门各方面齐抓共管的工作格局。各地党委书记和有关部门党组书记要多到高校走走，多同师生接触，多次去高校作报告，回答师生关注的理论和现实问题。要加强同高校知识分子的联系，多关心、多交流、多鼓励，善交朋友、广交朋友、深交朋友，多听他们的意见，真听他们的意见。

习近平强调，高校党委对学校工作实行全面领导，承担管党治党、办学治校主体责任，把方向、管大局、作决策、保落实。要加强高校党的基层组织建设，创新体制机制，改进工作方式，提高党的基层组织做思想政治工作能力。要做好在高校教师和学生中发展党员工作，加强党员队伍教育管理，使每个师生党员都做到在党爱党、在党言党、在党为党。

参考文献：2016 年 12 月 7 日至 8 日，全国高校思想政治工作会议。来源：《人民日报》（2016 年 12 月 9 日 01 版）

（二）习近平总书记在全国教育大会上的重要讲话精神

2018 年 9 月 10 日，习近平总书记出席全国教育大会并发表重要讲话。

他强调，在党的坚强领导下，全面贯彻党的教育方针，坚持马克思主义指导地位，坚持中国特色社会主义文化发展道路，坚持社会主义办学方向，立足基本国情，遵循教育规律，坚持改革创新，以凝聚人心、完善人格、开发人力、培育人才、造福人民为工作目标，培养德智体美劳全面发展的社会主义建设者和接班人，加快推进教育现代化、建设教育强国、办好人民满意的教育。

习近平指出，教育是民族振兴、社会进步的重要基石，是功在当代、利在千秋的德政工程，对提高人民综合素质、促进人的全面发展、增强中华民族创新创造活力、实现中华民族伟大复兴具有决定性意义。教育是国之大计、党之大计。

习近平指出，在实践中，我们就教育改革发展提出一系列新理念新思想新观点，主要有以下几个方面，坚持党对教育事业的全面领导，坚持把立德树人作为根本任务，坚持优先发展教育事业，坚持社会主义办学方向，坚持扎根中国大地办教育，坚持以人民为中心发展教育，坚持深化教育改革创新，坚持把服务中华民族伟大复兴作为教育的重要使命，坚持把教师队伍建设作为基础工作。这是我们对我国教育事业规律性认识的深化，来之不易，要始终坚持并不断丰富发展。

习近平强调，新时代新形势，改革开放和社会主义现代化建设、促进人的全面发展和社会全面进步对教育和学习提出了新的更高的要求。我们要抓住机遇、超前布局，以更高远的历史站位、更宽广的国际视野、更深邃的战略眼光，对加快推进教育现代化、建设教育强国作出总体部署和战略设计，坚持把优先发展教育事业作为推动党和国家各项事业发展的重要先手棋，不断使教育同党和国家事业发展要求相适应、同人民群众期待相契合、同我国综合国力和国际地位相匹配。

习近平指出，培养什么人，是教育的首要问题。我国是中国共产党领导的社会主义国家，这就决定了我们的教育必须把培养社会主义建设者和接班人作为根本任务，培养一代又一代拥护中国共产党领导和我国社会主义制度、立志为中国特色社会主义奋斗终身的有用人才。这是教育工作的根本任务，也是教育现代化的方向目标。

习近平强调，要在坚定理想信念上下功夫，教育引导学生树立共产主义远大理想和中国特色社会主义共同理想，增强学生的中国特色社会主义道路自信、理论自信、制度自信、文化自信，立志肩负起民族复兴的时代重任。要在厚植爱国主义情怀上下功夫，让爱国主义精神在学生心中牢牢扎根，教育引导学生热爱和拥护中国共产党，立志听党话、跟党走，立志扎根人民、奉献国家。要在加强品德修养上下功夫，教育引导学生培育和践行社会主义核心价值观，踏踏实实修好品德，成为有大爱大德大情怀的人。要在增长知识见识上下功夫，教育引导学生珍惜学习时光，心无旁骛求知问学，增长见识，丰富学识，沿着求真理、悟道理、明事理的方向前进。要在培养奋斗精神上下功夫，教育引导学生树立高远志向，历练敢于担当、不懈奋斗的精神，具有勇于奋斗的精神状态、乐观向上的人生态度，做到刚健有为、自强不息。要在增强综合素质上下功夫，教育引导学生培养综合能力，培养创新思维。要树立健康第一的教育理念，开齐开足体育课，帮助学生在体育锻炼中享受乐趣、增强体质、健全人格、锤炼意志。要全面加强和改进学校美育，坚持以美育人、以文化人，提高学生审美和人文素养。要在学生中弘扬劳动精神，教育引导学生崇尚劳动、尊重劳动，懂得劳动最光荣、劳动最崇高、劳动最伟大、劳动最美丽的道理，长大后能够辛勤劳动、诚实劳动、创造性劳动。

习近平指出，要努力构建德智体美劳全面培养的教育体系，形成更高水平的人才培养体系。要把立德树人融入思想道德教育、文化知识教育、社会实践教育各环节，贯穿基础教育、职业教育、高等教育各领域，学科体系、教学体系、教材体系、管理体系要围绕这个目标来设计，教师要围绕这个目标来教，学生要围绕这个目标来学。凡是不利于实现这个目标的做法都要坚决改过来。

习近平强调，建设社会主义现代化国家，对教师队伍建设提出新的更高要求，也对全党全社会尊师重教提出新的更高要求。人民教师无上光荣，每个教师都要珍惜这份光荣，爱惜这份职业，严格要求自己，不断完善自己。做老师就要执着于教书育人，有热爱教育的定力、淡泊名利的坚守。随着办学条件不断改善，教育投入要更多向教师倾斜，不断提高教师待遇，让广大教师安心从教、热心从教。对教师队伍中存在的问题，要坚决依法依纪予以严惩。

习近平指出，要深化教育体制改革，健全立德树人落实机制，扭转不科学的教育评价导向，坚决克服唯分数、唯升学、唯文凭、唯论文、唯帽子的顽瘴痼疾，从根本上解决教育评价指挥棒问题。要深化办学体制和教育管理改革，充分激发教育事业发展生机活力。要提升教育服务经济社会发展能力，调整优化高校区域布局、学科结构、专业设置，建立健全学科专业动态调整机制，加快一流大学和一流学科建设，推进产学研协同创新，积极投身实施创新驱动发展战略，着重培养创新型、复合型、应用型人才。要扩大教育开放，同世界一流资源开展高水平合作办学。

习近平强调，加强党对教育工作的全面领导，是办好教育的根本保证。教育部门和各级各类学校的党组织要增强“四个意识”、坚定“四个自信”，坚定不移维护党中央权威和集中统一领导，自觉在政治立场、政治方向、政治原则、政治道路上同党中央保持高度一致。各级党委要把教育改革发展纳入议事日程，党政主要负责同志要熟悉教育、关心教育、研究教育。各级各类学校党组织要把抓好学校党建工作作为办学治校的基本功，把党的教育方针全面贯彻到学校工作各方面。思想政治工作是学校各项工作的生命线，各级党委、各级教育主管部门、学校党组织都必须紧紧抓在手上。要精心培养和组织一支会做思想政治工作的政工队伍，把思想政治工作做在日常、做到个人。

习近平指出，办好教育事业，家庭、学校、政府、社会都有责任。家庭是人生的第一所学校，家长是孩子的第一任老师，要给孩子讲好“人生第一课”，帮助扣好人生第一粒扣子。教育、妇联等部门要统筹协调社会资源支持服务家庭教育。全社会要担负起青少年成长成才的责任。各级党委和政府要为学校办学安全托底，解决学校后顾之忧，维护老师和学校应有的尊严，保护学生生命安全。

参考文献：2018 年 9 月 10 日至 11 日，全国教育大会。来源：人民网，《人民日报》（2018 年 9 月 11 日）

（三）习近平总书记在学校思想政治理论课教师座谈会上的重要讲话精神

2019 年 3 月 18 日，习近平总书记在北京主持召开学校思想政治理论课教师座谈会并发表重要讲话。他指出：“青少年是祖国的未来、民族的希望。青少年阶段是人生的‘拔节孕穗期’，这一时期心智逐渐健全，思维进入最活跃状态，最需要精心引导和栽培。‘蒙以养正，圣功也。’就是说青少年教育最重要的是教给他们正确的思想，引导他们走正路。思政课是落实立德树人根本任务的关键课程，思政课作用不可替代，思政课教师队伍责任重大。”为此，习近平总书记共讲述了四个问题。

第一个问题：办好思想政治理论课意义重大。

习近平指出，我们党历来高度重视思政课建设。在革命、建设、改革各个历史时期，我们党对思政课建设都作出过重要部署。新民主主义革命时期，我们党在红军大学、苏维埃大学、抗日军政大学、陕北公学等高校开设党的建设、中国革命运动史、马列主义、辩证唯物主义、科学社会主义等课程，在列宁小学开设“社会工作”课程，在解放区的小学、陕甘宁边区的中学开设政治常识课程。中华人民共和国成立后，我们党就把中国革命常识、共同纲领列入中学教学计划，在高校开设中国革命史、马列主义基础、政治经济学、辩证唯物论与历史唯物论等课程，强调中高等学校政治理论课的任务是用马克思列宁主义、毛泽东思想武装青年，培养坚强的革命接班人。改革开放以来，党中央先后出台 10 多个关于学校思想政治工作的文件，对思政课建设提出明确要求，不断推动思政课改革。

党的十八大以来，党中央先后召开全国高校思想政治工作会议、全国教育大会，习近平总书记就思政课建设多次讲过意见。针对义务教育阶段中道德与法治、语文、历史三科教材建设，习近平总书记提出要从维护国家意识形态安全，培养社会主义建设者和接班人的高度来抓好。我们培养人的目标是什么要搞清楚，现在非常明确坚定地提出要培养社会主义建设者和接班人。2014 年，习近平总书记在上海考察期间说过，培育和践行社会主义核心价值观要在落细落小落实上下功夫，特别是要抓好青少年等重点人群；在北京市海淀区民族小学考察时提出，学校要把德育放在更加重要的位置，努力做到每一堂课不仅传播知识而且传授美德，让社会主义核心价值观的种子在学生们心中生根发芽。2016 年，习近平总书记在北京市八一学校考察时强调，基础教育是立德树人的事业，要旗帜鲜明地加强思想政治教育、品德教育，加强社会主义核心价值观教育，引导学生自尊自信自立自强。在全国高校思想政治工作会议上，习近平总书记强调思想政治理论课要坚持在改进中加强、在创新中提高，及时更新教学内容、丰富教学手段，不断改善课堂教学状况，防止形式化、表面化，等等。2018 年五四前夕，习近平总书记在北京大学专门考察了马克思主义学院，2019 年初，去南开大学时都强调了思政课建设。

习近平强调，当前形势下，办好思政课，要放在世界百年未有之大变局、党和国家事业发展全局中来看待，要从坚持和发展中国特色社会主义、建设社会主义现代化国家、实现中华民族伟大复兴的高度来对待。我们正在为实现“两个一百年”奋斗目标而努力。未来 30 年，我们培养的人要能够完成“两个一百年”的伟业。这就是教育的历史责任。我们党立志于中华民族千秋伟业，必须培养一代又一代拥护中国共产党领导和我国社会主义制度、立志为中国特色社会主义事业奋斗终身的有用人才。这就要求我们把下一代教育好、培养好，从学校抓起、从娃娃抓起。在大中小学循序渐进、螺旋上升地开设思政课非常必要，是培养一代又一代社会主义建设者和接班人的重要保障。人的成长、成熟、成才不是一蹴而就的，而是一个渐进的过程，就跟人的生理发育一样，所以要把这几个阶段都铺陈好。

“为学须先立志。志既立，则学问可次第着力。立志不定，终不济事。”要成为社会主义建设者和接班人，必须树立正确的世界观、人生观、价值观，把实现个人价值同党和国家前途命运紧紧联系在一起。随着我国日益扩大开放、日益走近世界舞台中央，我国同世界的联系更趋紧密、相互影响更趋深刻，意识形态领域面临的形势和斗争也更加复杂。学校是意识形态工作的前沿阵地，可不是一个象牙之塔，也不是一个桃花源。办好思政课，就是要开展马克思主义理论教育，用新时代中国特色社会主义思想铸魂育人，引导学生增强中国特色社会主义道路自信、理论自信、制度自信、文化自信，厚植爱国主义情怀，把爱国情、强国志、报国行自觉融入坚持和发展中国特色社会主义、建设社会主义现代化国家、实现中华民族伟大复兴的奋斗之中。

习近平指出，这些年来，思政课建设成效是显著的，教学方法不断创新，教师乐教善教、潜心育人，教师队伍规模和素质稳步提升，大中小学思政课一体化建设初显成效。同时，我们也要看到，思政课建设中的一些问题亟待解决。有的地方和学校对思政课重要性认识还不够到位；课堂教学效果还需要提升，教学研究力度需要加大、思路需要拓展；教材内容还不够鲜活，针对性、可读性、实效性有待增强；教师选配和培养工作还存在短板，队伍结构还要优化，整体素质还要提升；体制机制还有待完善，评价和支持体系有待健全，大中小学思政课一体化建设需要深化；民办学校、中外合作办学思政课建设还相对薄弱；各类课程同思政课建设的协同效应还有待增强，教师的教书育人意识和能力还有待提高，学校、家庭、社会协同推动思政课建设的合力没有完全形成，全党全社会关心支持思政课建设的氛围不够浓厚。

习近平强调，办好思政课，有不少问题需要解决，但最重要的是解决好信心问题。“欲人勿疑，必先自信。”思政课教师本身都不信，还怎么教学生？我们应该有信心办好思政课。党中央对教育工作高度重视，对思想政治工作、意识形态工作高度重视，始终坚持马克思主义指导地位，大力推进中国特色社会主义学科体系建设，为思政课建设提供了根本保证。我们对共产党执政规律、社会主义建设规律、人类社会发展规律的认识和把握不断深入，开辟了中国特色社会主义理论和实践发展新境界，中国特色社会主义取得举世瞩目的成就，为思政课建设提供了有力支撑。中国特色社会主义理论是一个体系，新时代中国特色社会主义思想就是在当前这个发展阶段中国共产党历史性提出来的。还有中华民族几千年来形成了博大精深的优秀传统文化，我们党带领人民在革命、建设、改革过程中锻造的革命文化和社会主义先进文化，为思政课建设提供了深厚力量。我们通过守正创新形成了中国特色社会主义理论体系，守正就不能偏离马克思主义、社会主义，但不是刻舟求剑，还要往前发展、与时俱进，否则就是僵化的、陈旧的、过时的。思政课建设长期以来形成的一系列规律性认识和成功经验，为思政课建设守正创新提供了重要基础。有了这些基础和条件，有了我们这支可信、可敬、可靠，乐为、敢为、有为的思政课教师队伍，我们完全有信心有能力把思政课办得越来越好。

习近平强调，办好思政课，最根本的是要全面贯彻党的教育方针，解决好培养什么人、怎样培养人、为谁培养人这个根本问题。新时代贯彻党的教育方针，要坚持马克思主义指导地位，贯彻新时代中国特色社会主义思想，坚持社会主义办学方向，落实立德树人的根本任务，坚持教育为人民服务、为中国共产党治国理政服务、为巩固和发展中国特色社会主义制度服务、为改革开放和社会主义现代化建设服务，扎根中国大地办教育，同生产劳动和社会实践相结合，加快推进教育现代化、建设教育强国、办好人民满意的教育，努力培养担当民族复兴大任的时代新人，培养德智体美劳全面发展的社会主义建设者和接班人。

第二个问题：办好思想政治理论课关键在教师，关键在发挥教师的积极性、主动性、创造性。

习近平指出，讲好思政课不容易，因为这个课要求高。思政课教学涉及马克思主义哲学、政治经济学、科学社会主义，涉及经济、政治、文化、社会、生态文明和党的建设，涉及改革发展稳定、内政外交国防、治党治国治军，涉及党史、新中国史、改革开放史、社会主义发展史，涉及世界史、国际共运史，涉及世情、国情、党情、民情，等等。这样的特殊性对教师综合素质要求很高。国内外形势、党和国家工作任务发展变化较快，思政课教学内容要跟上时代，只有不断备课、常讲常新才能取得较好教学效果。思政课上学生会提一些尖锐敏感的问题，往往涉及深层次理论和实践问题，把这些问题讲清楚讲透彻并不容易。我们这个国家是一个不断成长的国家，社会主义制度是在不断探索中完善的，现在确立了中国特色社会主义。同时，新中国成立 70 年、我们党成立 90 多年来，是在不断摸索中前进的，历经坎坷，也走了些弯路，也出现了像“十年浩劫”这样的情况。对这个问题的认识要把握住，像《国际歌》中唱的那样，我们党也不是神仙皇帝，在摸索中前进肯定会有失误，不要因为有这些失误就丧失对党的信念，动摇对我们所秉持的理想信念的坚定性。

“经师易求，人师难得。”教师承载着传播知识、传播思想、传播真理，塑造灵魂、塑造生命、塑造新人的时代重任。思政课教师，要给学生心灵埋下真善美的种子，引导学生扣好人生第一粒扣子。习近平总书记在全国高校思想政治工作会议上强调，“讲思想政治理论课，要让信仰坚定、学识渊博、理论功底深厚的教师来讲，让学生真心喜爱、终身受益”。

座谈会上，习近平总书记对思政课教师素养提出了六点要求。

第一，政治要强。思政课要解决学生理想信念问题。要让有信仰的人讲信仰。对马克思主义的信仰，对社会主义和共产主义的信念，只有首先在思政课教师心中扎下根，才能在学生心中开花结果。思政课教师只有自己信仰坚定，对所讲内容高度认同，做学习和实践马克思主义的典范，才能讲得有底气，讲深讲透，才能有效引导学生真学、真懂、真信、真用。要善于从政治上看问题，自觉用习近平新时代中国特色社会主义思想武装头脑，在大是大非面前保持政治清醒。教师是释疑解惑的，自己都疑惑重重，讲出来的东西不会是充分坚定、富有感染力的。

第二，情怀要深。思政课要引导学生立德成人、立志成才。只有打动学生，才能引导学生。教师在课堂上展现的情怀最能打动人，甚至会影响学生一生。真信才有真情，真情才能感染人。思政课教师要有家国情怀，心里装着国家和民族，在党和人民的伟大实践中关注时代、关注社会，汲取养分、丰富思想。要有传道情怀，对马克思主义理论教育事业投入真情实感，对思政课教育教学有执着追求。要有仁爱情怀，把对家国的爱、对教育的爱、对学生的爱融为一体，心中始终装着学生，让思政课成为一门有温度的课。

第三，思维要新。思政课要教会学生科学的思维。思政课教师给予学生的不应该只是一些抽象的概念，而应该是观察认识当代世界、当代中国的立场、观点、方法。思政课教学是一项非常有创造性的工作，要学会辩证唯物主义和历史唯物主义，善于运用创新思维、辩证思维，善于运用矛盾分析方法抓住关键、找准重点、阐明规律，创新课堂教学，给学生深刻的学习体验。在教学中可以讨论问题，更要讲清楚成绩；可以批评不良社会现象，更要引导学生正面思考；可以讲社会主义建设的复杂性和艰巨性，更要引导学生对社会主义前景充满信心。无论怎么讲，最终都要落到引导学生树立正确的理想信念、学会正确的思维方法上来。

第四，视野要广。思政课教师要有知识视野，除了具有马克思主义理论功底之外，还要广泛涉猎其他哲学社会科学以及自然科学的知识。要有宽广的国际视野。学生经常会把国外的事情同国内的情况联系起来，这个过程就会产生一些疑惑。学生的疑惑就是思政课要讲清楚的重点。要善于利用国内外的事实、案例、素材，在比较中回答学生的疑惑，既不封闭保守，也不崇洋媚外，引导学生全面客观认识当代中国、看待外部世界，善于在批判鉴别中明辨是非。还要有历史视野。历史是最好的老师。思政课教师的历史视野中，要有 5000 多年中华文明史，要有 500 多年世界社会主义史，要有中国人民近代以来 170 多年斗争史，要有中国共产党近 100 年的奋斗史，要有中华人民共和国 70 年的发展史，要有改革开放 40 多年的实践史，要有新时代中国特色社会主义取得的历史性成就、发生的历史性变革，通过生动、深入、具体的纵横比较，把一些道理讲明白、讲清楚。

第五，自律要严。思政课教师对自己要求要严格，既要遵守教学纪律，也要遵守政治纪律和政治规矩，做到课上课下一致、网上网下一致，不能在课上讲得不错，却在课下乱讲；不能在现实生活中表现不错，却在网上乱说。思政课教师掌握着课堂的主导权和话语权，一定要自觉弘扬主旋律，积极传递正能量。遵守纪律，不是意味着不能讲矛盾、碰问题。有的教师怵于思政课的意识形态属性，担心祸从口出，总是绕开问题讲、避开难点讲。只要坚持正确政治方向，立足于引导学生坚定理想信念，全面客观看问题，就不用担心在政治上出问题。要给教师充分的信任，不抓辫子、不扣帽子、不打棍子。

第六，人格要正。有人格，才有吸引力。亲其师，才能信其道。思政课教师要有堂堂正正的人格，用高尚的人格感染学生、赢得学生。要有学识魅力，用真理的力量感召学生，以深厚的理论功底赢得学生。思想要有境界，语言也要有魅力，从教师的话语中，学生能够感受到教师的人格和学识。要自觉做到修身修为，像曾子那样“吾日三省吾身”，像王阳明那样“诚意正心”、“知行合一”，自觉做为学为人的表率，做让学生喜爱的人。

第三个问题：推动思想政治理论课改革创新，不断增强思政课的思想性、理论性和亲和力、针对性。

习近平强调，改革创新是时代精神，青少年是最活跃的群体，思政课建设要向改革创新要活力。如果做一天和尚撞一天钟，照本宣科、应付差事，那“到课率”“抬头率”势必大打折扣。很多学校在思政课上积极采用案例式教学、探究式教学、体验式教学、互动式教学、专题式教学、分众式教学等，运用现代信息技术等手段建设智慧课堂等，取得了积极成效。这些都值得肯定和鼓励。推动思政课改革创新，要做到以下几个“统一”。

第一，坚持政治性和学理性相统一。政治引导是思政课的基本功能。强调思政课的政治引导功能，并不是要把课讲成简单的政治宣传，而要以透彻的学理分析回应学生，以彻底的思想理论说服学生，用真理的强大力量引导学生。马克思说：“理论只要彻底，就能说服人。”马克思主义理论就是彻底的理论。思政课教师所讲的理论、观点、结论要经得起学生各种“为什么”的追问，这样效果才能好。需要注意的是，不能用学理性弱化政治性，在大中小学的不同学段，无论是通过讲故事、讲历史还是讲理论的方式讲思政课，都要体现思政课的政治引导功能。

第二，坚持价值性和知识性相统一。思政课重在塑造学生的价值观，这一点必须牢牢抓住。强调思政课的价值性，不是要忽视知识性，而是要通过满足学生对知识的渴求加强价值观教育。只有空洞的价值观说教，没有科学的知识做支撑，价值观教育的效果也会大打折扣。当然，在思政课教学中也不能只强调知识性，不能为了应付考试让学生死记硬背知识点，而不注重对学生价值观的引导。学生有兴趣才会记忆，这种记忆是牢靠的，没有兴趣死记硬背就是死知识。知识是载体，价值是目的，要寓价值观引导于知识传授之中。

第三，坚持建设性和批判性相统一。思政课的任务是传导主流意识形态，建设性是其根本。同时，彻底的批判精神是马克思主义本质特征，马克思主义就是在同各种错误思潮的不断斗争中开辟前进道路的。思政课要在传播马克思主义立场、观点、方法的基础上用好批判的武器，直面各种错误观点和思潮，旗帜鲜明地进行剖析和批判。任何社会任何时期都会有各种问题存在，要教育引导学生正确看待、辩证认识、理性分析现实问题，辨明大是大非、真假黑白，在对社会假恶丑现象的批判中弘扬真善美。要坚持问题导向，学生关注的、有疑惑的问题其实也就几大类，要把这些问题掰开了、揉碎了，深入研究解答，把事实和道理一条条讲清楚。实际上，有时候不一定讲得那么高大全，从一个问题切入，把一个问题讲深，最后触类旁通，可以带动很多关联问题，有可能是一通百通，提纲挈领。要练就不怕问、怕不问、闻问则喜的真本领，不能见学生提问就发怵。真理从来是在诘问和辩难中发展起来的，如果一问就问倒了，那就说明所讲的不是真理或者自己还没有掌握真理。

第四，坚持理论性和实践性相统一。思政课要用科学理论培养人，遵循不同学段学生的认知规律，把马克思主义基本原理讲清楚、讲透彻。同时，马克思主义是在实践中形成并不断发展的，要高度重视思政课的实践性，把思政小课堂同社会大课堂结合起来，在理论和实践的结合中，教育引导学生把人生抱负落实到脚踏实地的实际行动中来，把学习奋斗的具体目标同民族复兴的伟大目标结合起来，立鸿鹄志，做奋斗者。

第五，坚持统一性和多样性相统一。思政课的教学目标、课程设置、教材使用、教学管理等方面有统一要求，但具体落实要因地制宜、因时制宜、因材施教，结合实际把统一性要求落实好，鼓励探索不同方法和路径。思政课教师在教学中要把统编教材作为依据，确保教学的规范性、科学性、权威性，同时也不能简单照本宣科。教材给出的是教学的基本结论和简要论述，要让不同类型的学生都爱听爱学、听懂学会，需要做很多创造性工作。要在教学过程中进行多样化探索，通过多种方式实现教学目标。

第六，坚持主导性和主体性相统一。思政课教学离不开教师的主导，同时要坚持以学生为中心，加大对学生的认知规律和接受特点的研究，发挥学生主体性作用。一些思政课堂运用小组研学、情景展示、课题研讨、课堂辩论等方式教学，让学生来讲，这有利于发挥学生主体性作用。教师要做好画龙点睛工作，加强引导和总结提炼。要教育引导学生多读读马克思主义经典著作、当代中国马克思主义理论著作、中华优秀传统文化典籍等。要开出书单、指出重点，让学生正确理解经典著作，掌握马克思主义精髓，感知中华文化魅力，避免教条主义、本本主义，避免一知半解误读马克思主义。

第七，坚持灌输性和启发性相统一。灌输是马克思主义理论教育的基本方法。列宁说："工人本来也不可能有社会民主主义的意识。这种意识只能从外面灌输进去。"让学生接受马克思主义，离不开必要的灌输，但这不等于搞填鸭式的"硬灌输"。要注重启发式教育，引导学生发现问题、分析问题、思考问题，在不断启发中让学生水到渠成得出结论。这里面，会讲故事、讲好故事十分重要，思政课就要讲好中华民族的故事、中国共产党的故事、中华人民共和国的故事、中国特色社会主义的故事、改革开放的故事，特别是要讲好新时代的故事。讲故事，不仅老师讲，而且要组织学生自己讲。

第八，坚持显性教育和隐性教育相统一。思政课要做思想政治教育的显性课程。有人提出把思政课变成隐性课程，完全融入其他人文素质课程中，这是不对的。我们办中国特色社会主义教育，就是要理直气壮开好思政课。同时，要挖掘其他课程和教学方式中蕴含的思想政治教育资源，实现全员全程全方位育人。既要有惊涛拍岸的声势，也要有润物无声的效果，这是教育之道。

以上这些，说的是只有打好组合拳，才能讲好思政课，但无论组合拳怎么打，最终要落到把思政课讲得更有亲和力和感染力，更有针对性和实效性上来，实现知、情、意、行的统一，叫人心服口服。

第四个问题：加强党对思想政治理论课建设的领导。

习近平指出，办好中国的事情，关键在党。各级党委要把思政课建设摆上重要议程，抓住制约思政课建设的突出问题，在工作格局、队伍建设、支持保障等方面采取有效措施。要建立党委统一领导、党政齐抓共管、有关部门各负其责、全社会协同配合的工作格局，推动形成全党全社会努力办好思政课、教师认真讲好思政课、学生积极学好思政课的良好氛围。学校党委要坚持把从严管理和科学治理结合起来。学校党委书记、校长要带头走进课堂，带头推动思政课建设，带头联系思政课教师。现在，大学开学典礼、毕业典礼搞得很活跃，学校领导去讲讲话，引起社会上较大关注。这些讲话是办学方向和育人导向的重要体现，应该鲜明体现党的教育方针，积极传播马克思主义科学理论，弘扬社会主义核心价值观。但是，从现实情况看，有的讲话一般性的品德要求多，理想信念强调得少；个性化表达多，党的教育主张强调得少；同国际接轨讲得多，中国特色强调得少。这要引起重视。大学领导是教育者，但更应该是政治家。

习近平强调，办好思政课关键在教师。调动思政课教师的积极性、主动性、创造性，必须增强教师的职业认同感、荣誉感、责任感。必须旗帜鲜明讲清楚：讲好思政课不仅有“术”，也有“学”，更有“道”。思政课的政治性、思想性、学术性、专业性是紧密联系在一起的，其学术深度广度和学术含金量不亚于任何一门哲学社会科学！要配齐建强思政课专职教师队伍，建设专职为主、专兼结合、数量充足、素质优良的思政课教师队伍。在思政课教师选用、管理、考核中要严把政治关、师德关、业务关，解决好学风问题。要创新工作机制，加大培养和激励工作力度，落实各项政策保障，提高这个岗位对优秀人才的吸引力，让思政课教师特别是青年教师的创造活力竞相迸发、聪明才智充分涌流。要改革思政课教师评价机制，提高评价中的教学和教学研究占比，克服唯文凭、唯论文、唯帽子等弊端，引导思政课教师把主要精力放在教书育人上。一些学校口头上把思政课捧得很高，但落实不到教育、学术、人才评价机制上，有的跟国外机构设置的评价体系走，一切以在国外期刊上发表论文情况排次、定序、论英雄。思政课专业没办法在所谓国际期刊上发表论文，自然而然成为被价值评价体系排斥的对象，甚至有的学校的思想政治教育学院系都没有办法通过正常渠道进人、评职称，有的靠学校特批照顾。久而久之，有的地方形成了思想政治专业非学术、无学术等极为错误的观点和氛围，给一些思政课教师造成很大心理阴影，严重影响了他们的工作热情。要高度重视思政课教师队伍后备人才培养，加强马克思主义学院、马克思主义理论学科建设，统筹推进马克思主义理论本硕博一体化人才培养工作，不断为思政课教师队伍输送高水平人才。学校干部队伍建设要把思政课教师作为重要来源。教育部门要拿出切实可行的指导性意见。

要把统筹推进大中小学思政课一体化建设作为一项重要工程，坚持问题导向和目标导向相结合，坚持守正和创新相统一，推动思政课建设内涵式发展。要针对不同学段，根据思想政治理论教育规律和学生成长规律科学设置具体教学目标，抓好教学目标设计、课程设置、教材编写、教学改革、教师培养、考核评价等环节，既不能揠苗助长、操之过急，又不能刻舟求剑、故步自封。课程设置要相对稳定，坚持大中小学纵向主线贯穿、循序渐进，各类课程横向结构合理、功能互补的原则，确保教材的政治性、科学性、时代性、可读性。

习近平强调，学校思想政治工作不是单纯一条线的工作，而应该是全方位的。要完善课程体系，解决好各类课程和思政课相互配合的问题，鼓励教学名师到思政课堂上讲课，解决好推动其他教职员工和思政课教师相辅相成的问题，推动思想政治工作贯通人才培养体系，发挥融入式、嵌入式、渗入式的立德树人协同效应。思政课的学习效果和家长、家庭、家风的作用密切相关，要注重家校合作。民办学校、中外合作办学也要把思政课建设摆在重要位置，按照要求办好思政课，在这方面没有例外。各地区各部门负责同志要积极到学校去讲思政课，这是对马克思主义水平的一个考验。能不能讲好思政课，也是一个领导干部政治素质、理论水平、工作作风的体现。

中央教育工作领导小组要把思政课建设纳入重要议事日程。教育部、中宣部等部门要牵头抓思政课建设。相关部门要增强工作合力。思政课建设情况要纳入学校党的建设工作考核、办学质量和学科建设评估等，督促学校切实把这项工作抓起来、抓到位。

参考文献：2019 年 3 月 18 日，学校思想政治理论课教师座谈会。来源：《求是》杂志（2020 年 8 月 31 日）

二、中共中央、国务院关于“三全育人”的文件

（一）中共中央 国务院印发《关于加强和改进新形势下高校思想政治工作的意见》（2017 年 2 月 27 日）

《意见》强调，高校肩负着人才培养、科学研究、社会服务、文化传承创新、国际交流合作的重要使命。加强和改进高校思想政治工作，事关办什么样的大学、怎样办大学的根本问题，事关党对高校的领导，事关中国特色社会主义事业后继有人，是一项重大的政治任务和战略工程。

《意见》分为七个部分：一、重要意义和总体要求；二、强化思想理论教育和价值引领；三、发挥哲学社会科学育人功能；四、加强对课堂教学和各类思想文化阵地的建设管理；五、加强教师队伍和专门力量建设；六、推进高校思想政治工作改革创新；七、加强和改善党对高校的领导。

《意见》指出，我们党历来高度重视高校思想政治工作，探索形成了一系列基本方针原则和工作遵循。党的十八大以来，以习近平同志为核心的党中央把高校思想政治工作摆在突出位置，作出一系列重大决策部署，各地区各有关部门各高校采取有力有效措施，积极主动开展工作，创造了许多成功做法，积累了许多宝贵经验。大学生思想政治教育成效显著，教师思想政治素质明显提高，各类思想文化阵地建设和管理不断加强，中国特色社会主义理论体系进教材、进课堂、进头脑工作扎实有效，社会主义核心价值观建设持续推进，高校意识形态领域主流积极健康向上，广大师生对以习近平同志为核心的党中央拥护信任，对党中央治国理政新理念新思想新战略高度认同，对中国特色社会主义和中华民族伟大复兴中国梦充满信心。总体上看，高校思想政治工作持续加强和改进，呈现出良好发展态势，为保证高等教育改革发展、服务党和国家工作大局作出了重要贡献。

《意见》指出，加强和改进高校思想政治工作的指导思想是：高举中国

特色社会主义伟大旗帜，全面贯彻党的十八大和十八届三中、四中、五中、六中全会精神，以马克思列宁主义、毛泽东思想、邓小平理论、“三个代表”重要思想、科学发展观为指导，深入学习贯彻习近平总书记系列重要讲话精神和治国理政新理念新思想新战略，全面贯彻党的教育方针，坚持社会主义办学方向，扎根中国大地办大学，以立德树人为根本，以理想信念教育为核心，以社会主义核心价值观为引领，切实抓好各方面基础性建设和基础性工作，切实加强和改善党的领导，全面提升思想政治工作水平，紧密团结在以习近平同志为核心的党中央周围，牢固树立政治意识、大局意识、核心意识、看齐意识，坚定不移维护党中央权威和党中央集中统一领导，为实现“两个一百年”奋斗目标、实现中华民族伟大复兴的中国梦，培养又红又专、德才兼备、全面发展的中国特色社会主义合格建设者和可靠接班人。

《意见》指出，加强和改进高校思想政治工作的基本原则是五个“坚持”。（1）坚持党对高校的领导。落实全面从严治党要求，把党的建设贯穿始终，着力解决突出问题，维护党中央权威、保证党的团结统一，牢牢掌握党对高校的领导权。（2）坚持社会主义办学方向。坚持马克思主义指导地位，坚持以人民为中心的发展思想，更好为改革开放和社会主义现代化建设服务、为人民服务。（3）坚持全员全过程全方位育人。把思想价值引领贯穿教育教学全过程和各环节，形成教书育人、科研育人、实践育人、管理育人、服务育人、文化育人、组织育人长效机制。（4）坚持遵循教育规律、思想政治工作规律、学生成长规律。把握师生思想特点和发展需求，注重理论教育和实践活动相结合、普遍要求和分类指导相结合，提高工作科学化精细化水平。（5）坚持改革创新。推进理念思路、内容形式、方法手段创新，增强工作时代感和实效性。

《意见》指出，要强化思想理论教育和价值引领，坚定“四个自信”，做到四“要”。把理想信念教育放在首位，切实抓好马克思列宁主义、毛泽东思想学习教育，广泛开展中国特色社会主义理论体系学习教育，深入学习习近平总书记系列重要讲话精神，引导师生深刻领会党中央治国理政新理念新思想新战略，坚定中国特色社会主义道路自信、理论自信、制度自信、文化自信。要培育和践行社会主义核心价值观，把社会主义核心价值观体现到教书育人全过程，引导师生树立正确的世界观、人生观、价值观，加强国家意识、法治意识、社会责任意识教育，加强民族团结进步教育、国家安全教育、科学精神教育，以诚信建设为重点，加强社会公德、职业道德、家庭美德、个人品德教育，提升师生道德素养。要弘扬中华优秀传统文化和革命文化、社会主义先进文化，实施中华文化传承工程，推动中华优秀传统文化融入教育教学，加强革命文化和社会主义先进文化教育，深化中国共产党史、中华人民共和国史、改革开放史和社会主义发展史学习教育，利用我国改革发展的伟大成就、重大历史事件纪念活动、爱国主义教育基地、国家公祭仪式等组织开展主题教育，弘扬以爱国主义为核心的民族精神和以改革创新为核心的时代精神。要进一步办好高校思想政治理论课，充分发挥思想政治理论课的主渠道作用，深入实施高校思想政治理论课建设体系创新计划，完善教材体系，提高教师素质，创新教学方法，增强教学的吸引力、说服力、感染力。要加强高校马克思主义学院建设，打造马克思主义理论教学、研究、宣传和人才培养的坚强阵地，支持有条件的高校设置马克思主义理论专业，深入实施马克思主义理论研究和建设工程。

《意见》指出，要发挥哲学社会科学育人功能，做到两“要”。强调要加强哲学社会科学学科体系建设，积极构建中国特色、中国风格、中国气派的哲学社会科学学科体系，强化马克思主义理论学科的引领作用，支持有条件的高校在马克思主义理论一级学科下设置党的建设二级学科，实施高校马克思主义理论人才支持培养计划，积极推进学术话语体系创新，加快完善具有中国特色和国际视野的哲学、历史学、经济学、政治学、法学、社会学、民族学、新闻学、人口学、宗教学、心理学等学科，努力建设一批中国特色、世界一流的哲学社会科学学科。加快编写一批哲学社会科学专业核心课程教材。要规范哲学社会科学教材选用，建立国家优秀教材评选奖励制度，完善学术评价体系和评价标准，建立科学权威、公开透明的哲学社会科学成果评价体系，健全优秀成果评选推广机制，提高高校学术委员会建设水平。

《意见》指出，要加强对课堂教学和各类思想文化阵地的建设管理。充分发掘和运用各学科蕴含的思想政治教育资源，健全高校课堂教学管理办法。要加强对校园各类思想文化阵地的规范管理，加强校园网络安全管理，营造风清气正的网络环境。

《意见》指出，要加强教师队伍和专门力量建设，强调两“要”。要提升教师思想政治素质，加强思想政治工作，建立中青年教师社会实践和校外挂职制度，加强师德师风建设，增强教师教书育人的责任担当。要完善教师评聘和考核机制，增加课堂教学权重，引导教师将更多精力投入到课堂教学上，完善教师职业道德规范，实施师德“一票否决”。高校思想政治工作队伍和党务工作队伍具有教师和管理人员双重身份，要纳入高校人才队伍建设总体规划，形成一支专职为主、专兼结合、数量充足、素质优良的工作力量。

《意见》指出，要推进高校思想政治工作改革创新，强调五“要”。要贴近师生思想实际，以改革创新精神做好高校思想政治工作，建立健全校领导、院（系）领导联系师生、谈心谈话制度，在平等沟通、民主讨论、互动交流中进行思想引导，有的放矢、生动活泼地开展工作，发挥师德楷模、名师大家、学术带头人等的示范引领作用。要加强互联网思想政治工作载体建设，加强学生互动社区、主题教育网站、专业学术网站和“两微一端”建设，运用大学生喜欢的表达方式开展思想政治教育。要强化社会实践育人，提高实践教学比重，组织师生参加社会实践活动，完善科教融合、校企联合等协同育人模式，加强实践教学基地建设，建立健全国家机关、企事业单位、社会团体接收大学生实习实训制度，开设创新创业教育专门课程，增强军事训练实效，建立健全学雷锋志愿服务制度。要在服务引导中加强思想教育，把解决思想问题与解决实际问题结合起来，做到既讲道理又办实事，加强学生学业就业指导，帮助大学生顺利完成学业，加强人文关怀和心理疏导，促进大学生身心和人格健康发展，加强对家庭经济困难学生的资助工作，积极帮助解决教师的合理诉求。积极发挥共青团、学生会组织和学生社团作用。要健全高校思想政治工作评价体系，研究制定内容全面、指标合理、方法科学的评价体系，推动高校思想政治工作制度化。

《意见》最后强调，要加强和改善党对高校的领导，坚持四“要”。要完善高校党的领导体制，坚持和完善普通高校党委领导下的校长负责制，高校党委对本校工作实行全面领导，履行管党治党、办学治校的主体责任，切实发挥领导核心作用。按照社会主义政治家、教育家标准，选好配强高校领导班子特别是党委书记和校长。高校党委书记主持党委全面工作，履行高校思想政治工作和党的建设第一责任人的职责。校长是学校的法人代表，在党委领导下组织实施党委有关决议，行使高等教育法等规定的各项职权。其他党委班子成员履行“一岗双责”，结合业务分工抓好思想政治工作和党的建设工作。要强化院（系）党的领导，发挥院（系）党委（党总支）的政治核心作用，履行政治责任，保证监督党的路线方针政策及上级党组织决定的贯彻执行。认真执行民主集中制原则，通过院（系）党政联席会议讨论和决定本单位重要事项，健全院（系）集体领导、党政分工合作、协调运行的工作机制，提升班子整体功能和议事决策水平。要加强高校基层党建工作，建立健全高校基层党组织，加强教师党支部、学生党支部特别是研究生党支部建设，充分发挥党支部战斗堡垒作用。坚持党的组织生活各项制度，组织党员深入开展“两学一做”学习教育，认真做好在高校优秀青年教师、高校学生中发展党员工作，加强党员日常管理监督。要健全地方党委抓高校思想政治工作制度，切实加强组织领导和工作指导，坚持和完善党委定期研究、领导干部联系高校等制度，建立部门协作常态机制，形成党委统一领导、党政齐抓共管、职能部门组织协调、社会各方积极参与的工作格局。高度重视民办高校、中外合作办学中党的建设和思想政治工作，探索党组织发挥政治核心作用的有效途径，完善政策保障和经费支持，为加强和改进高校思想政治工作创造良好条件。

参考文献：中共中央 国务院印发《关于加强和改进新形势下高校思想政治工作的意见》（2017 年 2 月 27 日）

（二）中共中央办公厅、国务院办公厅印发《关于深化新时代学校思想政治理论课改革创新的若干意见》（2019 年 8 月 14 日）

为深入贯彻落实习近平新时代中国特色社会主义思想和党的十九大精神，贯彻落实习近平总书记关于教育的重要论述，特别是在学校思想政治理论课教师座谈会上的重要讲话精神，全面贯彻党的教育方针，解决好培养什么人、怎样培养人、为谁培养人这个根本问题，坚持不懈用习近平新时代中国特色社会主义思想铸魂育人，现就深化新时代学校思想政治理论课（以下简称思政课）改革创新提出如下意见。

1. 重要意义和总体要求

（1）重要意义。教育是国之大计、党之大计，承担着立德树人的根本任务。思政课是落实立德树人根本任务的关键课程，发挥着不可替代的作用。党的十八大以来，以习近平同志为核心的党中央高度重视思政课建设，作出一系列重大决策部署，各地区各部门和各级各类学校采取有力措施认真贯彻落实，思政课建设取得显著成效。同时也要看到，面对新形势新任务新挑战，有的地方和学校对思政课重要性认识还不够到位，课堂教学效果还需提升，教材内容不够鲜活，教师选配和培养工作存在短板，体制机制有待完善，评价和支持体系有待健全，大中小学思政课一体化建设需要深化，民办学校、中外合作办学思政课建设相对薄弱，各类课程同思政课建设的协同效应有待增强，学校、家庭、社会协同推动思政课建设的合力没有完全形成，全党全社会关心支持思政课建设的氛围不够浓厚。办好思政课，要放在世界百年未有之大变局、党和国家事业发展全局中来看待，要从坚持和发展中国特色社会主义、建设社会主义现代化国家、实现中华民族伟大复兴的高度来对待。思政课建设只能加强、不能削弱，必须切实增强办好思政课的信心，全面提高思政课质量和水平。

（2）指导思想。全面贯彻党的教育方针，坚持马克思主义指导地位，贯彻落实习近平新时代中国特色社会主义思想，坚持社会主义办学方向，落实立德树人根本任务，坚持教育为人民服务，为中国共产党治国理政服务，为巩固和发展中国特色社会主义制度服务，为改革开放和社会主义现代化建设服务，扎根中国大地办教育，同生产劳动和社会实践相结合，加快推进教育现代化、建设教育强国、办好人民满意的教育，努力培养担当民族复兴大任的时代新人，培养德智体美劳全面发展的社会主义建设者和接班人。

（3）基本原则。一是坚持党对思政课建设的全面领导，把加强和改进思政课建设摆在突出位置。二是坚持思政课建设与党的创新理论武装同步推进，全面推动习近平新时代中国特色社会主义思想进教材进课堂进学生头脑，把社会主义核心价值观贯穿国民教育全过程。三是坚持守正和创新相统一，落实新时代思政课改革创新要求，不断增强思政课的思想性、理论性和亲和力、针对性。四是坚持思政课在课程体系中的政治引领和价值引领作用，统筹大中小学思政课一体化建设，推动各类课程与思政课建设形成协同效应。五是坚持培养高素质专业化思政课教师队伍，积极为这支队伍成长发展搭建平台、创造条件。六是坚持问题导向和目标导向相结合，注重推动思政课建设内涵式发展，全面提升学生思想政治理论素养，实现知、情、意、行的统一。

2. 完善思政课课程教材体系

（1）整体规划思政课课程目标。在大中小学循序渐进、螺旋上升地开设思政课，引导学生立德成人、立志成才，树立正确世界观、人生观、价值观，坚定对马克思主义的信仰，坚定对社会主义和共产主义的信念，增强中国特色社会主义道路自信、理论自信、制度自信、文化自信，厚植爱国主义情怀，把爱国情、强国志、报国行自觉融入坚持和发展中国特色社会主义事业、建设社会主义现代化国家、实现中华民族伟大复兴的奋斗之中。大学阶段重在增强使命担当，引导学生矢志不渝听党话跟党走，争做社会主义合格建设者和可靠接班人。高中阶段重在提升政治素养，引导学生衷心拥护党的领导和我国社会主义制度，形成做社会主义建设者和接班人的政治认同。初中阶段重在打牢思想基础，引导学生把党、祖国、人民装在心中，强化做社会主义建设者和接班人的思想意识。小学阶段重在启蒙道德情感，引导学生形成爱党、爱国、爱社会主义、爱人民、爱集体的情感，具有做社会主义建设者和接班人的美好愿望。

（2）调整创新思政课课程体系。加强以习近平新时代中国特色社会主义思想为核心内容的思政课课程群建设。在保持思政课必修课程设置相对稳定基础上，结合大中小学各学段特点构建形成必修课加选修课的课程体系。全国重点马克思主义学院率先全面开设习近平新时代中国特色社会主义思想概论课。博士阶段开设中国马克思主义与当代，硕士阶段开设中国特色社会主义理论与实践研究，本科阶段开设马克思主义基本原理概论、毛泽东思想和中国特色社会主义理论体系概论、中国近现代史纲要、思想道德修养与法律基础、形势与政策，专科阶段开设毛泽东思想和中国特色社会主义理论体系概论、思想道德修养与法律基础、形势与政策等必修课。各高校要重点围绕习近平新时代中国特色社会主义思想，党史、国史、改革开放史、社会主义发展史、宪法法律、中华优秀传统文化等设定课程模块，开设系列选择性必修课程。高中阶段开设思想政治必修课程，围绕学习习近平总书记最新重要讲话精神开设思想政治选择性必修课程。初中、小学阶段开设道德与法治必修课程，可结合校本课程、兴趣班开设思政类选修课程。

（3）统筹推进思政课课程内容建设。坚持用习近平新时代中国特色社会主义思想铸魂育人，以政治认同、家国情怀、道德修养、法治意识、文化素养为重点，以爱党、爱国、爱社会主义、爱人民、爱集体为主线，坚持爱国和爱党爱社会主义相统一，系统开展马克思主义理论教育，系统进行中国特色社会主义和中国梦教育、社会主义核心价值观教育、法治教育、劳动教育、心理健康教育、中华优秀传统文化教育。遵循学生认知规律设计课程内容，体现不同学段特点，研究生阶段重在开展探究性学习，本专科阶段重在开展理论性学习，高中阶段重在开展常识性学习，初中阶段重在开展体验性学习，小学阶段重在开展启蒙性学习。

（4）加强思政课教材体系建设。国家教材委员会统筹大中小学思政课教材建设，科学制定教材建设规划，注重提升思政课教材的政治性、时代性、科学性、可读性。国家统一开设的大中小学思政课教材全部由国家教材委员会组织统编统审统用，在教材中及时融入马克思主义中国化最新成果，坚持和发展中国特色社会主义最新经验，马克思主义理论学科最新研究进展。地方或学校开设的思政课选修课教材，由各地负责组织审定。研究编制习近平新时代中国特色社会主义思想进课程教材指导纲要，研究编制中华优秀传统文化、革命文化、社会主义先进文化、科技创新文化及总体国家安全观等进课程进教材指南，编制中华民族古代历史和革命建设改革时期英雄人物、先进模范进课程教材图谱，分课程组织编写高校思政课专题教学指南，组织专家编写深度解读教材体系的示范教案，实施思政课优秀讲义出版工程，开列马克思主义经典著作、当代中国马克思主义理论著作、中华优秀传统文化典籍书单，建设思政课网络教学资源库。

3. 建设一支政治强、情怀深、思维新、视野广、自律严、人格正的思政课教师队伍

（1）加快壮大学校思政课教师队伍。各地在核定编制时要充分考虑思政课教师配备要求。高校要严格按照师生比不低于 1 ∶ 350 的比例核定专职思政课教师岗位，在编制内配足，且不得挪作他用，并尽快配备到位。制定关于加强新时代中小学思政课教师队伍建设的意见，加强中小学专职思政课教师配备。各地要统筹解决好思政课教师缺口问题。各高校可在与思政课教学内容相关的学科选择优秀教师进行培训后充实思政课教师队伍，可探索胜任思政课教学的党政管理干部转岗为专职思政课教师机制和办法，积极推动符合条件的辅导员参与思政课教学。高校要积极动员政治素质过硬的相关学科专家转任思政课教师。采取兼职的办法遴选相关单位的骨干支援高校思政课建设。各地应对民办学校指派思政课教师或组建专门讲师团。制定新时代高校思政课教师队伍建设规定。

（2）切实提高思政课教师综合素质。以培育一大批优秀马克思主义理论教育家为目标，制定思政课教师队伍培养培训规划，在中央党校（国家行政学院）及地方党校（行政学院）面向思政课教师举办学习习近平新时代中国特色社会主义思想专题研修班，办好"周末理论大讲堂"、骨干教师研修班，实施好思政课教师在职攻读马克思主义理论博士学位专项计划。建强高校思政课教师研修基地，依托首批全国重点马克思主义学院所在高校重点开展理论研修，依托高水平师范类院校重点开展教学研修，全面提升每一位思政课教师的理论功底、知识素养。建立一批"新时代高校思想政治理论课教师研学基地"，组织思政课教师在国内考察调研，在深入了解党和人民伟大实践中汲取养分、丰富思想。组织思政课骨干教师赴国外调研，拓宽国际视野，在比较分析中坚定"四个自信"。完善国家、省（自治区、直辖市）、学校三级培训体系。本科院校按在校生总数每生每年不低于40元，专科院校按每生每年不低于30元的标准提取专项经费，用于思政课教师的学术交流、实践研修等，并逐步加大支持力度。中央和地方主流媒体的政论、时政节目要积极推出优秀思政课教师传播理论成果，展示综合素质，增强社会影响力。

（3）切实改革思政课教师评价机制。严把政治关、师德关、业务关，明确与思政课教师教学科研特点相匹配的评价标准，进一步提高评价中教学和教学研究占比。各高校在专业技术职务（职称）评聘工作中，要单独设立马克思主义理论类别，校级专业技术职务（职称）评聘委员会要有同比例的马克思主义理论学科专家。按教师比例核定思政课教师专业技术职务（职称）

各类岗位占比，高级专业技术职务（职称）岗位比例不低于学校平均水平，指标不得挪作他用。要将思政课教师在中央和地方主要媒体上发表的理论文章纳入学术成果范畴。实行不合格思政课教师退出机制。

（4）加大思政课教师激励力度。增强教师的职业认同感、荣誉感、责任感，把思政课教师和辅导员中的优秀分子纳入各类高层次人才项目，在“万人计划”“长江学者奖励计划”“四个一批”等人才项目中加大倾斜支持力度。各地要因地制宜设立思政课教师和辅导员岗位津贴，纳入绩效工资管理，相应核增学校绩效工资总量。要把思政课教师作为学校干部队伍重要来源，学校党政管理干部原则上应有思政课教师、辅导员或班主任工作经历。党和国家设立的荣誉称号要注重表彰优秀思政课教师，教育部门要大力推选思政课教师年度影响力人物等先进典型。对立场坚定、学养深厚、联系实际、成果突出的思政课教师优秀代表加大宣传力度，发挥示范引领作用。

（5）大力加强思政课教师队伍后备人才培养工作。注重选拔培养高素质人才从事马克思主义理论学习研究和教育教学，统筹推进马克思主义理论学科本硕博一体化人才培养，构建完善马克思主义理论学科本硕博学科体系和课程体系。全国重点马克思主义学院通过提前批次录取或综合考核招生等方式招收马克思主义理论专业本科生，给予推免政策倾斜鼓励优秀马克思主义理论专业本科生攻读硕士学位，采取硕博连读或直接攻读博士学位的方式加强培养。深入实施“高校思想政治理论课教师队伍后备人才培养专项支持计划”，专门招收马克思主义理论学科研究生，并逐步按需增加招生培养指标。加强思政课教师队伍后备人才思想政治工作，加大发展党员力度，提高党员发展质量。

4. 不断增强思政课的思想性、理论性和亲和力、针对性

（1）加大思想性、理论性资源供给。进一步建强马克思主义理论学科，进入世界一流大学建设的高校应将马克思主义理论学科设为重点建设学科，为思政课建设提供坚实学科支撑。深入研究坚持和发展中国特色社会主义的重大理论和实践问题，为增强思政课的思想性、理论性提供多角度学术支持。充分发挥马克思主义理论学科的领航作用，大力推进中国特色社会主义学科体系建设。根据需求逐步增加马克思主义理论学科博士学位授权点，支持有关高校联合申报马克思主义理论学科博士学位授权点。组织思政课教师及时学习习近平总书记最新重要讲话精神，及时学习相关文件精神，全面理解和准确把握党中央重大决策部署。

（2）加大思政课教研工作力度。建立健全大中小学思政课教师一体化备课机制，普遍实行思政课教师集体备课制度，全面提升教研水平。遴选学科带头人担任各门课集体备课牵头人，学校领导干部要积极支持和主动参与。建立思政课教师“手拉手”备课机制，发挥思政课建设强校和高水平思政课专家示范带动作用。加强“全国高校思想政治理论课教师网络集体备课平台”建设，完善思政课教师网络备课服务支撑系统。建立纵向跨学段、横向跨学科的交流研修机制，深入开展相邻学段思政课教师教学交流研讨。推动建立思政课教师与其他学科专业教师交流机制。大力推进思政课教学方法改革，提升思政课教师信息化能力素养，推动人工智能等现代信息技术在思政课教学中应用，建设一批国家级虚拟仿真思政课体验教学中心。

（3）切实加强思政课课题研究和成果交流。国家社科基金规划项目、教育部人文社科研究项目等设立思政课教师研究专项，开展思政课教学重点难点问题和教学方法改革创新等研究，逐步加大对相关课题研究的支持力度。各地要参照设立相关项目并给予经费投入。加强马克思主义理论教学科研成果学术阵地建设，首批重点建设10家学术期刊和若干学术网站，支持新创办一定数量的思政课研究学术期刊。制定思政课教师发表文章的重点报刊目录，将《人民日报》《求是》《解放军报》《光明日报》《经济日报》等中央媒体及地方党报党刊列入其中。委托高校马克思主义学院分片建立高校思政课教学创新中心，设立一批思政课教学质量监测基地。在国家级教学成果奖中单列思政课专项，每两年开展一次全国思政课教学展示活动，定期开展优秀思政课示范课巡讲活动。打造一批思政课国家精品在线开放课程，探索建设融媒体思政公开课，推动优质教学资源共享。

（4）全面提升高校马克思主义学院建设水平。强化“马院姓马、在马言马”的鲜明导向，把思政课教学作为高校马克思主义学院基本职责，将马克思主义学院作为重点学院、马克思主义理论学科作为重点学科、思政课作为重点课程加强建设，在发展规划、人才引进、公共资源使用等方面给予马克思主义学院优先保障。建好建强一批全国重点马克思主义学院和示范性马克思主义学院，依托有条件的高校马克思主义学院建设一批习近平新时代中国特色社会主义思想研究院。建立和完善马克思主义理论学科体系，实施马克思主义理论学科领航工程，在马克思主义理论学习研究宣传上发挥引领带动作用。全面推动各地宣传、教育等部门共建所在地区高校马克思主义学院。实施马克思主义学院院长培养工程，加强马克思主义学院领导班子建设。

（5）整体推进高校课程思政和中小学学科德育。深度挖掘高校各学科门类专业课程和中小学语文、历史、地理、体育、艺术等所有课程蕴含的思想政治教育资源，解决好各类课程与思政课相互配合的问题，发挥所有课程育人功能，构建全面覆盖、类型丰富、层次递进、相互支撑的课程体系，使各类课程与思政课同向同行，形成协同效应。建成一批课程思政示范高校，推出一批课程思政示范课程，选树一批课程思政教学名师和团队，建设一批高校课程思政教学研究示范中心。

5. 加强党对思政课建设的领导

（1）严格落实地方党委思政课建设主体责任。地方各级党委要把思政课建设作为党的建设和意识形态工作的标志性工程摆上重要议程，党委常委会每年至少召开 1 次专题会议研究思政课建设，抓住制约思政课建设的突出问题，在工作格局、队伍建设、支持保障等方面采取有效措施。建立和完善省（自治区、直辖市）党委领导班子成员联系高校和讲思政课特别是形势与政策课制度，各省（自治区、直辖市）党委和政府主要负责同志每学期结合学习和工作至少讲1次课。各地要把民办学校、中外合作办学院校纳入思政课建设整体布局。思政课建设情况纳入各级党委领导班子考核和政治巡视。

（2）推动建立高校党委书记、校长带头抓思政课机制。加强和改进高校领导干部深入基层联系学生工作，推动高校领导干部兼任班主任等工作，建立健全高校党委书记、校长及职能部门力量深入一线了解学生思想动态、服务学生发展的制度性安排。高校党委书记、校长作为思政课建设第一责任人，要结合自身学科背景和工作经历，带头走进课堂听课讲课，带头推动思政课建设，带头联系思政课教师。高校党委常委会每学期至少召开1次会议专题研究思政课建设，高校党委书记、校长每学期至少给学生讲授4个课时思政课，高校领导班子其他成员每学期至少给学生讲授2个课时思政课，可重点讲授形势与政策课。开学典礼、毕业典礼讲话等要鲜明体现党的教育方针、积极传播马克思主义科学理论、弘扬社会主义核心价值观。要把思政课建设情况纳入学校党的建设工作考核、办学质量和学科建设评估标准体系。

（3）积极拓展思政课建设格局。中央教育工作领导小组要把思政课建设纳入重要议事日程，教育部、中央宣传部等部门要牵头抓好思政课建设，中央军委政治工作部要指导抓好军队院校思政课建设。教育部成立大中小学思政课一体化建设指导委员会，加强对不同类型思政课建设分类指导。有关部门和各地要保证思政课管理人员配备，确保事有人干、责有人负。强化中考、高考、研究生招生考试对学生学习思政课的指挥棒作用，将思政课学习实践情况等作为重要内容纳入综合素质评价体系，探索记入本人档案，作为学生评奖评优重要标准，作为加入中国少年先锋队、中国共产主义青年团、中国共产党的重要参考。坚持开门办思政课，推动思政课实践教学与学生社会实践活动、志愿服务活动结合，思政小课堂和社会大课堂结合，鼓励党政机关、企事业单位等就近与高校对接，挂牌建立思政课实践教学基地，完善思政课实践教学机制。制定关于加快构建高校思想政治工作体系的意见，汇聚办好思政课合力。加大正面宣传和舆论引导力度，推动形成全党全社会努力办好思政课、教师认真讲好思政课、学生积极学好思政课的良好氛围。

参考文献：中共中央办公厅、国务院《关于深化新时代学校思想政治理论课改革创新的若干意见》，来源：新华社（2019年8月14日）

三、教育部等相关部门有关“三全育人”的文件及政策解读

（一）教育部办公厅印发《关于开展“三全育人”综合改革试点工作的通知》（2018年5月18日）

各省、自治区、直辖市党委教育工作部门、教育厅（教委），新疆生产建设兵团教育局，部属各高等学校党委、部省合建各高等学校党委：

为深入学习贯彻习近平新时代中国特色社会主义思想和党的十九大精神，把贯彻落实全国高校思想政治工作会议精神进一步引向深入，经研究，决定委托部分省（区、市）、高校和院（系）开展“三全育人”综合改革试点工作。现就有关事项通知如下。

1. 指导思想

以习近平新时代中国特色社会主义思想为指引，全面贯彻落实全国高校思想政治工作会议精神，深入学习贯彻习近平总书记在北京大学师生座谈会上的重要讲话精神，推动实施高校思想政治工作质量提升工程，强化基础、突出重点、建立规范、落实责任，一体化构建内容完善、标准健全、运行科学、保障有力、成效显著的高校思想政治工作体系，形成全员全过程全方位育人格局，切实提高工作亲和力和针对性，着力培养德智体美全面发展的社会主义建设者和接班人，着力培养担当民族复兴大任的时代新人。

2. 基本思路

坚持育人导向。推动各地各高校全面统筹各领域、各环节、各方面的育人资源和育人力量，推动知识传授、能力培养与理想信念、价值理念、道德

观念的教育有机结合，使思想政治工作体系贯通学科体系、教学体系、教材体系、管理体系，把我们的特色和优势有效转化为培养社会主义建设者和接班人的能力。

坚持问题导向。聚焦短板弱项，坚持把破解高校思想政治工作不平衡不充分问题作为目标指向，从宏观、中观、微观各个层面，着力构建一体化育人体系，打通“三全育人”最后一公里，真正引导各地各高校把各项工作的重音和目标落在育人效果上，使高校思想政治工作更好地适应和满足学生成长诉求、时代发展要求、社会进步需求。

3. 试点类型

分类型开展“三全育人”综合改革试点工作。根据试点层面的不同，划分为三种类型。

（1）“三全育人”综合改革试点区。委托部分省（区、市）从省级层面，统筹协调学校、家庭和社会的育人资源，通过完善育人体系、丰富育人内涵、扩展育人渠道、创新育人载体、改善育人环境、提升育人能力，建立健全“三全育人”长效机制，切实推动高校思想政治工作供给侧结构性改革，着力打通高校思想政治工作存在的盲区、断点，构建宏观的一体化育人体系。

（2）“三全育人”综合改革试点高校。委托部分高校从学校层面，以课程育人、科研育人、实践育人、文化育人、网络育人、心理育人、管理育人、服务育人、资助育人、组织育人等“十大育人”体系为基础，全面统筹办学治校各领域、教育教学各环节、人才培养各方面的育人资源和育人力量，推动全体教职员工把工作的重音和目标落在育人成效上，推动将高校思想政治工作融入人才培养各环节，推动实现知识教育与价值塑造、能力培养有机结合，构建中观的一体化育人体系。

（3）“三全育人”综合改革试点院（系）。委托部分院（系）从院系层面，充分挖掘各项工作蕴含的育人元素和育人逻辑，并作为职责要求和考核内容融入整体制度设计和具体操作环节，构建微观的一体化育人体系。

具体内容详见《“三全育人”综合改革试点工作建设要求和管理办法（试行）》（附件）。

4. 试点申请

（1）征集试点意向。采取自愿申请方式，面向各地各高校征集试点意向。有试点意向单位需按照中央31号文件精神和《高校思想政治工作质量提升工程实施纲要》总体要求，结合工作实际，提交试点申请。

（2）试点申请方式。有试点意向单位需填写“‘三全育人’综合改革试点申请书”。各省（区、市）教育工作部门和新疆生产建设兵团教育局可申请试点区，同时负责组织本地区地方高校试点高校和试点院（系）的申请遴选工作。本地区地方高校30所以下的限报试点高校和试点院（系）各1个，31~70所的限报各2个，超过70所的限报各3个。部属高校和部省合建高校可申请试点高校，同时负责组织本校试点院（系）的申请遴选工作，每校限报1个试点院（系）。

（3）试点单位遴选。按照“重点突破、标准引领、数量从严、质量从优”的原则，从工作基础、能力意向、条件保障等角度，通过专家论证和实地考察等方式，择优确定一批委托开展试点工作单位。

（4）工作进度安排。各试点申请单位请于2018年6月15日前（以邮戳为准）将《“三全育人”综合改革试点申请书》及有关支撑材料纸质版、电子版（以刻录光盘形式）一并报送教育部思想政治工作司。6月下旬组织专家论证、实地考察。7月上旬公示试点单位名单，接受社会监督。

附件：“三全育人”综合改革试点工作建设要求和管理办法（试行）

教育部办公厅

2018年5月18日

参考文献：《关于开展“三全育人”综合改革试点工作的通知》，教思政厅函〔2018〕15号。

附件：

《三全育人综合改革试点工作建设要求和管理办法（试行）》

为全面贯彻落实习近平新时代中国特色社会主义思想和党的十九大精神，进一步推动全国高校思想政治工作会议和《中共中央 国务院关于加强和改进新形势下高校思想政治工作的意见》精神落地生根，全面实施《高校思想政治工作质量提升工程实施纲要》，大力提升高校思想政治工作质量，决定实施“三全育人”综合改革试点工作，遴选委托部分省（区、市）、高校和院（系）作为“三全育人”综合改革试点单位。

一、总体目标

以习近平新时代中国特色社会主义思想为指导，坚持和加强党对高校的全面领导，紧紧围绕立德树人根本任务，充分发挥中国特色社会主义教育的育人优势，以理想信念教育为核心，以社会主义核心价值观为引领，以全面提高人才培养能力为关键，切实提高工作亲和力和针对性，强化基础、突出重点、建立规范、落实责任，一体化构建内容完善、标准健全、运行科学、保障有力、成效显著的高校思想政治工作体系，使思想政治工作体系贯通学科体系、教学体系、教材体系、管理体系，形成全员全过程全方位育人格局。

二、基本要求

以新思政观引领改革。立足新时代，从中国特色社会主义教育是知识体系教育同思想政治教育的结合与综合这一基本认识出发，坚持辩证统一，科学认识把握思想政治工作的定位，整合各方育人资源，把促进学生成长作为学校一切工作的出发点，将思想政治工作融入高校办学治校全过程，落实到教职员工职责规范之中。

构建一体化育人体系。全面统筹办学治校各领域、教育教学各环节、人才培养各方面的育人资源和育人力量，从体制机制完善、项目带动引领、队伍配齐建强、组织条件保障等方面进行系统设计，从宏观、中观、微观各个层面一体化构建育人工作体系，实现各项工作的协同协作、同向同行、互联互通。在省级层面，统筹发挥学校、家庭和社会教育的育人资源，构建宏观的一体化育人体系。在学校层面，以课程育人、科研育人、实践育人、文化育人、网络育人、心理育人、管理育人、服务育人、资助育人、组织育人等“十大育人”体系为基础，推动将高校思想政治工作融入人才培养各环节，构建中观的一体化育人体系。在院（系）层面，根据各项工作内在的育人元素和育人逻辑，构建微观的一体化育人体系。

打通育人“最后一公里”。通过挖掘各群体、各岗位的育人元素，并作为职责要求和考核内容，融入整体制度设计和具体操作环节，着力打通高校思想政治工作存在的盲区、断点，真正把各项工作的重音和目标落在育人效果上，切实做足育人大文章，唱响育人最强音，使教育教学更有温度、思想引领更有力度、立德树人更有效度，使高校思想政治工作更好地适应和满足学生成长诉求、时代发展要求、社会进步需求，不断提升工作科学化水平。

三、主要任务

1. 强化高校思想政治工作领导体制。“三全育人”综合改革试点是高校思想政治工作改革优先发展的试验区，旨在加强党对高校思想政治工作的领导，落实主体责任，建立党委统一领导、部门分工负责、全员协同参与的责任体系。

省级层面的综合改革要始终把加强高校各级党组织的政治建设放在首位，建立健全经常性的高校思想政治工作指导、调研和检查工作制度，切实落实《关于坚持和完善普通高等学校党委领导下的校长负责制的实施意见》，建立健全省委常委分管高校思想政治工作和定期专题研究、定期开展工作督查制度，坚持和完善领导干部联系高校开展调研和为师生作形势政策报告制度。建立省级教育行政部门“三全育人”改革实施目标管理制度，明确组织、人事、高教管理、科研管理、教师管理、学生管理、计划财务等各部门工作职责，提出将思想政治工作贯穿融入高等教育各项工作的举措，做到思想政治工作与事业发展同向同行。

高校层面的综合改革要聚焦于将思想政治工作贯穿、融入、结合到办学治校、教育教学各个环节，建立规范，落实责任，一体化构建内容完善、标准健全、运行科学、保障有力、成效显著的高校思想政治工作体系，形成一体化育人体制机制和全员全过程全方位育人格局。

院（系）层面的综合改革要聚焦科研育人、课程育人，积极探索育人育才和院（系）党建工作对接融合的有效模式，充分发挥院（系）党组织的政治保障功能；健全完善院（系）党政联席会议制度，充分发挥院（系）党组织在育人重大事项的政治把关作用；探索党建带团建的新机制新模式，积极发挥党组织、团组织协同育人的组织优势。

2. 完善高校思想政治工作统筹协调落实机制。聚焦重点任务、重点群体、重点领域、重点区域、薄弱环节，强化优势、补齐短板，加强分类指导、注重因材施教，着力破解高校思想政治工作领域存在的不平衡、不充分问题。

省级层面的综合改革要从本省实际出发，把加强和改进高校思想政治工作纳入高校巡视整改、“双一流”建设、教学科研评估范围，作为各级党组织和党员干部工作考核的重要内容，确保党中央和教育部的各项要求落实到位；建立省（区、市）党委高校思想政治工作统筹协调机制和制度安排，明确省级各部门落实加强和改进高校思想政治工作的职责分工和实施要求；统筹育人资源，建立一批中华爱国主义教育、优秀传统文化教育、革命文化教育和民族团结进步教育基地，建设一批大学生社会实践基地、志愿服务基地和创新创业基地，推进优秀文化和文艺作品进校园；各部门合力营造高校思想政治工作的良好宣传舆论氛围。

高校和院（系）层面的综合改革要坚持以师生为中心，把握师生思想特点和发展需求，优化内容供给、改进工作方法、创新工作载体，全面统筹办学治校各领域、教育教学各环节、人才培养各方面的育人资源和育人力量，充分发挥课程、科研、实践、文化、网络、心理、管理、服务、资助、组织等方面工作的育人功能，构建“三全育人”一体化工作体系。

3. 创新高校思想政治工作实施体系。紧紧围绕立德树人根本任务，以培养担当民族复兴大任的时代新人为目标，以建立思想政治工作与教学科研管理服务相结合的实施体系为根本，切实打通“三全育人”的最后一公里，形成可转化、可推广的一体化育人制度和模式。优化顶层设计。制定加强和改进高校思想政治工作的实施意见和任务分解方案，确定工作任务责任书、实施路线图和完成时间表。突出改革重点。针对提升工作实效、加强教师思想政治工作、优化校园评价和考核机制导向功能、培育优良校风学风等重点、难点问题，设立重点攻关项目或改革试点，提出在若干重点领域改革取得突破性进展的工作目标。创新工作平台。通过构建思想政治理论教育创新平台、“课程思政”改革项目、网络新媒体育人载体建设、校园文化建设、文明校园建设等工作平台，切实将“十大育人”落实到学校工作的各个环节，落实到每一名教职员工。

4. 加大高校思想政治工作保障力度。全面落实《中共中央 国务院关于加强和改进新形势下高校思想政治工作的意见》各项要求，推动中央关于高校思想政治工作队伍和党务工作队伍建设的政策要求和量化指标落地。按照有关文件要求核定落实高校辅导员、思想政治理论课教师、党务工作干部编制，专业技术职务单列指标、单设标准、单独评审。按照政策与经费并重的多元化支持原则，从协同育人机制体制改革的实际需求出发，推动立项单位建立以立德树人为根本任务、以协同育人创新贡献为导向、激励与约束并重的工作体系，确保政策保障落实到位。设立高校思想政治工作专项经费，加大学校各项育人项目的经费投入，确保经费保障落实到位。

5. 改进高校思想政治工作评价管理规范。以《实施纲要》所涵盖的“十大育人”体系为基础，系统梳理归纳各个群体、各个岗位的育人元素，并作为职责要求和考核内容融入整体制度设计和具体操作环节，推动高校思想政治工作制度化，推动全体教职员工把工作的重心和目标落在立德树人育人实效上。健全评价体系。坚持定性分析和定量分析相结合、工作评价和效果评价相结合，研究制定内容全面、指标合理、方法科学的评价体系，推动高校思想政治工作制度化。建立述职评议制度。实行校、院（系）党组织书记抓思想政治工作和党的建设述职评议考核制度，考核结果和有关情况作为领导班子、领导干部目标管理和实绩考核的重要内容，纳入执行党纪监督检查范围。严格落实意识形态责任制。加强校园各类思想文化阵地的规范管理，加强校园网络安全管理，健全校园重大活动和热点问题、突发事件的处置和校园舆情引导机制。

四、试点遴选与管理

1. 遴选原则。在公平、公正基础上，考虑区域平衡，统筹考虑东、中、西部区域平衡，同时向部省合建高校倾斜；兼顾高校类型，兼顾部属高校、地方高校、职业院校；避免重复立项，原则上试点高校与试点院（系）所在高校不得重复，以扩大试点工作覆盖面。

2. 遴选办法。专家论证，发挥第三方评价作用，建立专家库，组织专家进行集中论证，择优确定委托开展试点工作单位名单。实地考察，组织专家到申请试点单位进行现场考察，并给出专家组意见。

3. 管理评估。试点工作周期为两年，采取目标管理和过程管理相结合的办法。第一年试点单位应按申请书确定的计划与目标，提交中期书面进展报告。两年试点周期结束后，提交试点工作总结报告。总结报告应包括总体情况、重点改革举措的实施情况（特别是突破重点难点问题的改革成果）、主要经验、存在问题、进一步深化改革的思考与建议等。试点期间，教育部组织专家组不定期对试点单位进行实地评估督导。

4. 试点工作联盟。成立“三全育人”综合改革试点工作联盟，遴选确定联盟召集单位，推动试点单位开展经验交流、互测互评、共建共享，强化研究协同和工作协同，切实发挥示范引领和辐射带动作用。

5. 经费支持。教育部将对委托开展试点工作的单位给予一定的工作经费支持。各地各高校结合实际情况，给予配套保障。经费专项专用，不得用于与试点工作无关的开支。

附：1. 省（区、市）“三全育人”综合改革试点建设标准（试行）

2. 普通高等学校“三全育人”综合改革试点建设标准（试行）

3. 普通高等学校院（系）“三全育人”综合改革试点建设标准（试行）

参考文献：《三全育人综合改革试点工作建设要求和管理办法（试行）》教思政厅函〔2018〕15号

附1 省（区、市）“三全育人”综合改革试点建设标准（试行）

一级指标	二级指标	三级指标
1强化领导体制	1.1全面加强对高校思想政治工作的领导	1. 始终把政治建设放在首位。切实落实《关于坚持和完善普通高等学校党委领导下的校长负责制的实施意见》，严格执行和维护政治纪律和政治规矩，确保高校党委切实发挥领导核心作用。 2. 完善工作制度。坚持和完善省委领导高校思想政治工作制度，明确1名常委分管高校工作，党委常委会每年至少专题研究1次高校思想政治工作；坚持和完善领导干部联系高校开展调研和为师生作形势政策报告制度。 3. 加大巡视督查力度。将加强和改进高校思想政治工作纳入对教育行政部门和高校巡视的重要内容，督促重点突出问题整改到位。
	1.2强化省级教育行政部门工作职能	建立省级教育行政部门“三全育人”改革实施目标管理制度，明确组织、人事、高教管理、科研管理、学位办、教师管理、学生管理、计划财务等各部门工作职责，提出实施举措，纳入工作规范，确保落实到位。
2完善统筹协调机制	2.1强化落实机制	1. 制定省级加强和改进新时期高校思想政治工作的实施意见，明确省级各部门的职责分工和实施要求。 2. 把加强和改进高校思想政治工作纳入高校巡视整改、“双一流”建设、教学科研评估范围，作为各级党组织和党员干部工作考核的重要内容，确保中央和教育部的各项要求落实到位。
	2.2统筹育人资源	1. 统筹社会育人资源。加强大学生国家安全教育，建立爱国主义教育基地和民族团结进步教育基地对大学生集体参观一律免费开放制度；建立学校与地方政府共建大学生社会实践基地、志愿服务基地和创新创业基地制度；建立优秀文化和文艺作品进校园制度。 2. 统筹教育系统育人资源。将育人目标分解纳入高校人才培养计划之中，落实到教学、科研、行政、管理工作规范之中，将齐抓共管落实到制度、落实到岗位、落实到日常工作之中。

续表

一级指标	二级指标	三级指标
	2.3 净化育人环境	1. 各部门协同营造高校思想政治工作的良好宣传舆论氛围，及时开展师生思想政治工作先进典型的宣传。 2. 推出有益于大学生成长成才的优秀文化产品和文化服务，形成高雅艺术进校园的机制，每年集中开展文化市场的专项治理。 3. 每半年排查一次学校周边环境的突出问题，打击学校及周边地区存在的各类违法犯罪活动，依法及时处理各类侵害师生合法权益的刑事和治安案件。
3 创新工作实施体系	3.1 统筹推进课程育人	1. 大力推进习近平新时代中国特色社会主义思想“三进”。持续推进思政工作质量提升工程，实施高校思想政治理论课建设体系创新计划，不断提高教育教学的实效性。 2. 不断深化习近平新时代中国特色社会主义思想的宣传研究阐释。充分发挥高校人才优势和智力优势，结合各地实际，生动阐释习近平新时代中国特色社会主义思想，扶持一批高水平研究成果，培养一批高素质理论研究人才，建设一批高端理论研究基地。 3. 强化专业课程育人导向。深入挖掘提炼各门专业课程所蕴含的思想政治教育元素和承载的思想政治教育功能；建立名师工作室，扶持一批将思想政治教育融入各类课程教学的教学名师；培育一批学科育人示范课程，推广一批“课程思政”典型，推动“课程思政”建设。 4. 加强教材建设和课堂教学管理。建立健全省级教材建设与使用管理机制，制定课堂教学指导意见，完善课程设置管理制度，建立课程标准审核和教案评价制度，落实校领导和教学督导听课制度。
	3.2 着力加强科研育人	1. 改进科研环节和程序，把思想价值引领贯穿选题设计、科研立项、项目研究、成果运用全过程，把思想政治表现作为组建科研团队的底线要求。 2. 完善科研评价标准，改进学术评价方法，健全具有中国特色的学术评价标准和科研成果评价办法，构建集教育、预防、监督、惩治于一体的学术诚信体系，治理遏制学术研究、科研成果不良倾向。 3. 实施科研创新团队培育支持计划、科教协同育人计划、产学研合作协同育人计划等项目，健全优秀成果评选推广机制，服务国家和区域经济发展。 4. 加大学术名家、优秀学术团队先进事迹的宣传教育力度，培育一批黄大年式教师团队，培养选树一批科研育人示范项目、示范团队。

续表

一级指标	二级指标	三级指标
3 创新工作实施体系	3.3 扎实推进实践育人	1. 整合实践资源，拓展实践平台。依托高新技术开发区、大学科技园、城市社区、农村乡镇、工矿企业、爱国主义教育场所等，建立多种形式的社会实践、创业实习基地。 2. 完善实践体系，创新实践形式。整合专业课实践教学、社会实践活动、创新创业教育、志愿服务、军事训练等实践教育环节，形成统一规划、分层实施、分类管理的实践育人体系。深入推进实践教学改革，分类制订实践教学标准，完善实践育人长效机制。 3. 加大统筹力度，强化支持机制，构建“党委统筹部署、政府扎实推动、社会广泛参与、高校着力实施”的实践育人协同体系。
	3.4 深入推进文化育人	1. 坚持价值引领，推进革命文化和中华优秀传统文化教育。实施“中华经典诵读工程”“中国传统节日振兴工程”，开展“礼敬中华优秀传统文化”“戏曲进校园”等文化建设活动，展示一批体育艺术文化成果，建设一批文化传承基地，引导高雅艺术、非物质文化、民族民间优秀文化走近师生。 2. 弘扬大学精神，繁荣校园文化。将社会主义核心价值观主题教育与学校文脉传承、时代精神培育有机融合，注重发挥文化的浸润、感染、熏陶作用，挖掘校史、校风、校训、校歌的教育功能。 3. 开展文明校园创建，优化校园育人环境。支持一批校园重点文化场馆建设，推广教室、实验室、公寓文化示范项目，培育校园文化精品，使校园文化“看得见、摸得着、感受得到”。广泛开展文明校园创建行动。
	3.5 创新推动网络育人	1. 建设省级高校网络思想政治工作中心及相关工作平台，打造信息发布、工作交流和数据分析平台，加强高校思想政治工作信息管理系统共建与资源互享。 2. 拓展网络平台，建立省级校园网站联运协同机制，推动高校思想政治工作网、易班网和中国大学生在线全国共建，引领建设校园网络新媒体矩阵。 3. 打造高素质网络思政工作队伍。实施“网络教育名师培育支持计划”“校园好网民培养选树计划”，建立网络文化成果评价认证体系，推动将优秀网络文化成果纳入高校科研成果统计、列为教师职务职称评聘条件、作为师生评奖评优依据，建设一支政治强、业务精、作风硬的网络工作队伍。 4. 开展大学生网络文化节、高校网络教育优秀作品推选等网络文化作品创作生产活动，引导师生弘扬网络主旋律，传播网络正能量。

续表

一级指标	二级指标	三级指标
3 创新工作实施体系	3.6 大力促进心理育人	1. 加强知识教育，把心理健康教育课程纳入学校整体教学计划，实现心理健康知识教育全覆盖。 2. 强化咨询服务，提升预防干预水平。按照师生比不低于 1 ∶ 4000 配备心理健康教育专业教师，每校至少配备 2 名专业教师；推广应用“中国大学生心理健康筛查量表”和“中国大学生心理健康网络测评系统”，实现新生心理筛查全覆盖；建立学校、院系、班级、宿舍“四级”预警防控体系。 3. 完善工作保障，保证生均经费投入和心理咨询辅导专用场地面积，建立经常性专业培训和心理健康教育督导工作。建设一批“高校心理健康教育示范中心”。
	3.7 将思想政治工作结合融入办学治校各环节	1. 强化管理育人。把规范管理的严格要求和春风化雨、润物无声的教育方式结合起来，全面推进依法治教，促进教育治理体系和治理能力现代化，强化科学管理对道德培育的保障功能，大力营造治理有方、管理到位、风清气正的育人环境。 2. 深化服务育人。把解决实际问题与解决思想问题结合起来，提供靶向服务，增强供给能力，积极帮助解决师生工作学习中的合理诉求，在关心人、帮助人、服务人中教育人、引导人。 3. 推进资助育人。把“扶困”与“扶智”“扶志”结合起来，构建物质帮助、道德浸润、能力拓展、精神激励有效融合的资助育人长效机制，形成“解困—育人—成才—回馈”的良性循环，着力培养受助学生自立自强、诚实守信、知恩感恩、勇于担当的良好品质。 4. 优化组织育人。把组织建设与教育引领结合起来，发挥高校党委领导核心作用、院（系）党组织政治核心作用和基层党支部战斗堡垒作用，发挥工会、共青团、学生会、学生社团等组织的联系服务、团结凝聚师生的桥梁纽带作用，强化高校各类组织的育人职责。
4 加大高校思想政治工作的保障力度	4.1 政策保障到位	1. 制定落实推进习近平新时代中国特色社会主义思想“三进”、加强对高校思想政治工作的领导、改进考核评价方式、优化校风教风学风建设各项工作要求的制度规范，确保《中共中央 国务院关于加强和改进新形势下高校思想政治工作的意见》各项要求落实到位。 2. 健全依法治校、管理育人制度体系，结合大学章程、校规校纪、自律公约修订完善，指导高校研究梳理高校各管理岗位的育人元素，明确管理育人的内容和路径。

续表

一级指标	二级指标	三级指标
4 加大高校思想政治工作的保障力度	4.2 队伍保障到位	1. 加强干部队伍管理。按照社会主义政治家、教育家要求和好干部标准，选好配强各级领导干部和领导班子，提高各类管理干部育人能力。 2. 创新教师队伍建设工作机制。加大指导力度，推进各高校建立健全教师思想政治工作的实施机制，将育人导向和师德规范作为教师日常管理的首要内容，纳入考核、分配、晋升机制的核心指标。教师思想政治工作要与教师职业发展紧密结合，同步推进、同步落实。 3. 配齐建强党建和思想政治工作队伍。把高校思想政治工作队伍纳入高校人才队伍建设总体规划，落实专职思想政治工作人员和党务工作人员不低于全校师生人数的 1%、按照师生比 1 ∶ 350 配备专职思想政治理论课教师、按师生比不低于 1 ∶ 200 的比例设置一线专职辅导员岗位等要求落实到位。
	4.3 经费保障到位	设立省级高校思想政治工作专项经费，加大学校各项育人项目的经费投入。
5 改进高校思想政治工作评价管理规范	5.1 健全评价体系	坚持定性分析和定量分析相结合、工作评价和效果评价相结合，研究制定内容全面、指标合理、方法科学的评价体系，推动高校思想政治工作制度化。
	5.2 建立述职评议制度	实行高校党委书记抓思想政治工作和党的建设述职评议考核制度，考核结果和有关情况作为领导班子、领导干部目标管理和实绩考核的重要内容，纳入执行党纪监督检查范围。
	5.3 严格落实意识形态责任制	1. 认真贯彻《党委（党组）意识形态工作责任制实施办法》，建立问题清单、任务清单、责任清单，推动各项工作落实。 2. 指导高校领导班子成员要按照“一岗双责”要求，层层落实校园意识形态工作责任制。 3. 加强校园各类思想文化阵地的规范管理，坚持教育与宗教相分离原则，加强校园网络安全管理，健全校园重大活动和热点问题、突发事件的处置和校园舆情引导机制。

附2　普通高等学校“三全育人”综合改革试点建设标准（试行）

一级指标	二级指标	三级指标
1 组织领导	1.1 加强领导与统筹规划	1. 深入学习贯彻习近平新时代中国特色社会主义思想和党的十九大精神，深入贯彻落实习近平总书记关于加强和改进高校思想政治工作的重要论述。聚焦政治站位，坚持党对高校思想政治工作的领导，牢牢把握党对高校意识形态工作的领导权。坚持育人导向，突出价值引领，育人目标明确。 2. 充分认识中国特色社会主义教育是知识体系教育同思想政治教育的结合与综合，坚持和完善党委领导下的校长负责制，完善学校内部治理结构，健全制度体系和制度落实机制，把思想政治工作体系贯通学校学科体系、教材体系、教学体系、管理体系，纳入学校各项事业发展规划和人才培养方案，贯穿到学校“双一流”建设全过程和学科建设全方位，年度工作任务明确。 3. 建立由学校主要负责人担任组长的思想政治工作领导小组，将思想政治工作与教学、科研、社会服务、国际交流等工作同时部署、同时检查、同时评估，实现协同协作、同向同行、互联互通。
	1.2 工作思路与组织实施	1. 制定“三全育人”综合改革建设方案，完善“三全育人”工作机制，健全党政议事规则和决策程序。建立完善学校各部门常态协作和分工负责机制，建立责任清单，细化工作台账，学校各部门各院（系）思想政治工作职责明确，有明确思路、有制度、有落实、有成效。 2. 挖掘各群体、各岗位的育人元素，并作为职责要求和考核内容，融入整体制度设计和具体操作环节，使思想政治工作更好地适应和满足学生成长诉求、时代发展要求、社会进步需求。切实使教育教学更有温度、思想引领更有力度、立德树人更有效度。 3. 每年开展师生思想政治状况调研，聚焦短板弱项，着力打通高校思想政治工作存在的盲区、断点，构建一体化育人体系，制度和模式可转化、可推广。 4. 建立健全校领导联系师生、谈心谈话制度，及时了解师生思想状况和具体诉求。学校党政主要负责同志每学期至少参加学生日常思想政治教育 2 次，学校分管负责同志每学期到堂听思想政治理论课 2 次以上。

续表

一级指标	二级指标	三级指标
2 课程育人	2.1 思政课程建设	1. 深入推动习近平新时代中国特色社会主义思想进教材、进课堂、进头脑。把习近平新时代中国特色社会主义思想作为讲授重点。面向本、专科生开设公共选修课。推进思路攻坚、师资攻坚、教材攻坚、教法攻坚、机制攻坚。 2. 落实马克思主义学院建设标准，制定并落实以“课程思政”为目标的课堂教学改革方案，进一步实施高校思想政治理论课建设体系创新计划。思想政治理论课教学改革有方案、教育方式有创新，师生对课堂获得感强、满意度高。 3. 按照中央确定的课程方案开设课程，落实课程和学分及对应的课堂教学学时。使用马克思主义理论研究和建设工程重点教材、高校思想政治理论课最新版本统编教材，并纳入培养方案和教学过程。 4. 制定并落实形势与政策课集体备课制度，贯彻落实中组部、中宣部、教育部《关于领导干部上讲台开展思想政治教育的意见》，将领导干部上讲台列入教育教学计划，并组织实施具体教育教学活动。
	2.2 课程思政建设	1. 制定学校课程育人工作方案，实施学校课程体系和教育教学创新计划方案，优化课程设置，完善课程设置管理制度。建设面向全体学生开设提高思想品德、人文素养、认知能力的哲学社会科学课程体系，守牢校园各类思想文化阵地。 2. 梳理各门专业课程所蕴含的思想政治教育元素和所承载的思想政治教育功能，纳入专业课教材讲义内容和教学大纲，作为必要章节、课堂讲授重要内容和学生考核关键知识。 3. 建立课程标准审核和教案评价制度。制定加强课堂教学管理、提高教学质量的实施办法，明确课堂教学纪律要求。落实校领导和教学督导听课制度。 4. 发挥专业教师课程育人的主体作用，健全课程育人管理、运行体制，将课程育人作为教师思想政治工作的重要环节，作为教学督导和教师绩效考核、晋职晋级的重要评价内容。

续表

一级指标	二级指标	三级指标
3 科研育人	3.1 科研管理制度设计	1. 优化学校科研管理制度，明确科研育人功能，改进科研环节和程序，把思想价值引领贯穿选题设计、科研立项、项目研究、成果运用全过程，把思想政治表现作为组建科研团队的底线要求。 2. 建立教研一体、学研相济的科教协同育人机制，制定产学研合作协同育人计划。坚持学术研究无禁区，课堂讲授有纪律。统筹安排教学资源与科研资源，配套设计教学大纲与科研计划。 3. 建立科研育人激励机制，完善科研评价标准，改进学术评价方法，健全具有中国特色的学术评价标准和科研成果评价办法。 4. 健全优秀成果评选推广机制，服务国家和区域经济发展，促进全社会思想文化建设。
	3.2 学术诚信体系建设	1. 制定科技工作道德行为规范和学术诚信教育管理办法。 2. 构建集教育、预防、监督、惩治于一体的学术诚信体系，治理遏制各种学术不端和科研失信行为。 3. 组织编写师生学术规范与学术道德读本，在本科生中开设相关专题讲座，在研究生中开设相应公选课程。
	3.3 创新平台与团队建设	1. 加强科技创新平台建设，搭建师生科研交流互动舞台，培养师生科学精神和创新意识。 2. 推动实施科研创新团队培育支持计划，制定科研创新团队培育工作方案，引导师生积极参与科技创新团队和科研训练，及时掌握科技前沿动态，培养集体攻关、联合攻坚的团队精神和协作意识。 3. 加大学术名家、优秀学术团队先进事迹的宣传教育力度。大力培育全国高校黄大年式教师团队，培养选树一批科研育人示范项目、示范团队。

续表

一级指标	二级指标	三级指标
4 实践育人	4.1 社会实践长效机制	1. 构建“党委统筹部署、政府扎实推动、社会广泛参与、高校着力实施”的实践育人协同体系，推动专业课实践教学、社会实践活动、创新创业教育、志愿服务、军事训练等载体有机融合，形成实践育人统筹推进工作格局。 2. 深入推进实践教学改革，分类制订实践教学标准，适度增加实践教学比重，原则上哲学社会科学类专业实践教学不少于总学分（学时）的 15%，理工农医类专业不少于 25%。 3. 丰富实践内容，创新实践形式，广泛开展社会调查、生产劳动、社会公益、志愿服务、科技发明、勤工助学等社会实践活动。 4. 整合实践资源，拓展实践平台，依托高新技术开发区、大学科技园、城市社区、农村乡镇、工矿企业、爱国主义教育场所等，建立多种形式的社会实践、创业实习基地。
	4.2 创新创业教育	1. 加强创新创业教育，开发专门课程，健全课程体系。 2. 推进实施“大学生创新创业训练计划”，支持学生成立创新创业类社团，制定相关管理制度，完善支持机制。
	4.3 精品项目建设	1. 建立社会实践精品项目支持制度，探索开展师生志愿服务评价认证，发挥实践育人示范作用。 2. 深入开展好大学生暑期“三下乡”“志愿服务西部计划”等传统经典项目。组织实施好“牢记时代使命，书写人生华章——学习宣传贯彻习近平新时代中国特色社会主义思想主题社会实践”等新时代实践育人精品项目。
5 文化育人	5.1 社会主义核心价值观教育	1. 加强培育和践行社会主义核心价值观长效机制建设，把社会主义核心价值观体现到育人全过程，工作有方案、有成效。 2. 开展师生社会主义核心价值观主题教育活动，引导师生坚定道路自信、理论自信、制度自信、文化自信。 3. 培育、选树和宣传一批学习励志、实践奉献、参军报国、诚信友善、创新创业、志愿服务等方面践行社会主义核心价值观的先进典型，营造积极向上的校风学风。

续表

一级指标	二级指标	三级指标
5 文化育人	5.2 社会主义先进文化教育	1. 推进中华优秀传统文化教育，组织实施“中华经典诵读工程”“中国传统节日振兴工程”，开展“礼敬中华优秀传统文化”“戏曲进校园”等文化建设活动。培育具有学校特色的体育艺术文化成果，建设一批文化传承基地，工作有方案、成果有展示，引导高雅艺术、非物质文化、民族民间优秀文化走近师生。 2. 挖掘革命文化的育人内涵，推进实施“革命文化教育资源库建设工程”，组织编排展演以革命先驱为原型的舞台剧、以革命精神为主题的歌舞音乐、以革命文化为内涵的网络作品。 3. 有效利用重大纪念日契机和重点文化基础设施开展革命文化教育。
	5.3 校园文化建设	1. 制定校园文化建设的总体规划，有年度工作实施计划和重要项目。创新校园文化品牌。挖掘校史校风校训校歌的教育作用，推进“一校一品”校园文化建设，建设特色校园文化。 2. 推进实施“高校原创文化经典推广行动计划”，支持师生原创歌剧、舞蹈、音乐、影视等文艺精品扩大影响力和辐射力。 3. 建设美丽校园，实现校园山、水、园、林、路、馆建设达到使用、审美、教育功能的和谐统一。 4. 广泛开展“我的中国梦”等主题教育活动，推选展示一批高校校园文化建设优秀成果。 5. 积极开展文明校园创建，把学校建设成为社会主义精神文明高地。
6 网络育人	6.1 网络教育机制	1. 统筹谋划网络建设、网络管理、网络评论、网络研究等方面的建设工作，强化网络意识，提高建网用网管网能力。建设完善校内思想政治工作网站，打造信息发布、工作交流和数据分析平台，加强思想政治工作信息管理系统共建与资源互享。 2. 重视网络文明建设，制定有关工作制度，对推动网络文明教育有整体设计和系统规划。加强师生网络素养教育，开展具有针对性的培养培训。引导师生增强网络安全意识，遵守网络行为规范，养成文明网络生活方式。

续表

一级指标	二级指标	三级指标
6 网络育人	6.2 网络平台建设	1. 充分重视全国高校校园网站联盟作用，积极参与高校思想政治工作网、易班网和中国大学生在线全国共建，推选展示校园网络名站名栏。 2. 建设校园网络新媒体矩阵，培育新媒体教育品牌。 3. 丰富网络内容，积极组织开展“大学生网络文化节”“高校网络育人优秀作品推选展示”“网络文明进校园”等网络文化建设活动，推广展示一批“网络名篇名作”，丰富正面舆论供给。
	6.3 网络成果评价	1. 优化成果评价，制定网络文化成果评价认证办法，将优秀网络文化成果纳入科研成果统计、列为教师职务职称评聘条件、作为师生评奖评优依据。 2. 培养网络力量，制定“网络教育名师培育支持计划”“校园好网民培养选树计划”实施方案，动员引导广大教师，特别是学术大师、教学名师、优秀导师、辅导员班主任重视网络文明、参与网络育人，建设一支政治强、业务精、作风硬的网络工作队伍。
7 心理育人	7.1 心理健康教育	1. 加强知识教育，把心理健康教育课程纳入学校整体教学计划，组织编写大学生心理健康教育示范教材，开发建设《大学生心理健康》等在线课程，实现心理健康知识教育全覆盖。 2. 开展宣传活动，举办“5・25”大学生心理健康节等品牌活动，充分利用网络、广播、微信公众号、APP 等媒体，营造心理健康教育良好氛围，提高师生心理保健能力。 3. 强化咨询服务，提高心理健康教育咨询与服务中心建设水平，按照师生比不低于 1 ∶ 4000 配备心理健康教育专业教师，每校至少配备 2 名专业教师。
	7.2 预防干预体系建设	1. 加强预防干预，积极应用“中国大学生心理健康筛查量表”和“中国大学生心理健康网络测评系统”，开展大学生心理健康教育工作及新生心理健康普查，建立在校学生心理健康档案，提高心理健康素质测评的覆盖面和科学性。 2. 建立学校、院系、班级、宿舍“四级”预警防控体系，完善心理危机干预工作预案。建立转介诊疗机制，提升工作前瞻性、针对性。 3. 完善工作保障，研制师生心理健康教育工作实施方案，保证生均经费投入和心理咨询辅导专用场地面积，建设校内外心理健康教育素质拓展培养基地，培育建设“高校心理健康教育示范中心”。

续表

一级指标	二级指标	三级指标
8 管理育人	8.1 教育法律法规体系	1. 健全依法治校、管理育人制度体系，制（修）订完善学校教育规章制度，保障师生员工合法权益。 2. 结合大学章程、校规校纪、自律公约修订完善，研究梳理高校各管理岗位的育人元素，编制岗位说明书，明确管理育人的内容和路径，丰富完善不同岗位、不同群体公约体系，引导师生培育自觉、强化自律。 3. 建立和完善党委统一领导、党政齐抓共管、院系具体落实、教师自我约束的师德师风建设领导体制和工作机制，努力培养锻造坚持“四个相统一”的师资队伍。
	8.2 管理考核评价体系	1. 按照好干部标准，选好配强各级领导干部和领导班子。制定管理干部培训五年规划，提高各类管理干部育人能力。建立干部考核评价、激励监督机制，重视考核结果运用。坚持从严管理干部，个人事项报告、离任经济责任审计、兼职管理、出国（境）审批管理等工作制度，管理到位。 2. 严把教师聘用、人才引进政治考核关，严格教师资格和准入制度，建立健全师德考核制度，贯彻落实到位。学校党委负责对教师的思想政治、品德学风进行综合考察和把关，在新教工的招聘中突出对其思想政治状况的考察。新教师入职培训开设师德教育专题，在优秀教师团队培养以及骨干教师、学科带头人和学科领军人物培育过程中，有师德教育方面的专题内容。 3. 加强经费使用管理，科学编制经费预算，确保教育经费投入的育人导向。 4. 健全依法治校评价指标体系，深入开展依法治校创建活动。把育人功能发挥纳入管理岗位考核评价范围，作为评奖评优条件。培育一批“管理育人示范岗”，引导管理干部用良好的管理模式和管理行为影响和培养学生。
9 服务育人	9.1 服务目标责任	1. 研究梳理各类服务岗位所承载的育人功能，强化育人要求，明确育人职能，在聘用、培训、考核等各环节制定育人工作职责要求。 2. 加强监督考核，落实服务目标责任制，把服务质量和育人效果作为评价服务岗位效能的依据和标准。选树一批服务育人先进典型模范，培育一批高校“服务育人示范岗”。 3. 增强供给能力，建设校园综合信息服务系统，充分满足师生学习、生活、工作中的合理需求。

续表

一级指标	二级指标	三级指标
9 服务育人	9.2 专题教育活动	1. 实施后勤员工素质提升计划，切实提高后勤保障水平和服务育人能力。持续开展“节粮节水节电”“节能宣传周”等主题教育活动，大力建设节约型校园和绿色校园。 2. 建设文献信息资源体系和服务体系，优化服务空间，注重用户体验，提高馆藏利用率和服务效率。开展信息素质教育，引导师生尊重和保护知识产权，维护信息安全。 3. 制订健康教育教学计划，开展传染病预防、安全应急与急救等专题健康教育活动，培养师生公共卫生意识和卫生行为习惯。 4. 加强人防物防技防建设，全面开展安全教育，提高安保效能，培养师生安全意识和法治观念。
10 资助育人	10.1 资助工作体系	1. 加强资助工作顶层设计，建立资助管理规范，完善勤工助学管理办法，构建资助对象、资助标准、资金分配、资金发放协调联动的精准资助工作体系。 2. 精准确定家庭经济困难学生，健全四级资助认定工作机制，采用家访、大数据分析和谈心谈话等方式，合理确定认定标准，建立家庭经济困难学生档案，实施动态管理。
	10.2 资助教育活动	1. 坚持资助育人导向，在奖学金评选发放环节，全面考查学生的学习成绩、创新发展、社会实践及道德品质等方面的综合表现，培养学生奋斗精神和感恩意识。 2. 在国家助学金申请发放环节，深入开展励志教育和感恩教育，培养学生爱党爱国爱社会主义意识。在国家助学贷款办理过程中，深入开展诚信教育和金融常识教育，培养学生法律意识、风险防范意识和契约精神。在勤工助学活动开展环节，着力培养学生自强不息、创新创业的进取精神。在基层就业、应征入伍、学费补偿、贷款代偿等工作环节中，培育学生树立正确的成才观和就业观。 3. 创新资助育人形式，实施“发展型资助的育人行动计划”“家庭经济困难学生能力素养培育计划”，开展“助学·筑梦·铸人”“诚信校园行”等主题教育活动，组织国家奖学金获奖学生担任“学生资助宣传大使”。积极推选展示资助育人优秀案例和先进人物。

续表

一级指标	二级指标	三级指标
11 组织育人	11.1 党组织建设	1. 发挥各级党组织的育人保障功能，进一步理顺高校党委的领导体制机制，明确高校党委职责和决策机制，健全和完善高校党委领导下的校长负责制，推动学校各级党组织自觉担负起管党治党、办学治校、育人育才的主体责任。 2. 组织开展高校党建工作自我评估，全面推开校、院（系）党组织书记抓基层党建述职评议。 3. 实施教师党支部书记“双带头人”培育工程，实施“高校基层党建对标争先计划”，开展“不忘初心、牢记使命”主题教育，培育建设一批先进基层党组织，培养选树一批优秀共产党员、优秀党务工作者，创建网上党建园地，推选展示党的建设优秀工作案例。
	11.2 群团组织建设	1. 落实中央党的群团工作会议精神，深化群团改革，把握群团工作的政治标准、根本要求、基本特征，在改革组织设置、管理模式、工作方式和干部管理等方面采取有效措施。发挥各类群团组织的育人纽带功能，推动工会、共青团、学生会等群团组织创新组织动员、引领教育的载体与形式，更好地代表师生、团结师生、服务师生。 2. 制定师生社团管理办法。支持各类师生社团开展主题鲜明、健康有益、丰富多彩的活动，充分发挥教研室、学术梯队、班级、宿舍在师生成长中的凝聚、引导、服务作用。培育建设一批文明社团、文明班级、文明宿舍。
12 条件保障	12.1 政策保障	1. 制定学校落实《中共中央 国务院关于加强和改进新形势下高校思想政治工作的意见》的实施办法，建立健全学校党委领导下的校长负责制的制度规范，明确工作任务和落实责任。 2. 结合学校实际，制定“学校思想政治工作质量提升工程实施细则”，建立健全协同育人工作机制及工作规范，确保中央和教育部的各项要求落实到位。 3. 制定学校党建和思想政治工作队伍建设系列制度文件，把加强和改进高校思想政治工作纳入高校巡视整改、“双一流”建设、教学科研评估范围，作为各级党组织和党员干部工作考核的重要内容。

续表

一级指标	二级指标	三级指标
12 条件保障	12.2 队伍保障	1. 推动中央关于高校思想政治工作队伍和党务工作队伍建设的政策要求和量化指标落地。按照有关文件要求核定落实高校辅导员、思想政治理论课教师、党务工作干部编制，专业技术职务单列指标，单设标准，单独评审。 2. 将大学生思想政治教育工作队伍表彰奖励纳入各级教师、教育工作者表彰奖励体系，按一定比例评选，统一表彰。 3. 组织开展党建和思想政治教育工作队伍境内外培训，有实施队伍轮训的规划。加强专门力量建设，大力培育领军人才。 4. 支持出版理论和实践研究专著，培育高校思想政治工作精品项目，建设思想政治工作名师工作室。
	12.3 经费保障	1. 设立党建和思想政治教育专项经费，支持开展思想政治工作。设立专门预算科目，做到专款专用。 2. 设立党建与思想政治教育专项研究课题和课改课题，支持思想政治工作队伍结合工作开展研究。

附 3　普通高等学校院（系）“三全育人”综合改革试点建设标准（试行）

一级指标	二级指标	三级指标
1 组织领导	1.1 健全“三全育人”统筹推进常态机制	1.“三全育人”纳入学院事业发展规划和人才培养方案。 2. 推进“三全育人”思路明晰、举措具体、成效明显。
	1.2 健全完善党政联席会议制度	1. 院（系）党组织会议和党政联席会议制度规范，议事决策规则完善。 2. 涉及办学方向、教师队伍建设、师生员工切身利益等重大事项，由党组织先研究再提交党政联席会议决定。
	1.3 坚持党建带团建	党建带团建工作模式良好、成效显著。
2 课程育人	2.1 建立教案评价制度	1. 及时修订教案，把课程育人理念贯穿教案修订全过程。 2. 对教师教案严格把关，对未包含课程育人内容的“一票否决”。

续表

一级指标	二级指标	三级指标
	2.2 建立专业教师课程育人主体作用发挥有效机制	1. 把思想政治教育元素纳入课堂教学，作为课堂讲授的重要内容。 2. 把课程育人作为教学督导和教师绩效考核的重要方面。
3 科研育人	3.1 建立科研育人导向机制	1. 把正确的政治方向、价值取向、学术导向融入科学研究全过程各环节。 2. 建立科教协同育人机制，在培养师生至诚报国的理想追求、敢为人先的科学精神、开拓创新的进取意识和严谨求实的科研作风上成效明显。
	3.2 健全科研团队评价制度	把思想政治表现作为组建科研团队的底线要求，把育人成效作为科研团队表彰的重要参考。
	3.3 构建学术诚信体系	1. 项目负责人或科研团队负责人注重对师生开展诚信教育。 2. 每年至少 1 次开设学术规范与学术道德专题讲座。
4 实践育人	4.1 建立社会实践长效机制	1. 建立相对稳定的实践育人基地。 2. 拥有 1 ～ 2 个社会实践精品项目。 3. 建立大学生志愿服务认证和表彰制度。
	4.2 推进实践教学改革	将实践育人工作纳入学校教学计划，落实规定的学时学分。
	4.3 推进创新创业教育	创新创业教育成效明显，拥有至少 1 个大学生创新创业项目。
5 文化育人	5.1 建立中华优秀传统文化传承和革命文化教育长效机制	1. 把中华优秀传统文化教育纳入思想政治教育工作计划。 2. 结合传统节庆日、重大事件和开学典礼、毕业典礼等开展主题教育活动。
	5.2 建立社会主义先进文化教育长效机制	1. 定期开展师生社会主义核心价值观主题教育活动。

续表

一级指标	二级指标	三级指标
5 文化育人	5.2 建立社会主义先进文化教育长效机制	2. 拥有社会主义核心价值观教育典型案例，选树宣传一批践行社会主义核心价值观先进典型。
	5.3 建立校园文化育人功能发挥长效机制	1. 充分挖掘院（系）和学科专业文化育人要素。 2. 院（系）文化建设成效显著，拥有至少 1 个校园文化品牌。
6 网络育人	6.1 建立网络素养教育长效机制	1. 引导师生增强网络安全意识，遵守网络行为规范。 2. 拓展网络教育平台，结合专业特点开发网络教育相关软件。 3. 开展网络文化建设活动。
	6.2 健全网络文化成果评价认定制度	将优秀网络文化成果纳入院系科研成果统计、列为教师职务职称评聘条件、作为师生评奖评优依据。
	6.3 探索网络育人工作量认定办法	有专人牵头负责网络力量培养，把网络育人工作计入工作量。
7 心理育人	7.1 建立心理健康教育长效机制	1. 把心理健康教育纳入人才培养方案，对不同学科专业大学生的心理健康教育针对性强。 2. 定期开展心理健康教育主题活动。
	7.2 健全预警防控体系	建立院系、班级、宿舍“三级”预警防控体系，有心理危机干预预案。
8 管理育人	8.1 明确岗位育人职责	有体现育人元素的岗位说明书。
	8.2 加强教师队伍管理	1. 把思想政治素质考核作为选聘教师的重要依据。 2. 对违反师德和学术不端行为严格查处。
	8.3 建立考核评价激励机制	把育人功能发挥纳入管理岗位考核评价范围，作为评奖评优条件。
9 服务育人	9.1 建立服务协同机制	建立与后勤、图书、医疗、保卫等多部门联动机制，配合服务部门落实育人要求。

续表

一级指标	二级指标	三级指标
10 资助育人	10.1 构建资助育人长效机制	1. 建立物质帮助、道德浸润、能力拓展、精神激励有效融合的资助育人长效机制。 2. 有资助育人优秀案例和先进人物。
	10.2 资助精准到位	资助对象、资助标准、资金分配、资金发放精准到位。
11 组织育人	11.1 坚持评议考核制度	建立党支部书记抓基层党建述职评议考核制度，把“三全育人”作为考核内容。
	11.2 选优配强党支部书记	深入实施教师党支部书记“双带头人”培育工程。
	11.3 形成育人组织合力	工会、共青团、学生会等群团组织组织动员、引领教育学生有载体、成效好。
12 条件保障	12.1 政策保障到位	全面落实“高校思想政治工作质量提升工程”明确的政策要求和刚性指标。
	12.2 人员保障到位	辅导员达到师生比 1 ∶ 200 要求，至少配备 1 名专职辅导员，有专职副书记。
	12.3 经费保障到位	按照师生规模设立党建与思想政治工作专项经费，纳入院系经费预算。

（二）教育部办公厅印发《关于公布首批“三全育人”综合改革试点单位名单的通知》（2018 年 10 月 17 日）

各省、自治区、直辖市党委教育工作部门、教育厅（教委），新疆生产建设兵团教育局，部属各高等学校党委、部省合建各高等学校党委：

根据《教育部办公厅关于开展“三全育人”综合改革试点工作的通知》（教思政厅函〔2018〕15 号）工作安排和遴选方案，经报送单位推荐、专家审议、结果公示，遴选产生 5 个“三全育人”综合改革试点区、10 个“三全育人”综合改革试点高校、50 个“三全育人”综合改革试点院（系），现将名单予以公布（见附件）。首批“三全育人”综合改革试点建设周期为 2 年，自 2018 年 10 月至 2020 年 10 月。有关工作安排和要求如下：

1. 扎实开展试点。“三全育人”综合改革试点单位要围绕教思政厅函〔2018〕15 号文件所列建设任务和建设标准，推动实施高校思想政治工作质量提升工程，强化领导体制，完善统筹协调机制，创新实施体系，加大保障力度，改进评价管理规范，整合各方育人资源，构建一体化育人体系，形成全员全过程全方位育人格局。

2. 加强考核评估。坚持目标管理和过程管理相结合，第一年试点单位应按申请书确定的计划与目标，提交中期书面进展报告。两年试点周期结束后，提交试点工作总结报告。试点期间，教育部组织专家组不定期对试点单位进行实地评估督导。

3. 严格经费管理。建设周期内，教育部统一划拨专项工作经费（划拨方式见附件 2）。各试点单位要严格执行《高校思想政治工作专项资金管理暂行办法》（教财〔2018〕13 号）及有关财务管理规定，对工作经费严格管理、专款专用，不得用于“三全育人”综合改革试点工作无关的开支。

教育部办公厅

2018 年 10 月 17 日

附件： 首批“三全育人”综合改革试点单位名单

参考文献：教育部办公厅公布首批“三全育人”综合改革试点单位名单，教思政厅函〔2018〕36 号。

附件：

首批“三全育人”综合改革试点单位名单
（排名不分先后）

一、试点省（区、市）

北京市　天津市　上海市　浙江省　湖北省

二、试点高校

清华大学　中国人民大学　北京科技大学
东北大学　大连理工大学　吉林大学
复旦大学　同济大学　东南大学
重庆大学

三、试点院（系）

北京师范大学教育学部

中国农业大学农学院

北京理工大学机械与车辆学院

北京外国语大学欧洲语言文化学院

北京语言大学汉语教育学院

北京交通大学电子信息工程学院

北京邮电大学电子工程学院

中国政法大学民商经济法学院

华北电力大学控制与计算机工程学院

首都师范大学初等教育学院

南开大学物理科学学院

内蒙古大学化学化工学院

东北财经大学工商管理学院

上海交通大学机械与动力工程学院

华东理工大学化工学院

上海海事大学交通运输学院

上海大学钱伟长学院

江南大学食品学院

南京农业大学工学院

中国药科大学药学院

南京航空航天大学航空宇航学院

南京师范大学教育科学学院

南京信息职业技术学院士官学院

江苏农牧科技职业学院动物医学院

浙江大学机械工程学院

浙江农林大学林业与生物技术学院

安徽师范大学文学院

安徽医学高等专科学校护理学部

福州大学物理与信息工程学院

中国海洋大学管理学院

中国石油大学（华东）石油工程学院

青岛理工大学土木工程学院

山东农业大学农学院

山东师范大学马克思主义学院

郑州大学化学与分子工程学院

华中科技大学经济学院

中国地质大学（武汉）环境学院

华中师范大学物理科学与技术学院

中南大学材料科学与工程学院

湖南大学材料科学与工程学院

湖南师范大学医学院

南华大学核科学技术学院

广西医科大学全科医学院

海南师范大学马克思主义学院

西南政法大学新闻传播学院

西南交通大学土木工程学院

贵州师范学院数学与计算机科学学院

贵州医科大学医学人文学院

云南师范大学教育科学与管理学院

新疆大学政治与公共管理学院

（三）教育部思政司副司长张文斌《在全国高校“三全育人”综合改革试点院系经验交流暨成果展示会上的讲话》（2020 年 4 月 22 日）

在全国各高校深入学习贯彻党的十九届四中全会精神，深入推进 “不忘初心、牢记使命”主题教育，深入开展“三全育人”综合改革的新形势下，华东师范大学主办了“全国高校‘三全育人’综合改革试点院系经验交流暨成果展示会”，意义重大、影响深远。我谨代表教育部思想政治工作司向长期关心支持思政司的工作，特别是大学生思想政治教育工作的华东师范大学的各位领导和对我们“三全育人” 综合改革工作给予大力关注和支持的袁振国老师，表示崇高的敬意和衷心的感谢。今年（2019 年）是我国改革开放进程中非常重要的一年，是推进高校思想政治工作非常重要的一年，也是维护高校政治安全和校园稳定非常重要的一年。这一年，我们一起庆祝了中华人民共和国成立 70 周年，经历了一轮向伟大祖国倾诉爱国情、实践爱国行的热潮。这一年，党中央多措并举加强和改进高校思政工作，印发《关于加强党的政治建设意见》， 以加强高校党的政治建设引领思想政治工作，扎实开展“不忘初心、牢记使命” 主题教育，以主题教育的实际成效推动高校思政工作落实落细。这一年，习近平总书记在多个重要场合发表重要讲话，对于高校思政工作做出重要指示。3 月 18 日，习近平总书记亲自主持召开学校思想政治理论课教师座谈会并发表重要讲话；4 月 30 日习近平总书记在纪念“五四运动”100 周年大会上发表重要讲话，这些都为开展高校思政工作指明了前进方向，注入了强大动力，提供了根本遵循。为深入学习贯彻习近平总书记关于高校思想政治工作的重要论述和重要指示，教育部党组紧紧围绕落实立德树人根本任务、以三全育人综合改革为抓手，整合各方面的育人资源，不断地创新形式，先后开展“国企领导上讲台、国企骨干担任校外辅导员”“奋斗的我，最美的国”新时代先进人物进校园等工作，营造了全社会关心支持高校思想政治工作的良好氛围，更广泛地凝聚了育人合力。按照年初的部署，着力在促贯通、抓协同、出成果上下功夫，持续深化育人机制、理念、方式等方面的改革，“三全育人”综合改革取得了新进展、新成效，这既是部党组有力推动的结果，也是各地各高校共同努力的结果，更离不开在座一线同志们的辛勤耕耘。下面就深入推进“三全育人”综合改革谈三点意见，与同志们交流。

1. 提升政治站位，深刻认识“三全育人”综合改革的重大意义

一是战略意义。去年（2018 年）5 月，习近平总书记在北京大学师生座谈会上发表重要讲话时指出，学生在大学里学什么，能学到什么，学得怎么样，同大学人才培养体系密切相关。人才培养体系涉及学科体系、教学体系、教材体系、管理体系，而贯通其中的是思想政治工作体系。加强党的领导和党的建设，加强思想政治工作体系建设，是形成高水平人才培养体系的重要内容。“三全育人”综合改革是落实习近平总书记关于高校思政工作重要论述的关键一招，是加快构建高校思政工作体系的关键举措。“三全育人”是育人理念、育人思路、育人方式等方面的综合改革，具有战略性、全局性、系统性的显著特点。全员，不仅包括专兼职思想政治工作队伍和党务工作队伍，也包括所有学科教师和研究人员、各级各类职能部门的行政人员乃至教辅后勤服务人员等，高校全体教职工都应有育人职责，都应该在各自本职工作中对学生进行思想引导和价值引领。全过程，学生从入学到毕业，成长成才的整个过程都要贯穿立德树人总要求，形成全领域、长时段、持续性的育人机制，涵盖高校教育教学、实践实习等各方面，以教育教学为例，包括课程设置、教材选择、备课授课、质量验收等各环节。全方位，就是校内与校外，课内与课外，线上与线下等各个维度都要体现“立德树人”这一根本任务，构筑多维并进、互补互动、综合融通的“大思政”格局，不断地增强思政工作的系统性、整体性。

二是示范意义。去年下半年，教育部启动实施“三全育人”综合改革，委托部分省（区、市）、高校和院（系）开展试点工作。这项工作的着眼点是一体化构建内容完善、标准健全、运行科学、保障有力、成效显著的高校思想政治工作体系，形成全员全过程全方位的育人格局。基本要求是以新的思政观引领改革，构建一体化育人体系，打通育人“最后一公里”。主要任务包括强化高校思想政治工作领导体制，完善高校思想政治工作统筹协调落实机制，创新高校思想政治工作的实施体系，加大高校思想政治工作的保障力度，改进高校思想政治工作评价管理规范。目前已有 8 个省（区、市）、25 所高校、92 个院系开展“三全育人”综合改革试点，两批共 125 家试点单位，实现了全国 31 个省（区、市）和新疆生产建设兵团的全覆盖，发挥了不同层面、不同群体的育人作用，在教书育人、科研育人、实践育人、管理育人、服务育人、文化育人、组织育人等方面，建立了一些有推广价值的新机制。原来的独奏独唱变成了现在的交响乐、大合唱。

三是普遍意义。过去很长时间，在一体化育人的问题上，一直缺抓手，未落实，效果也不佳。“三全育人”综合改革立足当前、着眼长远，把办学治校各领域、教育教学各环节、人才培养各方面的育人资源和育人力量整合在一起，准确把握了思想政治工作与人才培养的关系，思想政治教育与知识体系教育的关系，抓住了高校思想政治工作的重点、难点和痛点。一些高校之所以不能很好地完成立德树人的根本任务，最核心的问题就是没有解决“三全育人”，不同的教师、不同的课堂、不同的环节各唱各的调各吹各的号，没有形成育人的合力。所以“三全育人”综合改革不只是试点单位的事情，是各地各高校都需要做好的重点任务，没有纳入试点的地方和高校都需要开展相应的探索，层层传导压力、压实责任，推动各地各高校把思想政治工作摆在重要的位置，为培养出更多德智体美劳全面发展的社会主义建设者和接班人打下坚实的基础。

2. 坚持问题导向，全面检视“三全育人”综合改革亟待解决的问题

“三全育人”综合改革启动实施以后，校内校外关心思政工作的目光更多了，推动高校思想政治工作的力量更强了，确实取得了许多实实在在的成绩。与此同时，对标习近平新时代中国特色社会主义思想，对标全国教育大会、全国高校思政会、学校思想政治理论课教师座谈会等部署要求，对照教育系统的实际和广大干部师生的期待，“三全育人”综合改革还有一些亟待解决的问题，需要我们精准把握。一是从学生视角看，高校思政工作是否积极有效，最终看工作对象，也就是学生的思想状况。新时代大学生视野开阔、意识超前、敢于创新、个性奔放，有着鲜明的时代进步特征，思想行为呈现出奋发进取的良好态势，对中国共产党、对社会主义制度、对习近平总书记的核心地位的高度认同、衷心拥护。但“00 后”逐渐进入校园，他们的人生观、价值观都处于形成期，不可避免易受社会不良思潮影响，少数学生对待入党等现实问题的实用化、功利化倾向依旧明显，拜金主义、享乐主义等不良思想在他们的身上也有不同程度的体现，主要包括政治追求功利化、道德观念偏差、集体意识淡薄、成功标准“泛物质化”、心理素质脆弱，网络素养不强等问题。对学生的思想政治教育，覆盖面基本达到目标，但渗透的力度还不够，入脑入心还不够，存在着课程多、内容多，但成效不明显的情况。贴近“95 后”、“00 后” 大学生特点和需求不够、课堂感染力和说服力有待增强，破解思政课 “一深刻就无趣，一生动就无聊”难题的力度需要进一步加大，高校思想政治工作的亲和力和针对性有待增强。少数专业教师开展课程育人的主动性和积极性不高，认为思政工作就是思政课教师、辅导员和班主任的工作，存在重视知识传授、轻视思想教育的倾向。二是从教师视角看，教师是人类灵魂的工程师，承担着立德树人的神圣使命。教师做的是传播知识、传播思想、传播真理的工作，是塑造灵魂、塑造生命、塑造人的工作。对照“全员育人”的工作要求，除了刚才谈到的，如何让专业教师队伍、思想政治工作队伍、管理服务队伍能够形成思政工作合力的问题，还有教师在考核评价体系中思想政治工作方面的指标如何设置、考核结果如何运用等都还缺乏行之有效的制度化举措，有的甚至还没有作为第一标准。从思想政治工作队伍的实战能力看，面对新形势、新任务、新要求，也还存在一些差距：实效性不强，有的高校及院系对师生群体的思想动态掌握不够、了解不深、分析不足，开展学生思政工作，仅停留在“就事论事”层面，没有举一反三、没能真正说服学生，一些观点难以触及学生内心。严格管理不够。有的高校贯彻落实“课堂讲授有纪律”的要求不够扎实，对学生社团疏于管理，指导教师也没有配齐建强，学生的活动自由随意，让敌对势力找到了打开高校“围墙”的缺口等。责任担当不强。有的高校及院系在处理师德师风的具体问题时不能理直气壮、旗帜鲜明地开展工作，对有问题的教师迟迟不能处理，持续地造成负面影响，有的院系有依赖学校、看学校态度的心理。激励评价制度有待提升。部分地方和高校没有把思想政治工作的考核结果作为教师入职、晋升、薪酬的重要依据，把从事学生思想政治教育计入思想政治工作兼职教师的工作量，作为职称评审的重要依据。部分地方和高校辅导员身份属性还未能解决，思想政治工作队伍职务职级“双线”晋升办法和保障奖励机制还不完善，单列计划、单设标准、单独评审也未能完全落地。凡此种种，都成为影响思想政治工作队伍稳定和能力提升的瓶颈。三是从资源视角来看，习近平总书记强调，思想政治工作是全方位的，无处不在、无时不有的，要善于运用一切场合、一切载体、一切方式来做思想政治工作。但目前“三全育人”的格局还存在盲区断点，一体化育人“最后一公里”的问题尚未完全解决，思想政治工作体系没有完全贯通学科体系、教学体系、教材体系、管理体系等。部分高校专业课程的思政教育资源挖掘不够，与思政课的协同效应还不够强。以网络育人为难点的内容方式有待进一步创新。部分高校的主题教育网站点击率不高、影响力不大，校园服务网站各自为政，效能偏低。部分高校网络文化建设与管理的能力不足，对网络传播的规律把握不够，对青年学生网络使用特点了解不深，校园网络文化的产品供给不足。高校思政工作的人才、经费等资源如何科学使用，各地各高校在思政工作投入方面，如何投、怎么用需要进一步谋划。“三全育人”综合改革虽然进行了布点布局，但是如何让资源真正地发挥作用，而不是在有限的圈子里“自循环”值得进一步研究。四是从制度的视角看，这些年通过努力，我们先后制定了一系列关于加强和改进高校思政工作的制度规定,但在制度的细化配套和落实执行上,还没有形成立交桥，有的断头路没有打通，有的是肠梗阻依然存在。在省级层面，尚未落实构建宏观一体化育人体系的要求，如何统筹发挥学校、家庭和社会教育的育人资源，措施还不够多。在学校层面，个别学校存在思想政治工作游离于整个学校事业发展之外，思想政治工作与学生成长成才的过程脱离的问题，部分高校未能将思想政治工作融入“双一流”建设，学术评价、学科评估、职称评审、人才引进等工作考虑思政工作不够。在院系层面，一些院系领导重视学科建设和人才科研项目，轻立德树人和人才培养，存在单纯的业务关联思想倾向，从政治上看问题、把方向不够。五是从试点视角看，目前高校的思想政治工作总体上看，有植树但还需造林。目前还是点状式的，需要进一步发挥溢出和引领效应。不同区域、不同类型高校、不同学段、不同学科、不同专业之间的思政工作还存在不平衡问题。有的高校虽然认识到了新形势下加强和改进高校思想工作的特殊重要性，政治表态上能够坚持把立德树人作为根本任务，但存在表态调门高、落实行动差的问题。有时与高层次人才引进、高水平项目申报等工作，在时间精力分配上产生矛盾时，容易产生思政工作

“放一放、缓一缓”的想法。有的地方和高校对意识形态领域问题的复杂性、严峻性认识不够，管理不严、措施不硬，还存在不少薄弱环节。有的高校思政工作的体系化程度还不够高，开展理想信念教育的手段不够多、不够新，研究生思政工作的广度深度有待进一步延伸拓展，少数民族学生的思想政治素质有待进一步提升加强。以课程育人为基础的主渠道作用尚不充分。

3. 攻坚克难，把握好深入推进“三全育人”综合改革的关键环节

“三全育人”综合改革要真正推动各地各高校把各项工作重点和目标落在育人效果上，形成“时时有育人、处处有育人、事事有育人”的良好局面，就必须在前一段试点的基础上，在“深、实、精、细、合”上下功夫，做到因事而化、因时而进、因势而新，使高校思想政治工作更好地适应和满足学生成长诉求、时代发展要求、社会进步需求。一是“深”。就是措施要深化、效果要深化，理论武装要“深”。不断推进习近平新时代中国特色社会主义思想的学习贯彻和理论阐释走深走实，大力实施进学术、进学科、进课程、进培训、进读本“五进”行动，继续推进思政课思路攻坚、师资攻坚、教材攻坚、教法攻坚、机制攻坚，实施“短实新”集中宣传，充分运用主流媒体，借助“两微一端”等新媒体，开辟专题专栏专版，生动阐释习近平新时代中国特色社会主义思想，做到班班通、人人懂、全覆盖。破解矛盾要深。“三全育人”综合改革从试点到全面推进，有些深水区的改革要下决心推动，有些深层次的矛盾要大气力解决，要直面矛盾问题、敢于啃硬骨头、闯难关。二是“实”。就是要出实招，求实效。要把“三全育人”理念真正融会贯通到办学治校全过程。实主要体现在制度建设要跟上，要解决最现实、最根本的问题。高校学生思想引领的亲和力、实效性，辅导员队伍的编制和能力建设，思想政治工作人才、项目引领作用的发挥，思想政治工作评价指标等等，都要通过务实的制度和有力的执行加以解决。再比如，思政工作要走近学生、走进学生心里，就要把践行“一项规则”落到实处，要利用“一站式”学生社区综合管理改革试点，积极探索学生组织形式、管理模式、服务机制改革，推动党团组织、管理部门、服务单位等进驻生活园区开展工作，把校院领导力量、管理力量、服务力量、思政力量压到教育教学的管理服务学生第一线。三是“精”。就是要精准施策、对症下药。“三全育人”综合改革的举措要精准，不能大水漫灌，要精准滴灌。根据不同的群体、不同的特点精准施策，制定专门的工作方案，形成有的放矢的工作矩阵，把“精”的思想在高校思想政治工作中贯穿始终。调查显示：对大学生成长影响最大的因素是专业课教师。不同学科专业的教师，研究领域、讲课内容、教学方法各有不同，但是育人的要求是一致的。要充分挖掘哲学社会、理工农医等所有课程中蕴含的育人元素和所承载的育人功能，推动各类课程与思政课同向同行，形成协同效应。文学、历史学、哲学类专业课程可以帮助学生掌握马克思主义世界观和方法论，从历史与现实、理论与实践等维度深刻理解习近平新时代中国特色社会主义思想，自觉弘扬中华优秀传统文化、革命文化、社会先进文化。经济学、管理学、法学类专业课程，可以帮助学生了解相关专业和行业领域的国家战略和政策，培育学生经世济民、诚信服务、德法兼修的职业素养。教育学类专业课程可以通过注重加强师德师风教育，引导学生树立学为人师、行为示范的职业理想，培养学生传道情怀、授业底蕴、解惑能力。当然，课程思政并不是要把专业课都上成思政课，专业课就是专业课、思政课就是思政课，如果把专业课都上成思政课，或者在讲专业课时“低级红、高级黑”，那也是失败的。四是“细”。就是要落细落小。制度不是挂在墙上做摆设，制度要落地、必须具体细化，要可执行、可评估、可检查。只有做到“细”，从细微处着手，着眼于每一个学生、着力解决每一个具体问题，思想政治工作的针对性和亲和力才能提高。用宝生部长的话说，思想政治工作要做到“八有”，有虚有实、有棱有角，有情有义，有滋有味。要达到这个效果，关键要根据“时势”、利用“时事”，借力加强思政工作，要做到学生在哪里，我们的思想政治工作就要做到哪里。要做强学生组织思政，按照“强化党的领导，体现学生特点，严格规范管理，突出分类指导，支持有序发展”的总体思路，落实好《学生会改革意见》和《学生社团建设管理办法》，加强党对学生会、学生社团的领导，并落实党的领导要具体化，推动学生会、学生社团强化导向、精减队伍，去官僚化、娱乐化，真正体现为学生服务，为学校工作服务。要做优校园文化活动，加大文化浸润，用好校史、校训、校歌等育人资源，实施好“高校原创文化精品推广行动计划”，强化与社会主义核心价值观、中华优秀传统文化、革命文化、先进文化的共鸣效应。今年庆祝新中国成立 70 周年活动中加强爱国主义教育就是一个典型事例，以后在重大时间节点可以借鉴经验，引导师生通过感受身边文化来增强中国特色社会主义的道路自信、理论自信、制度自信、文化自信。五是“合”。就是要真正形成合力。要加强思想政治工作队伍建设，做到结构上优化，质量上保证，数量上充足，资源上保障，能力上到位。加强协同创新，切实打造全社会共同参与的思想政治工作体系，推动构建“党委统筹部署、政府扎实推动、社会广泛参与、高校着力实施”的“高校实践育人共同体”，联动融合做实网络思政大格局，着眼更加强大的传播力、引导力、影响力、公信力的要求，加快形成网上网下同心圆，通过流程优化、平台再造，实现各种内容资源、生产要素的有效整合，实现信息内容、技术运用、平台终端、管理手段的共融互通。由此，形成各项行政工作举措的叠加效应，推动各地各高校真正把各领域、各环节、各方面的育人资源和育人力量统筹在一起，推动知识传授、能力培养与理想信念、价值理念、道德观念的教育有机结合，做足育人大文章。同志们，高校思想政治工作使命光荣、责任重大、任务繁重。高校院系是处于一线开展思政工作最基础的力量，推动思政工作观念创新、实现全员全过程全方位育人，关键在大家。我们要在党中央和部党组坚强领导下，不忘初心、牢记使命，攻坚克难、狠抓落实，推动“三全育人”综合改革持续深入开展，不断推动高校思想政治工作开创新局面。

参考文献：在全国高校“三全育人”综合改革试点院系经验交流暨成果展示会上的讲话，中国政府网。

附录二 “三全育人”论文

“六到”做好育人工作 助力学生健康成长

陶森修

做好班主任育人工作不容易，而做好一所大型寄宿制高中班主任的育人工作更不容易。经过从实践到认识，再从认识到实践的多次反复，我体会到“六到”是做好宁夏六盘山高级中学班主任育人工作的基础、关键、保证。“六到”就是“眼要到”——发现问题、“耳要到”——倾听问题、“嘴要到”——沟通问题、“心要到”——思考问题、“手要到”——记录问题、“爱要到”——解决问题。

一、做好育人工作“眼要到”——发现问题

“眼要到”，就是不仅要多次反复地观察学生的言行举止，而且要仔细认真地从观察中发现问题。从时间上来看，从早操到早读，从上课到课间操，从午晚休到小班会晚自习等，每个时间段，都要不定时地对学生进行观察。从空间上看，不仅要观察学生在教室里的学习情况，还要观察学生在宿舍的事情；不仅要观察学生在操场上的活动，还要观察学生在食堂的问题；不仅要观察事情的现象，还要透过现象看本质。本学期通过观察，我发现了很多问题，避免学生犯更严重的错误。例如在早操时通过观察，发现过学生之间闹矛盾的；下晚自习时，在操场发现我班一学生早恋现象；到宿舍通过仔细观察，发现有个别男生存在抽烟问题的等。

二、做好育人工作“耳要到”——倾听问题

“耳要到”，就是要善于倾听不同学生及科任老师的声音，通过倾听了解学生存在的问题，从而做好育人工作，助力学生健康成长。本学期，由于我认真倾听学生的心声，班里时不时就会有学生给我讲他们在宁夏六盘山高级中学的“江湖”，与人相处的烦恼、学习的收获与困难，甚至是与父母的矛盾。学生只要愿意讲，我就愿意真诚地听，由于学生的讲加上我的倾听，我发现学生脸上的笑容多了，心情好了，学习有了劲头，生活更乐观。倾听班里科任老师关于班级学生的看法、倾听班干部对育人工作的想法、倾听不同学生关于班级管理的声音。通过倾听，了解学生的实际需求，站在学生的角度上思考问题，再去做班级育人及管理工作时，班里学生就会把班规班纪从细、小、实上内化于心，外化于行，助力学生健康成长。

三、做好育人工作“嘴要到”——沟通问题

“嘴要到”，一方面要不断地与学生、科任教师及家长沟通学生的问题，本学期我固定地在考试后与学生及家长沟通，不定时地与科任课教师、有问题的学生及家长沟通，随时随地做到“嘴要到”。例如早操提醒一下衣服穿得比较少的学生，早读时关注一下没及时吃早餐的学生，课间操时叮嘱学生要适度运动，注意运动损伤。针对文科班女生多，爱化妆的特点，我多次反复地给学生讲，中学生化妆的多重不良后果，有理有据，实践证明，讲到位后还是有效果的。另一方面，“嘴要到”就是要及时地对学生一天天、一周周的表现进行分析总结，该表扬的要及时表扬，以激励学生，调动其积极性。针对学生存在的问题，也要及时地指出，批评学生及时改正，不论是表扬还是批评学生，都要做到“嘴要及时到”，不能拖，否则会影响育人的意义与价值。

四、做好育人工作“心要到”——思考问题

“心要到”，就是作为班主任，要多思考育人工作，不断改进育人工作的方式、方法，助力学生健康成长。做好普通高中育人工作，靠“经验主义”

的时代已经一去不复返了。今天做好育人工作，助力学生健康成长就是“心要到”，用心发现新问题，研究新问题，树立新观念，寻找新思路，从而开拓出育人工作的新境界。本学年我不断学习了解高中生的身心发展特点，研究高中生学习规律，根据班里学生学习与生活的实际变化，不断调整育人工作的思路。如对宿舍纪律及卫生方面的管理，做到一日一反馈、一周一反思，一月一总结，表扬先进、激励全体不断努力的良好氛围。例如每次考完试后，我都会多角度、全方位地进行分析总结，从个别到一般，从优势到不足，从肯定到否定，分析班里学生成绩现状，激励他们以更积极的状态投入到学习中去。

五、做好育人工作“手要到”——记录问题

“手要到”，一方面就是班主任在做育人工作的时候，要及时记录学生各方面的表现，在进行周总结或是月总结时，做到有据可依。以前不论是学生受到表扬，还是犯错误，我都很少记录，学生也不太重视，犯错的学生相对多一些。今年为了更好地做好班级育人工作，我建立台账制度，进行写实记录，并把记录作为评优选先的依据，在进行总结时，用数据说话，犯错的学生减少了很多，育人工作有了一定的成效。例如，对学生宿舍卫生每周打扫情况及纪律进行记录，对迟到早退等违纪情况及好人好事进行记录，对学生课堂表现及作业完成情况登记在册，有了翔实的记录，不论是与学生还是家长沟通，都是有说服力的。另一方面，“手要到”就是班主任在育人过程中，还要身体力行，做到模范带头作用，例如每次进教室，该关灯时，我都会亲自动手把灯关掉。

六、做好育人工作“爱要到”——解决问题

“爱要到”，就是在做育人工作时，要热爱本职工作，要爱学生，用爱去解决育人问题。育人工作就是要以自律推动自律、以爱唤醒爱、以灵魂召唤灵魂。“爱要到”，首先是要热爱育人工作。大家都知道，作为寄宿制高中的班主任，做好育人工作的付出和收获，往往是不成正比的，如果不是热

爱育人工作，只是为了名和利，太计较个人得与失，根本做不好育人工作，也无法助力学生健康成长。其次班主任要爱学生及班集体，用班主任对学生及班集体无私的爱唤醒学生对学校、班级及老师与学生的爱，以一个灵魂召唤另一个灵魂。如果学生能爱自己的老师、同学及班集体，那么我认为班里几乎所有的问题将不再是问题，这也是班主任做好育人工作的新境界。

用诚实填空 把信用选择

王生银

一、案例扫描

考试铃响，老师们捧着一沓沓试卷走进考场。发完试卷后，老师们陆续轻轻地离开了考场。同学们埋头答卷……

每隔 20 分钟，老师在考场外出现一次，巡视一遍后又悄然离去……

教室内，同学们依旧仔细地答卷，没有人交头接耳，没有人东张西望，没有人偷翻书本，只有偶尔传来的桌椅的挪动声和写字发出的沙沙声，秩序井然……

100 分钟后，铃声再次响起，同学们停止答卷，将试卷反扣在桌子上，轻声离开……

老师们进入考场，收齐试卷，离开考场，考试结束。

这是宁夏六盘山高级中学在进行期中考试的情景，是六盘山高级中学开展诚信教育的一项重大的德育实践活动。

二、案例简析

无教师监考，是考验学生诚信程度的试金石，是六盘山高级中学加强学生思想道德建设行动的深化。无教师监考，让学生在交了一张真实考卷的同时，也出色地完成了一张人生美德的答卷。

无教师监考，诠释了一种全新的教育理念。

1. 无教师监考，再现了自律慎独的道德境界。“慎独”是中国儒家文化中德行修炼的核心、言行举止的标尺。《礼记·中庸》中所说的“莫见乎隐，莫显乎微，故君子慎其独也”，就是要求人们在独自活动又无人监督时，谨慎自己的行为，自觉遵循道德规范。考试时无教师监考就是在考查学生独处时自我约束的自律行为，督促学生恪守道德、诚实做人。

2. 无教师监考，承载了尊重与信任的人文关怀。尊重和信任是现代教育的新理念。尊重学生，就是尊重他们的个性、情感和人格，把他们看成一个平等的人，而不是一个被监督、被管理的对象。无教师监考就是在信任中尊重了学生的人文需求，使学生充分感受到了校领导、老师对自己的尊重与信任，这种信任迫使学生作出相应的行动，逐步完善自己的人格品行。

3. 无教师监考，创设了宽松宁静的考试环境。考试的目的是检测学生前一阶段的学习效果。要想检测出学生的真实水平，就很有必要为学生营造出一个没有干扰和压力的考试环境。学生在考试过程中，其身心本身就处于高度紧张状态，监考老师的一言一行都可能会加剧这种紧张心理，不利于学生真实水平的正常发挥，而无教师监考就为学生创设了一个相对宽松宁静的考试环境，为学生提供了最适合发挥实际学习水平的空间。

4. 无教师监考，建立了新型平等的师生关系。多年以来，人们习惯了这种思维定式——老师是管理者，学生是被管理者。这样的思维模式造成了双方在行为主体上天然的不平等，也容易引起学生对某些管理行为本能的逆反和排斥。但是，无教师监考要求老师为同学们做好考试过程中的各项服务工作，把老师放到了服务者和合作者的位置，这样就建立起了一种新型平等的师生关系。

5. 无教师监考，激活了自主自爱的责任意识。现在的绝大多数学生是独生子女，优越的生活条件、父母的溺爱，使得他们以自我为中心，对父母、对他人、对社会要求过高，对自己要求过低，人格不够健全，缺乏应有的责任感。宁夏六盘山高级中学的无教师监考是以班级集体为单位申报的，使得

“人人荣则集体荣，一人耻则集体耻”。这样就会使学生感到有一种无形的荣誉感在约束着自己，激发了学生对自己负责、对他人负责、对集体负责的责任感，让他们在自主考试的同时懂得了自爱，懂得了自己背负的责任。

6. 无教师监考，解放了教师、解放了学生。通过实施无教师监考，节约了教师的时间，提高了试卷批改、成绩统计等工作的效率，从而解放了教师；通过实施无教师监考，也增强学生的自尊、自信、自律意识，增强了学生的成就感、自豪感，从而解放了学生。

三、案例思考

无教师监考以良好的考风促进了宁夏六盘山高级中学的学风、教风建设，成为宁夏六盘山高级中学德育教育的一大亮点，它鲜明地打出了“人人讲诚信、处处见诚信”的德育活动准则，初步实现了“建诚信校园、树诚信考风、育诚信学子”的教育目标，也推动了学校的德育工作和德育文化建设。

在以诚实守信教育为重点的公民思想道德建设过程中，学校推行无教师监考不是在“作秀”，这一教育措施的推行，其积极意义是不容置疑的。但是，仍然有一些问题值得我们思考。

1. 无教师监考只是一种考试方式的改变，在现行的教育体制下，社会、教师、家长仍然把考试分数作为衡量学生素质的最重要指标，我们的考试改革应该从改革考试的内容、改革教育评价体系入手，让考试变成真正意义上的对学生所学知识、能力及人格的一种综合评估，这才是最重要的。

2. 无教师监考，从过去的强化监考逐渐向注重学生诚信方向转变，但是呼唤诚实，普及守信，并不能依靠教育手段的变革来完全实现，更不能奢望通过变换一种考试形式来实现。诚信教育的更深层次，需要完善的社会诚信机制，需要浓郁的诚信氛围，需要道德文化的熏陶浸润，需要每一个教育工作者长期不懈的努力。

3. 无教师监考不能适用于所有的考试场合。一些诚信程度较低的学生群体，不适宜实施无教师监考；一些学龄太低的孩童，自控力不强，也不适宜实施无教师监考；一些事关重大特别是带有选拔功能的重要考试，成绩信度要求高，社会敏感度高，决不能实行无教师监考。因此，无教师监考，必须控制在一定的范围内。

（此文获学校教育案例一等奖，并发表于《六盘山教育实践》）

新闻也是课程

——课程资源的开展与利用

王生银

一、案例描述

晚上七点随着中央电视台《新闻联播》前奏曲的响起，同学们纷纷进入教室，开始安静、有序地观看《新闻联播》。有的同学还不时地在《新闻记录本》上记着什么，部分班主任也和学生一起，坐在教室里观看《新闻联播》。

十几分钟后，学生会干部开始逐班检查，检查各班的观看人数、观看秩序，认真登记后，悄然离去。

教室内，同学们依然神情专注地观看，没有人喧哗吵闹，没有人中途离开，没有人随意走动，只听见播音员字正腔圆地播音，秩序井然。

30 分钟后，随着中央电视台《新闻联播》结束曲的响起，各班陆续关掉电视机，进入晚修课。

二、案例简析

这是宁夏六盘山高级中学“新闻课”的场景，是学校挖掘德育课程资源，拓宽学生视野的一项重大德育实践活动。2006 年春季开学，学校根据实际情况把中央电视台《新闻联播》节目引进课堂，作为学生的一门必修课。学校规定学生每天晚上七点集体收看《新闻联播》，要求学生在听和看的同时对自己感兴趣的时事热点及知识加以收集整理，还要求政治课教师在课前 5 分钟组织学生讲述新闻热点和收看感想，并针对学生的讲述进行点评、引导。此举既拓宽了学生的知识面，又激发了学生的爱国热情和责任意识，同时也增强了学生明辨是非的能力。

把中央电视台《新闻联播》节目引进课堂，寓意深刻。

1. 开设新闻课，是学生发展的需要

新课程特别强调德育教学要密切联系学生日常生活、联系社会实际和科技新进展，各科教材都大大增加或加强了与当今社会生活联系紧密的学习内容，尤其是那些与当前学生生活、当今社会实际、现代化技术和生产实际中出现的新情况、新问题联系紧密的学习内容，在宏观上进一步扩大了学习范围，拓展了学习的视野。在这种背景下，高中学生对信息的需求量也急剧增长，对涉及政治、经济、文化、军事、天文、地理等方面的信息，他们都十分渴望。绝大多数学生对新闻的内容抱有浓厚的兴趣，他们渴望了解国内外政治风云的变幻，渴望了解科技发展的最新动态，渴望开阔眼界、增长见识，为课本知识寻求更多的新鲜素材。《新闻联播》以其贴近时代、贴近社会、贴近生活，以其内容的丰富性、真实性和新颖性，深受同学们的重视和喜爱。学校顺势而为，满足了学生的需要。

2. 开设新闻课，是学校管理的需要

宁夏六盘山高级中学是一所全寄宿制学校，学校实行封闭式管理模式。学生长期不能回家食宿，学习、娱乐都在校园里，接触社会的机会相对较少，了解信息的渠道比较单一，在一定程度上限制了学生的知识面。由于实行寄宿制、封闭式管理，时间久了学生难免感到校园生活的枯燥乏味，感到严肃紧张有余，宽松和谐不足。这样的环境，对学生发展也会产生一定的影响。针对这种情况，学校强调人本观念，为每个班级配置了25英寸的彩色电视机，及时开发了德育校本课程——新闻课，把“封闭式的管理”和“开放式的教育”紧密结合起来，满足了学生对信息的渴望，丰富了德育教育内容，也增强了学校教育管理的针对性。

3. 开设新闻课，是德育教育的需要

宁夏六盘山高级中学自建校以来，就把德育课程建设提高到隐性课程和校园文化建设的高度上来认识。把《新闻联播》引入课堂，开展时事教育，并加以规范管理，充实了德育教育的内容。《新闻联播》中“永远的丰碑”“时代先锋”“经典中国”“劳动者之歌”等几个板块都是最好的德育资源，是对学生进行爱国主义教育、革命传统教育、劳动教育的好素材，人物形象生动、鲜明，事迹的感染力极强。一位同学谈了这样的观看感受：“许多革命先烈20多岁就为革命事业而壮烈牺牲，他们抛头颅洒热血、不屈不挠、英勇顽强的斗争精神和牺牲精神，在今天值得弘扬，需要提倡。”还有一位同学说：“英雄就在我们身边，牛玉儒、王顺友、徐本禹、洪战辉、冯志远，都是平凡而又伟大的人，都值得我们去学习。”这些内容，正是我们在学校教育中逐渐被忽略、被淡忘的方面，亟待开发。

4. 开设新闻课，是课程改革的需要

《基础教育课程改革纲要（试行）》要求，学校要“积极开发并合理利用校内外各种课程资源，学校应充分发挥图书馆、实验室、专用教室及各类教学设施和实践基地的作用。”学校在“执行国家课程和地方课程的同时，应根据当地社会、经济发展的具体情况，结合本校的传统和优势，学生的兴趣和需要，开发或选用适合本校的课程”。同时要求，在课程改革中学校要“加强德育工作的针对性、实效性和主动性，对学生进行爱国主义、集体主义和社会主义教育，加强中华民族优良传统教育、革命传统教育和国防教育，加强思想品质和道德教育，引导学生树立正确的世界观、人生观和价值观”。宁夏六盘山高级中学开设新闻课程，充分利用了学校的课程资源，针对学生的兴趣和需要，也渗透了德育教育。学生在积累新闻知识的同时，还培养了他们的问题意识，增强了他们的责任意识以及理论联系实际的能力，这些都是新课程改革所倡导的学习理念。另外，收看和点评新闻，使学习与生活贴得更近，其中也渗透着新的学习方式。

三、案例思考

把《新闻联播》引入课堂，满足了学生的迫切需要，拓宽了学生的知识面，激发了学生的爱国热情和责任意识。同时也促进了学校的课程改革工作，丰富了学校的课程资源。为学校的德育增添了一块新的阵地，成为学校德育的一大亮点，推动了学校的德育工作和德育文化建设。

1. 观看新闻，促进学生全面、和谐发展

中学阶段正是学生长身体、长知识的重要时期，也是世界观、人生观、价值观形成的重要时期。《新闻联播》内容丰富，能够影响人的文化、修养、品位以及情感，对青少年的成长具有重要意义。开设新闻课以来，我们明显感觉到学生的眼界开阔了，课间谈论的话题也发生了变化：从生活琐事转向国际国内的重大要闻；学生的普通话水平也较以前有明显进步，语言的规范化、准确化程度有所提高；新闻里播报的模范人物，都曾在平凡的工作岗位上做出了不平凡的业绩，潜移默化中影响着学生的价值观。这些都促进了学生完美人格的塑造，提高了学生的思想品德修养，使学生获得全面、和谐的发展。

2. 观看新闻，学生透视社会的能力得到提高

《新闻联播》是很好的教育资源，学校有责任用好这一教育资源，帮助学生正确地透视社会，防止学生“窥一斑而视为全貌”，对社会产生一些片面的认识和消极的情绪。收看《新闻联播》，同学们可以获得大量的正面报道和积极信息，当然也看到社会生活中的个别消极落后现象，教师及时引导学生调节好“焦距”，调整好“视角”，在获取知识的同时，培养学生正确的认识方法，帮助学生树立正确的认识角度。例如 2015 年 4 月份关于北京等地发生特大沙尘暴的消息报道后，教师及时引导学生既要看到沙尘暴产生的环境因素，还要看到气候因素，从而全面地认识沙尘暴的产生原因，避免学生对国家的环保政策、环保措施产生误解。

3. 观看新闻，学生的思想和行为发生了变化

在“新闻的价值”主题班会上，同学们畅谈了对新闻课的认识。大多数学生认为新闻课改变了他们的思想、影响了他们的行为。看了关于“十四五”规划的报道后，一位同学说：“‘十四五’规划为我们描绘了美好的蓝图，让我们对祖国的前途充满了希望，我们一定要发奋学习，建设家乡。”另一位同学说：“看了‘永远的丰碑’栏目中革命先烈的英雄事迹，我懂得了珍惜。”还有一位同学说：“通过看新闻，我的文字概括能力得到了提高，学会了用最简练的语言描述一个事件。”老师也普遍感觉到，开设新闻课以来，同学们的民族自豪感增强了，责任意识提高了，是非界限更清楚了。潜移默化中，学生的思想和行为都悄悄地发生着变化。

四、案例启示

把新闻作为课程，使教育资源得到充分利用，体现了德育的实效性。把新闻引进课堂，是开展德育创新的一项有益尝试。把新闻作为德育课程资源加以开发，具有时代性，体现了新课程的理念，也体现了德育的创新性。

把新闻作为课程，切合学校实际和学生特点，体现了德育的针对性。德育的实效性来源于它的针对性，封闭式、全寄宿制管理，需要开放式的教育，需要畅通的信息渠道，学校针对实际，顺势而为，取得了良好的教育效果。

把新闻作为课程，变革了传统的教育方法，体现了德育内容、形式的丰富性。德育不仅仅是说教，其内涵是丰富的。在新形势下，传统的德育内容、手段，受到了挑战，如何创新内容、创新手段，值得探索。把新闻作为课程，体现了德育形式的多元化，也体现了德育内容的丰富性。

（此文荣获自治区二等奖，并收录入《实践者的足迹》文集）

加强校本管理 为班主任开启一扇成长之窗

王志恒

党和国家高度重视中小学班主任工作，曾在一系列文件中对班主任工作的重要性做出指示并提出具体要求。特别是2004年颁发的《中共中央 国务院关于进一步加强和改进未成年人思想道德建设的若干意见》指出：要完善学校的班主任制度，高度重视班主任工作，选派思想素质好、业务水平高、奉献精神强的优秀教师担任班主任。中国教育学会德育专业委员会班集体研究中心常务副主任唐运增说："全国400多万中小学班主任的素质，关系到全国1.6亿中小学生的德育水平。"作为学校德育工作骨干的班主任，使命光荣，任务艰巨！班级是学校教育的基本单位，班主任是这个基本单位的灵魂，班主任是班集体的组织者、领导者、教育者，是联系班级各任课教师的纽带，是沟通学校教育、家庭教育、社会教育的桥梁，是学校管理和德育工作的骨干力量，是学校领导对学生进行教育工作的得力助手，是学生德智体美劳全面发展的引路人，贯彻教育方针的每一项工作，都离不开班主任的具体落实。班主任思想品德优劣，业务水平和工作能力高低，对学生个人的健康成长、对优秀班集体的形成、对整个学校教育教学质量的不断提高起着举足轻重的作用。在2006年6月颁发的《教育部关于进一步加强中小学班主任工作的意见》中又指出：中小学班主任工作是学校教育中极其重要的育人工作，既是一门科学也是一门艺术。在普遍要求全体教师都要努力承担育人工作的情况下，班主任的责任更重，要求更高。当班主任和授课一样都是中小学的主业，班主任队伍建设与任课教师队伍建设同等重要。因此，对班主任队伍的管理就理所当然地成了教师队伍管理的重点，在整个教育教学工作中具有特别重要的地位。

宁夏六盘山高级中学是自治区党委、政府为提高宁夏南部山区人口素质、加快贫困地区经济发展而创办的一所教育厅直属的全寄宿制高级中学。目前，学校有108个班级6000名学生，108名班主任及为数不少的班主任预备队伍的素质，关系到全校6000名学生的德育水平，涉及宁南山区200万老百姓。随着现代化步伐的日趋加速和新课程的全面实施，教师队伍建设日渐规范化、科学化，为了进一步适应德育工作改革和发展的新形势，建设一支素质高、有科学管理方法的班主任队伍，对培养未来高素质人才意义重大，也对学校实现“全员育人、全程育人、全方位育人”目标举足轻重。宁夏六盘山高级中学自建校以来，十分重视班主任工作，始终把班主任队伍建设放在学校工作的重要位置，在《宁夏六盘山高级中学2021—2025年改革与发展规划》中指出：“要建设一支善于管理、勤于引导、勇于担当、关爱学生的班主任队伍，推动学校内涵发展。”基于此，我们在班主任管理上进行了大胆地探索，在新课程理念的指导下，结合学校特点及资源，通过培训、激励、实践等管理措施，加强班主任队伍建设，从而为培养政治方向明确、思想道德高尚、行为规范优秀、身体心理健康的跨世纪人才奠定了基础。

一、以培训为基点，提高班主任专业水平

1. 常规常新，班主任例会更扎实

班主任例会是学校班主任管理的传统方式。以往，大多利用班主任例会进行一些工作布置，偶尔也学习一两篇文章算作培训；每月一次的例会似乎不像政治、业务学习一样有“分量”，往往还会与临时的事务冲突。如何提高班主任例会的效果，使其真正成为班主任学习、交流、分享的时空，成为班主任进步、提高的源泉，是学校德育管理应该思考的问题。结合宁夏六盘

山高级中学的一些实际情况，我们做了一些有益的尝试。

（1）制度的确立。我们经常思考，如果班主任例会同教师业务学习一样有充裕的时间保证，定然能提高其效果。因此，在新学期开学，政教处就统筹安排，不再像原先那样随机确定一个时间召开班主任例会，而是从业务学习中抽出每月一次的时间。过去常常将例会开成工作总结会、布置会，现在我们把它开成经验交流会和理论培训会，加强了例会的计划性、针对性和有效性，每次例会都要根据当前工作任务确定一个研究专题。实践证明，班主任们在参加例会时没有了后顾之忧，得以静下心来，提高例会的效果也就不难了。

（2）内容的更新。召开班主任例会，组织者、管理者应该在内容上多思考，使班主任真正有所得、有所获、有所变。我们采用案例剖析、教育释疑、热点问题讨论、信息交流等方式创新例会内容，而把工作布置压缩在每次例会的很短时间内，这样大大提高了班主任参与例会的积极性，提高了例会对实际工作的指导性，也使例会更多地得到班主任的支持。

（3）考核的同步。班主任例会，不仅是政教主任的事，也是全体班主任共同的事，是学校德育管理的一项举措、一个常规。因此，是否按时参加、在例会中是否积极互动、例会结束后是否进行有关积累和反思等，都可成为班主任考核中的一项内容，这样也更利于进一步提高例会的有效性，使班主任例会这一传统得以在承袭中有创新，开展得更扎实。

2. 理念更新，校本培训相结合

新课程实施以来，校本培训已成为宁夏六盘山高级中学教师在职教育的一种培训新形式。如何有效实施校本培训，如何将校本培训与班级管理紧密结合体现其价值性，进一步通过校本培训提高作为培训主体的班主任的专业化水平，是校本培训的重要课题，也是学校德育管理的重要内容。为进一步促进班主任理念的更新、打开班主任工作思路，我们充分发挥校本培训的作用，在学校制订的《青年教师培养计划》中，把班主任工作的培训也作为一项重要内容，通过讲座、专题交流研讨等形式形成浓厚的学习氛围，收到了良好的培训效果。如在“新课程背景下班主任工作培训”活动中，学校请中央教科所詹万生专家就“新课程下的德育工作”进行了专题讲座，对“新课程背景下班主任最需关注什么、建设理想的班级文化需班主任具备哪些素质”等问题有了更多思考，也更好地达成了班主任应进一步加强学习、提高能力的共识。又如在心理健康教育专题培训中，我们请自治区心理教研员丁晓玲老师上团体辅导课，然后进行评析解读，并展开“让德育走进学生的心灵”的心理健康教育交流等，使全体参加培训活动的老师都有所受益，培训的实效性得以较好地体现。

与校本培训相结合，真正实现了“主动、开放、高效、务实”的全方位的班主任在职教育，从而有力地促进了班主任教育观念的转变，促进了班主任专业水平的提高。

3. 科研创新，课题研究作引领

苏霍姆林斯基曾说：“如果你想让教师的劳动能够给教师带来一些乐趣，使天天上课不至于变成一种单调乏味的义务，那就应当引导每一位教师走上研究这条幸福的道路”。班主任工作亦是如此。宁夏六盘山高级中学以当前高中生的人格、行为现状为依据，结合宁夏六盘山高级中学为一所全寄宿制学校实际，完成了全国“十五”德育重点课题《德育“三结合”的组织与引导》课题研究，自治区级《全寄宿制学校学生自主管理模式的研究》德育课题。在参与课题研究的教师中，班主任占了大多数，他们结合宁夏六盘山高级中学实行的无教师监考、诚信教育、养成教育、学生健康成长导师制等方面的成功事例，参与课题研究、在实践中提高了科研能力，解决教育之困惑，寓研究方法于丰富的研究形式中，真正感受到了教科研和实际工作的融合，体会到了研究带来的特有的成就和快乐。以教育科研为先导，努力形成教科研工作的良性运行机制，引领班主任走上研究之路，使班主任们更充实地向科研型、创新型班主任发展。

二、以激励为手段，增强班主任工作动力

在师德建设中，我们要求教师“爱生、敬业、博学、奉献”，对班主任的要求更是如此。实践证明，在班主任队伍建设过程中如果引进恰当的激励机制，就能更好地激发班主任的内在动力，使他们在主动、自愿的动机作用下，更加积极地工作，从而取得更好的工作绩效。宁夏六盘山高级中学从以下三个方面构建激励机制。

1. 目标责任激励

作为一个班主任，首先应该明确自己工作的目标，明确所担负的责任和使命。新课程对班主任提出了新的更高的要求，班主任不能做简单、封闭的“教书先生”，而是要在教书、在班集体建设活动中多方位多渠道地给学生一个系统的智力框架的同时，更注重学生思想道德、行为品质、劳动技能、心理素质等各方面的和谐全面发展。学校对班主任工作的目标和责任要明确，期望值要高，这样激发的力量才会强；还要适时对班主任工作加以点拨、指导，随时给班主任注入带有浓郁时代气息的目标责任要求，强化其使命感，并可根据各班主任的能力、特长等进行激励，创造一种竞争奉献的氛围，强化班主任的角色意识和对工作职责的认识，激励和鞭策班主任敬业、乐业、勤业、精业。

2. 情感感召激励

做好班主任工作，很关键的一点是要有一种尽心尽力主动做好工作的信念和意识。对班主任进行恰当的情感的激励和感召能充分调动班主任工作的内驱力，情感激励是多方面的。在班主任队伍建设中，领导是提高管理规范化、科学化水平的决策者，决策的好坏，直接关系到班主任队伍建设的成败，因而情感激励应从领导（尤其是德育领导）层面开始。宁夏六盘山高级中学领导经常深入到班主任群体中，了解、掌握班主任工作的新情况、新问题，听取广大班主任的意见和建议，确保决策的民主化和可行性；同时，为了提高决策水平，将班主任多方面的工作进行整合，以减轻班主任繁重的琐碎事务的压力，使班主任有精力对某些班级管理过程中出现的问题进行深层次的

思考，提高工作艺术水平。另外，学校领导的敬业奉献精神、以身作则的榜样行为等都是无声的号令，是最有凝聚力、说服力的，毫不吝惜地“关心、理解、尊重”班主任，激励着班主任老师更积极主动、更真诚地投入工作。除了领导的因素，学生、同事的激励作用也相当大。班集体活动主要是班主任和学生之间的活动，“情”是重要纽带，在班集体活动中常会有师生情感产生共鸣，激励着学生也激励着班主任，使学生感受到班集体的温暖，也更有效地激励班主任开展工作。“优秀班主任”“先进班集体”的评比，在自我推荐、组内互荐的基础上进行，大家摆事实、论业绩，优秀班主任在这过程中体验到自我价值实现的幸福感；同时，班主任之间友好、竞争、取长补短，既明确自己的努力方向，又能感受到集体的关爱，更有利于形成积极向上的合力。人非草木，孰能无情，情感感召激励在班主任队伍建设中起着极其重要的作用。总之，对班主任的情感激励是多方面的：不仅有来自领导的、学生的、教师的，还有来自家长的、班主任自己家庭的和社会方方面面的，我们通过深入细致地研究、探讨班主任工作的规律，从多方面多渠道发掘促进班主任做好工作的情感激励因素，让班主任老师自觉愉快地工作。

3. 物质待遇激励

物质利益是人类生活的重要保证。马克思曾经指出：人们为之奋斗的一切与他们的物质利益有关。对于任课教师和班主任来说，首先应该强调敬业奉献，但也需要将物质待遇激励和精神激励有效地结合起来，以最大限度地发挥激励的作用。因此，关心班主任的物质利益，也是班主任队伍建设的有效保障。宁夏六盘山高级中学在加强班主任工作考核力度的同时，为进一步激发班主任工作积极性，针对宁夏六盘山高级中学校内工资结构的特殊性，增加班主任津贴，让大家感觉到班主任是一个人人羡慕的岗位。另外，在新课程理念下，我们不断证实“工作着是美丽的”誓言，但从提高生命质量的高度来讲，工作不是生活的全部。班主任的生活也可以更多姿多彩，所以在条件许可的情况下组织开展了一些班主任参加的活动，如外出参观考察、休闲旅游、联谊娱乐等，放松心情、愉悦身心，使班主任有更多的激情和动力开展工作。

“用力去做，只能合格；用心去做，方能成功。”宁夏六盘山高级中学通过综合运用多种激励措施，更好地激励了班主任的工作动力，发挥更大的能动性，对工作全情投入，从而也促进宁夏六盘山高级中学班主任的成长。

三、以实践为载体，提升班主任综合素养

日益发展的社会向每一位教师发出预告：教师要有真才实学，要有货真价实的硬功夫，这是教师自身争取可持续发展的资源。这意味着对班主任提出了更高的要求，要求班主任要具备相当程度的综合素质、多种知识技能，成为一个复合型的班主任，且更要有不断更新、不断“充电”的思想准备，实现终身教育。多年的教育工作实践使我们体会到：时代的发展，教育的发展，呼唤高素质的班主任，我们在班主任队伍建设的过程中，群策群力，通过多种实践途径，提升班主任的综合素养。

1. 在主题活动中锤炼

一个良好班集体的建设必须通过各种活动来实现。这是因为集体活动可以产生凝聚力，能使每个学生的主体积极性得以发挥，能使师生关系不断密切。主题活动，是班级教育活动的重要形式，是班集体建设的基本方法和途径。全体班主任通过精心设计和组织主题班会、班级活动，并在此过程中锤炼综合素质。我们开展了以“诚信在我心中”“树立社会主义荣辱观”等为主题的演讲比赛，组织校园文化艺术节、纪念“一二·九”越野赛、元旦文艺晚会等活动，让每个班级月月都有主题班会，通过提供一个个生动活泼的教育舞台，创造条件使学生在一次次潜移默化的活动中得到感悟和教育，也给班主任提供了切磋、锻炼的机会。

2. 在专题交流中提高

一个能干的班主任，应具有总结、反思、语言外显等综合技能。当班主任以智慧和热诚在班级管理的园地里播种、耕耘、收获，我们应该创造更多机会，让他们聆听、分享。专题研讨和交流不失为一个有效的平台。宁夏六盘山高级中学结合德育课题的研究，为众多班主任老师创造很好的交流机会，每年组织一次德育研讨会，让他们一起相互交流经验，共同研讨班级管理中存在的问题，抛砖引玉，引领全体教师积极参与德育课题研究，以教师的爱心、责任心和事业心，去培养学生的爱心、责任心、自尊心。每次德育研讨会，都促进了言者与听者之间的交流；班主任们对班级管理工作的一份热情、一腔热爱和一种匠心也感染着大家，他们各方面的能力也在整个准备及交流的过程中得到提高。

3. 在真实感动中升华

在人的诸多非智力因素中，情感是尤其重要的；若能调动起人的情感中最可贵的那部分——感动，将最大限度地激发生活、学习、工作的积极性。中央电视台“感动中国年度人物”评选活动震撼了多少中国人的心，我们无从考证，但这种极具煽情的形式无疑给我们以极大的启发。我们组织全体师生寻找身边的学习楷模，将学习生活中令自己感动的事迹进行交流、评比、展览。我们发现，学生心中最多的是从班主任那里感受到的关爱，老师心中最多的是作为班主任与学生、家长的心灵相通，可以说，班主任的心灵、情感也在这真实的感动中得到升华。

《中国教育改革与发展纲要》中指出：“振兴民族的希望在教育，振兴教育的希望在教师。”有一支善于育人的班主任队伍，是学生的福佑，家长的期盼，更是学校的理想，社会的召唤。实践证明，宁夏六盘山高级中学在班主任队伍建设中走校本管理之路，引领班主任真正用心、用情去工作，促进了班主任群体素质的提高，为班主任开启一扇成长之窗。他们也用实际行动践行着自己的誓言：

我们像爱护自己的子女一样爱护学生，为人师表，言传身教；我们像热爱自己的家庭一样热爱学校，尽职尽责，不遗余力；我们像珍惜自己的生命一样珍惜事业，创造价值，追求永恒。

附录三　“三全育人”主题班会设计案例

弘扬宪法精神 树立宪法权威

张涛涛

一、教育背景分析

（一）班会内容分析

中国共产党第十八届中央委员会第四次全体会议提出，全面推进依法治国，总目标是建设中国特色社会主义法治体系，建设社会主义法治国家。这就是，在中国共产党领导下，坚持中国特色社会主义制度，贯彻中国特色社会主义法治理论，形成完备的法律规范体系、高效的法治实施体系、严密的法律监督体系。实现这个总目标，必须坚持中国共产党的领导，坚持人民主体地位，坚持法律面前人人平等，坚持依法治国和以德治国相结合，坚持从中国实际出发。

树立和维护法律权威，是社会主义法治信仰和法治思维的核心要求，是建设社会主义民主政治和法治国家的前提条件。树立宪法权威，就是树立党和人民共同意志的权威。捍卫宪法尊严，就是捍卫党和人民共同意志的尊严。

（二）学情分析

现今社会，守法是公民的道德信仰，是法治之保障。社会秩序之稳定，法治之构成，是离不开服从法律、诚信守誓的。高中学生处于青年初期，身体逐步发育成熟，心理处于由不成熟向成熟的过渡阶段。在初中阶段的学习中掌握了基本的法律知识，初步形成了法治思维，但尚未真正树立法律信仰，从内心深处真正认同、信任法律的正义性和权威性。在运用宪法维护自己的合法权益、同各种违法犯罪行为作斗争方面，还缺乏一定的认知与实践，需要提高学生的法律意识，弘扬社会主义法律精神，让宪法学习内化于心，外化于行。

二、教育目标和重难点

（一）教育重点

学习宪法基本知识，了解宪法在国家生活和社会生活中的重要作用，真正认同、信任我国法律的正义性和权威性，从而树立起对宪法的坚定信仰。引导学生向身边的人宣传宪法知识，帮助和引导他人尊重法律权威，特别是要宣传社会主义法治理念。

（二）教育难点

宪法是制度性规范，法律条文较为抽象和枯燥，单一教学方法导致教学实践不理想。用有趣的形式让学生学习宪法知识，树立法治思维是一大难点。另外，知易行难，引导学生敢于运用宪法知识和思维同违法犯罪行为作斗争，自觉维护法律的权威非常困难，要让学生明白同违法犯罪行为作斗争的方式是多种多样的，既包括事前采取有效预防违法犯罪行为的发生，又包括事后制止、申诉、检举、揭发违法犯罪行为。

三、教育准备工作

（一）教师准备

1. 购买与宪法相关的书籍，增加知识储备。

2. 网上查阅宪法课堂教学的探索与实践，下载相关事例和视频资料。

3. 准备课件。

（二）学生准备

1. 学生分成小组并选出小组长。

2. 学生按小组集中原则就座。

3. 提前熟悉辩论赛流程，查阅辩论主题所需的相关资料。

四、教育过程与教育资源设计

课堂环节	教师活动	学生活动	设计意图
（一）宪法宣传片播放	2019年12月4日是第六个国家宪法日，宪法是国家的根本大法，具有最高的法律效力。很多同学认为宪法和自己的生活没有关系，其实这种观点是不对的，下面就让我们通过一个视频来了解一下宪法是如何陪伴和保护我们的。	体会宪法是国家的根本大法，是治国理政的总章程，弘扬宪法精神，维护法律权威，是我们每个人应尽的义务。让学生理解从出生到年老，从婚姻到职场，宪法和我们每一个公民的一生又有着密切的联系。	通过宪法宣传片激发学生学习欲望，调动学生学习积极性。
（二）宪法知识竞赛	由老师展示题目，题目来自2020第五届全国学生“学宪法 讲宪法”题库。引导学生作答，当学生作答结束后，对答对题目予以表扬并加分，对答错题目进行分析。 必答题示例： 在我国，公民一词的含义是指（B） A. 出生在我国的人 B. 具有我国国籍的人 C. 享有政治权利的人 D. 年满18周岁具有我国国籍的人 抢答题示例： 下列行为属于侵犯他人人格尊严权的有（D） ①故意给别人起具有侮辱性的绰号 ②犯罪嫌疑人的照片被印在通缉令上 ③商场保安强行检查顾客的背包 ④医院未经患者同意将其姓名和病情发布在网上 A ①②③　B ②③④ C ①②④　D ①③④	宪法知识竞赛分为必答题和抢答题，必答题以小组为单位按照顺序依次作答，抢答题先抢先得。要求学生在10秒内说出正确答案，必答题共12道，每组3道，分值为5分。抢答题为4道，答对得5分，答错扣5分。最后计算组内总分。	在竞争中激发参与意识，在答题中树立合作思维，在纠错中普及宪法知识。

续表

课堂环节	教师活动	学生活动	设计意图
（三）宪法关键词你来比画我来猜	每组给出12个与宪法相关的关键词，要求四个小组中每小组分别选出3名同学合作猜出答案，每猜出一个关键词得10分。 关键词示例： 第一组：政府、中国共产党、少数民族、公有制、公民、义务、居委会、政治自由、法官、五星红旗、无产阶级、特别行政区。 第二组：律师、国家、国家主席、人民代表大会、权利、服兵役、遗嘱、人民、宪法、人权、监察委员会、国情。	三人一组，两人比画一人猜，负责比划的人不能说出所猜词中的任何一个字，在三分钟内猜对词语数量最多的获胜。最多只能跳过2个词语。参与游戏的其他人不能提醒。	有利于促进成员之间的感情默契，增加乐趣的同时，对宪法关键词的理解和了解程度。
（四）宪法辩论赛	给出辩论题目，讲清辩论规则，引导学生讨论并有秩序发言，等学生辩论结束后，教师总结：法律是成文的道德，道德是内心的法律。法律是最底线，道德是最高要求，道德约束大部分人，法律惩戒少部分人，要坚持依法治国与以德治国相结合。	正方：社会秩序的维系主要靠法律。 反方：社会秩序的维系主要靠道德。	在辩论中感受法律的作用，适用范围与局限性。
（五）宪法宣誓	介绍全国人民代表大会常务委员会关于实施宪法宣誓制度的决定，并介绍宣誓誓词、宣誓仪式所需要的注意事项。 宪法誓词如下： 我宣誓：忠于中华人民共和国宪法，维护宪法权威，履行法定职责，忠于祖国、忠于人民，恪尽职守、廉洁奉公，接受人民监督，为建设富强民主文明和谐美丽的社会主义现代化强国努力奋斗。	由一人领誓，领誓人左手抚按《中华人民共和国宪法》，右手举拳，领诵誓词；其他人整齐排列，右手举拳，跟诵誓词。宣誓场所应当庄重、严肃。宣誓仪式应奏唱中华人民共和国国歌。	模拟宪法宣誓，感受神圣时刻，弘扬宪法精神。
（六）总结	希望同学们通过此次活动，了解宪法，感受宪法的权威、法治的力量，在心灵中播下宪法的种子、法治的种子，努力成为具有法治思维方式的合法公民。		

五、教育反思

在当代中国，树立宪法权威，对于建设社会主义法治国家，实现国家长治久安具有非常重要的意义。深入开展宪法宣传教育，促进宪法教育的知行转化，提高法治教育的实效显得尤为重要。当前制约宪法教育深入实施的因素有二：第一是教育者法律知识欠缺，法治意识不强，第二是宪法教育教学方法单一，教学效果不理想。为此，拟计划邀请在银川市金凤区司法所的朋友为班级同学进行专题讲座，无奈因时间冲突和疫情防控等原因，最终取消该计划，改由笔者自主授课。因缘际会，笔者参加了由自治区教育厅组织的2020年全区中小学法治教师培训班，在此期间接触到了宁夏大学法学院的优秀教师。此次宪法课堂教学的形式来自于何磊老师的建议及宁夏大学法学院的实践，我在设计的过程中采用了此种授课形式，但对授课内容进行了全新的改版，使之符合高中生实际情况。

在授课过程中，课堂因教学形式的灵活而变得异常热烈，极大地调动了学生的积极性与创造性，让学生在轻松快乐中学习了宪法知识，初步树立了法治思维，总体来说，是一堂非常成功的班会课。当然，也存在着如下几个方面的问题：首先是视频导入时间稍长，影响了后续环节安排；其次是宪法关键词你来比画、我来猜环节题目设计不够，有两个小组得分相等，因题目不够无法决出最终胜负；第三是宪法辩论环节未使用正规辩论软件计时，导致课堂秩序过于混乱，辩论变成了争执。以上小失误可以在以后实施过程中加以改进。

（此设计荣获学校主题班会竞赛二等奖）

附录四 “三全育人”学生课余党校讲稿

学生课余党校 党课讲稿

——从《山海情》看中国共产党

张涛涛

各位同学好！今天，我打算从微观角度，结合自身经历，带领大家看看我生活的地方——闽宁镇是如何在党的领导下脱贫致富，从“干沙滩”变成“金沙滩”的。今天我讲座的题目是：从《山海情》看中国共产党。

今年开年，出现了一部叫好又叫座的王炸献礼大剧，开播以来，豆瓣评分 9.4。毫不夸张地说，《山海情》是 2021 年到目前为止最好看的电视剧。（播放《山海情》预告片）

所有剧情显得那么真实而又不真实。一天三顿吃洋芋觉得吃饱了的村民，共享一条裤子的三兄弟，被村民偷抓吃得只剩一只的“扶贫鸡”，一头驴子换一个女子……这些看起来不像真实生活的情节，却是当地真实的生活。甚至可以说，当地的真实生活比电视剧还要苦。接下来，我给大家讲讲电视剧中出现的角色原型的故事。

剧中白麦苗的原型是闽宁镇立兰酒庄的员工刘莉。我们来看看刘莉的自述：

“我高中没有毕业。我是家里的老大，兄弟姐妹多，父母种着几十亩山地，春天把地种上，爸爸就和村子里的男人到外面干活挣钱，收粮食的时节回来，粮食收结束了，工地上的活也停了，一年也挣不上几个钱。爸爸大多数在建筑工地上干活，当小工，伺候大工，泥一身、水一身，每月挣280元，就是这样也不能按时拿到工钱，每年到了上学的时候，就是妈妈最愁肠的日子。如果等不及爸爸汇来的钱，妈妈就低声下气地去借钱，这个跟前借几块，那个跟前借几块。17岁那年，能帮家里干活了，如果我继续念书，兄弟和妹妹以后念书就受的罪多，我反复思考后断了念书的念头。我是哭着离开学校的，当背上铺盖卷走出学校大门的时候，眼泪下来了，我捂着脸，不愿意让人看见。

在银川打了几年工，认识了一位老实的小伙子，就结婚了。结婚后，现实远比理想困难得多。老公的家比我们家还偏僻，不仅山高路陡，最重要的是缺水，一个庄子里的人守着沟底下的一眼泉水，泉水也不太旺，慢吞吞往外冒，把人急得等不住，就到山上干活去，让娃娃在泉边上等，桶子像学生娃娃一样排着队，娃娃在沟里耍，轮到跟前了喊大人舀水。用一个马勺，后面镶上半截长木头棒，蹲在泉边，身体和头伸进去，舀一勺黄水，就是泥水，担回家等着澄清了才倒进缸里，下面的泥水泼在院子的菜地里。在这里，水成了最大的事情，有的人半夜起来担水，但到了泉边上，才发现还有比他来得更早的人，只好担着饮牲口的苦水回来。

没办法，就等着下雨，把房上的雨水改到地窖里供人吃，院子里的水改到另一个地窖里饮牲口。洗碗的水舍不得倒掉，用来饮牲口，洗衣裳都缺欠得很，洗了衣服的水倒在院子里的菜地。一年到头，洗个澡就是妄想，人活得屈就。

结婚后，我在家里种几亩薄地，看娃娃，老公在外面打工，走银川的车费50元，家里没有办法，向别人借上，有时候借不上，驴驮上一袋麦子卖了当盘缠。

娃娃念书不方便，我的大女儿开始在本队念书，三年级后学校撤到乡里面去了，一个碎娃娃，每天跑十几里路去念书，中午吃的是干馍馍，晚上回来都天黑了，看不到娃娃人心里不安宁。

我在老家一直住在老房子里，房子的椽是杨木的，被虫吃的白面面淌下来，桌子上盖了一层，你问我为啥不盖新房，没钱盖。

2013年，党和政府组织搬迁，搬还是不搬？

他哥说，好着呢，共产党让你搬的地方都是好地方，才把心放下。

开始搬迁，亲戚都来送，哭得呼天抢地的。我走的时候心情特别复杂，离开生活了半辈子的老家，心里还是有些不舍，老年人也有不愿意的，哭着到坟上跑一趟，被人劝回来。

搬迁到新家后，第二天早上起来，在周围转了一圈，越看越喜欢，房子给你盖好了，自来水哗哗响得像音乐，路到家门口了，电也通了，当时感觉好得很。

春上，我到不远处的立兰酒庄的葡萄地铲草，主管看我干活踏实，文化程度高，让我专门负责记录酒发酵的温度。过了一段时间，老总知道我勤快，问了我的文化程度后说，你留下来长期干，我便成了酒庄的正式员工。

工资开始每月2000元，第一次发工资的时候是现金，工作人员把钱给我，我数了两遍，装在身上，心里突突地跳，这是真的吗？说起来又失笑又伤心，哎，没有想到，搬到这里来，我成了一家企业的正式员工，有了五险一金，和公职人员没有啥区别了。

我到管理岗位后，工资发了4000元，我以为发错了，就去问老总，老总说："人家找着我涨工资，给你涨工资还不要，傻着呢！"

老总看我辛苦，让我把老公也带来上班，公司看上我俩的老实和可靠，我俩在一搭上班，一起回家，能照顾到家，我做梦都能笑着醒来。

后来我成了车间的主管，酒庄的管理人员都是大学生和研究生，就我一个是高中没有毕业的农村妇女，老总说："你没有文凭，但有人品。"你听听，这是多高的评价，我听了心里热乎乎的。

想想过去，看看现在，才 5 年的时间，会发生这么大的变化。去年，我到西安，作为移民转化为产业工人，这是我第一次出远门，第一次坐飞机，第一次聆听专家的讲座，你不知道我有多幸福。

我能有今天，主要是移民政策好，另一个主要的原因是我的诚实和努力，还有一点文化。

刘莉的个人生活变化，是千千万万移民生活的一个缩影。但是我们要知道，闽宁镇一开始并不是今天这个样子，而是被人称之为："天上无飞鸟，地上不长草，千里无人烟，风吹石头跑"，当地人这样形容刮风："一年一场风，从春刮到冬，大风三六九，小风天天有"。让我们来听听得福原型之一，原闽宁镇副镇长王富荣的描述。

1991 年，县上安排移民，把西吉各乡条件非常差的人家迁移到永宁县玉泉营。西吉县给马建乡分了 6 户移民指标，乡上把这个重要的任务交给我，派我领着他们去玉泉营。

到了之后，起了沙尘暴，黄风从西面刮过来，一道巨大的土旋，黄烟滚滚，我们被吓得战战兢兢，以为哪里地震了。风刮到车窗上，啪啪地响，那几户移民说，这啥烂地方嘛。

下了车风吹得人站不住脚，碎石子被风吹着跑，电线杆子上呜呜响，房子里热得像着了火，沙土粘在脸上和汗水混在一起，人的脸上就像长了山羊胡子。

没有电，外边也没有饭馆，来的人只能喝开水吃口干粮对付一下，晚上蚊子在耳边嗡嗡地飞，来的人在黑地里骂：啥地方！热死了！咬死了！

你别说，天气热得很，风沙大得吓人，可是葡萄甜得很，咱以前没见过葡萄啥样子，也没见葡萄咋样挂在树上，我带着几户人到葡萄地里去看，老百姓一看，葡萄长得这么好，种粮食一定也能长，就有了一点儿希望。

到了第三天，6 个人中的 5 个人找不见了，扒着拉煤的火车跑了。

人走了，我吃不上饭，睡觉没地方，身上脏得像泥猴，我也扒上拉煤的火车回去了，火车上的煤末子把我糊得不像个人，脸上、脖子里都是煤末子，两个眼睛扑闪扑闪的，一张嘴牙是白的，其他地方都是黑黑的，像个要饭的。

回到单位，我给乡党委书记汇报工作，书记把我骂了一顿。

后来才知道那次去的人多数都跑回来了，有的人把分到后的庄台子跟小卖部的人换了一条金驼烟就回来了。多年以后，当年跑回来的人也到了闽宁镇，是他老婆的姐姐帮着买下的地方，多掏了不少钱。

1997 年，我调到玉泉营、玉海经济开发区办公室工作，帮着筹备闽宁村（闽宁镇的前身）的奠基仪式。2000 年撤销开发区和闽宁村，成立闽宁镇。真的没有想到，当年的沙滩变化得这么快啊！

《山海情》里，热血又接地气的凌一农教授也是闽宁镇的脱贫功臣。他是“菌草之父” 林占熺。

闽宁村所在的开发区，茫茫戈壁，连绵沙丘，沙尘暴频发，大风刮起时人们常常是一张嘴巴就半口沙子。在如此极端恶劣的环境下，农作物都难以存活，人们的生活条件极度艰苦，但是在第一代移民的勤劳刻苦和不懈努力下，庄稼在这里种起来了，房屋也在这里建起来了，人们的生活也终于可以慢慢安定起来了，但是如果没有可以赖之以持续发展的支柱产业，人们还是难以脱掉贫困的帽子。

凭借着精湛的技术和坚强的意志，林占熺很快就克服了当地恶劣的自然条件，攻克了技术难题，找到了能够让蘑菇生长在西北的茫茫戈壁上的方法。考虑到当地的气候条件和销售市场等因素，林占熺决定选择反季节种植双孢菇，不仅操作简单，村民易上手操作，而且与福建省冬季种菇相接洽，充分利用宁夏当地气候特点和福建的市场优势，从战略上解决问题。

一开始因为对蘑菇这种新鲜事物的认知稀少和对市场行情的了解匮乏，当地村民生怕蘑菇种出来以后卖不出去，都不敢花钱种菇。为了解决村民们的后顾之忧，林占熺带领的技术团队开展了多次座谈会议和培训班，从思想较为开放的村干部和村民入手，等他们明白种菇的流程方式和收益情况之后再由他们向村民们讲解。此外，林占熺还与菇民们签订了《包种包销包技术指导》的三包协议，不但无偿为村民提供菌草专利技术的培训，还担下了蘑菇收成之后的后续销售和再生产工作。他将技术人员分成了 9 个小组，分别指导 9 个村民点的村民菌草菇的种植，并承包解决他们的种植中所产生的问题。就像电视剧中所演绎的一样，在蘑菇丰收之后，为了能够建立一条长期可行有效的销售渠道，也为了能够将蘑菇卖出一个好价钱，林占熺带着宁夏收成的蘑菇天南海北地跑市场，把蘑菇推销到中国乃至世界各地去。

经过林占熺的不懈努力与无私付出，第一批种菇的菇农成功收菇并因此得到了一笔不菲的收入，大大树立了村民们建棚种菇的信心，当地越来越多的村民加入到了种菇的队伍中来，也强化了当地发展菌草产业的信心。截至 2011 年闽宁对口帮扶菌草项目累计培训菇农 4.85 万多人次，1.75 万户农民受益，菇农年均纯收入 6000 多元，菌草业成为闽宁对口扶贫协作的一个重要产业。种植菌草和栽培蘑菇产业的出现也使当地能够实现可持续的、长足的发展，这项科技扶贫就是原本传统的“输血型扶贫”转化为“造血型扶贫”的典范。到现在，为了纪念菌草带来的改变，当地还流行着这么一句顺口溜“菌草菌草，闽宁草，幸福草，还是社会主义好，还是共产党好”，菌草也被菇农们亲切地称为“闽宁草”“幸福草”。

大结局中，就在涌泉村村民集体迁村的大喜日子，一个坏消息突然传来：扶贫干部张树成书记出车祸以身殉职。这猝不及防的剧情，让很多观众吐槽编剧太“狠心”了：辛苦了这么久，终于要过好日子了，怎么给张书记安排了这样一个结局？但其实这段剧情是完全忠于原型的。剧中张树成书记的原型是原永宁县委副书记、兼闽宁镇党委书记李双成。

2004年，年仅51岁的李双成在工作途中遭遇车祸不幸殉职。在送葬会上，闽宁镇自发赶来送别李双成的群众达到2000多人，整整坐了20辆中巴，就为了看他们的好书记最后一眼。

李双成在闽宁镇担任党委书记仅仅10个月，却解决了当地近十年来久拖不决的问题。如果用数字来说明他的工作成果：上任第4天，村干部8万元拖欠工资如数发放；上任28天后，247名农民工被拖欠6年的68万元工资得到偿还；30万元拆迁赔付款也落实到村民手中；3座崭新的中小学拔地而起；向浙江、内蒙古等省区输出劳动力4000余人，累计创收2008万元；在镇政府大院内办起了职工食堂，一年就为镇上省下了接待费三四万元；追回不合法款项40多万元……

2004年6月，红星村300多村民对拆迁补偿不满意，找县委讨公道。李双成马上就要去了解情况，有人提醒他当心被围观，他却一笑：“共产党的干部怎能怕群众呢？”随即大踏步向群众走去。8个月里，李双成接待上访群众上千次，亲自下基层调查了解群众上访原因，解决了487件，结案率达99.7%。

2004年11月，由于李双成在闽宁镇的突出表现，他被提拔到银川市任扶贫办主任。但他却不愿意立即离开这个又苦又累的工作岗位，还在担忧换届交接的问题，于是向上级申请延长一个月任期。就这最后的短短一个月，在完成交接工作的同时，他还跑遍了银川市的 10 个吊庄，拿出了 10 个吊庄的普初计划、扶贫计划。然而就在他交接完成，恋恋不舍离开闽宁镇的当晚，意外发生。

不久前才与他告别的老百姓闻讯后根本不敢相信。闽宁人悲痛之余，为李双成赋诗一首："人民孺子牛，私利毫不求。吃苦当享受，常为民解忧。一身存正气，清风舞两袖。今日辞世去，人民泪双流。"

同学们，我们给大家讲个电视剧中 4 个重要人物原型背后的故事，从王富荣和刘莉口中，我们可以看到移民搬迁前非常的贫困落后。也看到了搬迁后闽宁镇发生的翻天覆地的变化，全镇农民人均可支配收入达 13970 元，高于全区农村居民人均可支配收入 1112 元，比 1996 年搬迁之初增长了 27 倍。贫困发生率从 1997 年的近 90% 下降到 0.197%，闽宁镇探索出了一条易地搬迁、东西协作、产业扶贫的脱贫新路子。昔日的"干沙滩"变成了"金沙滩"，成为贺兰山下的一颗璀璨明珠，也给我们带来了极大的启示与经验。

分析原因，有人民群众的艰苦奋斗和自力更生，有东西部扶贫协作的对口支援。一个最重要的原因是，离不开党的领导，正是有像李双成和林占禧这样一批党员的身先士卒、真抓实干、心系群众，服务人民，对人民负责，脚踏实地把每件平凡的小事做好才成就了他们的不平凡。闽宁镇的深刻变化，是党领导下的中国脱贫攻坚伟大工程的一个缩影。

1958 年自治区成立时，党中央就动员组织大量劳动力和人才支援宁夏开发建设。

1996 年，党中央建立了东西部扶贫协作机制，福建对宁夏进行了持续不断、不遗余力的结对帮扶。

1997 年，作为福建省委副书记、福建省对口帮扶宁夏领导小组组长的习近平第一次来到宁夏，西海固的见闻让他深感震撼："我才真正体会到什么叫家徒四壁。一家子既没有桌椅板凳，也没有铺盖。家里唯一的'财产'是挂在房梁上的一撮发菜，就靠卖这么一点发菜来买油盐酱醋。"

习近平总书记推动实施了一项重大工程"吊庄移民"：让生活在"一方水土养活不了一方人"的西海固群众，搬迁到贺兰山脚下的黄河灌区。他为移民村庄命名为"闽宁村"："闽宁村现在是个干沙滩，将来会是一个金沙滩。"

2000年，党中央实施西部大开发战略，宁夏经济社会发展迎来了新的飞跃。脱贫攻坚战打响以来，党中央加大对西部贫困地区的政策倾斜和资金投入，动员全社会助力脱贫攻坚，范围之广、力度之大、效果之好前所未有。

随后，2008年、2016年，习近平总书记两次来到宁夏，重点都是扶贫。2020年6月8日至10日，习近平总书记到宁夏考察调研，这次来，习近平总书记专门询问了闽宁镇的近况。

闽宁镇的发展史，就是党中央和全国人民对宁夏的"关怀史"，也是宁夏各族人民的团结奋斗史。闽宁镇的深刻变化，是党领导下的中国脱贫攻坚伟大工程的一个缩影。

坚持党的领导，为脱贫攻坚提供坚强政治和组织保证。我们坚持党中央对脱贫攻坚的集中统一领导，把脱贫攻坚纳入"五位一体"总体布局、"四个全面"战略布局，统筹谋划，强力推进。我们强化中央统筹、省负总责、市县抓落实的工作机制，构建五级书记抓扶贫、全党动员促攻坚的局面。我们执行脱贫攻坚一把手负责制，中西部22个省份党政主要负责同志向中央签署脱贫攻坚责任书、立下"军令状"，脱贫攻坚期内保持贫困县党政正职稳定。我们抓好以村党组织为核心的村级组织配套建设，把基层党组织建设成为带领群众脱贫致富的坚强战斗堡垒。我们集中精锐力量投向脱贫攻坚主战场，全国累计选派25.5万个驻村工作队、300多万名第一书记和驻村干部，同近200万名乡镇干部和数百万村干部一道奋战在扶贫一线，鲜红的党旗始终在脱贫攻坚主战场上高高飘扬。1800多名同志将生命定格在了脱贫攻坚征程上，生动诠释了共产党人的初心使命。

2021 年 2 月 25 日习近平总书记在全国脱贫攻坚总结表彰大会上指出：“事实充分证明，中国共产党领导和我国社会主义制度是抵御风险挑战、聚力攻坚克难的根本保证。只要我们坚持党的领导、坚定走中国特色社会主义道路，就一定能够办成更多像脱贫攻坚这样的大事难事，不断从胜利走向新的胜利！回首过去，我们在解决困扰中华民族几千年的绝对贫困问题上取得了伟大历史性成就，创造了人类减贫史上的奇迹。展望未来，我们正在为全面建设社会主义现代化国家的历史宏愿而奋斗。征途漫漫，惟有奋斗。全党全国各族人民要更加紧密地团结在党中央周围，坚定信心决心，以永不懈怠的精神状态、一往无前的奋斗姿态，真抓实干、埋头苦干，向着实现第二个百年奋斗目标奋勇前进！”

学史力行，听完了今天的讲座，你来说说为了第二个百年奋斗目标，你可以做些什么？

希望在座的每一位同学能够珍惜机会，刻苦学习，励志成才，回报社会，为党和国家作出更大的贡献。

附录五　相关通知

宁夏六盘山高级中学关于开展《习近平新时代中国特色社会主义思想学生读本》教学设计评选的通知

为了促进宁夏六盘山高级中学思政课教师深刻领会习近平新时代中国特色社会主义思想，深入学习和研究《习近平新时代中国特色社会主义思想学生读本》，将新思想、新理念、新成就深度融合到教育教学中，推进习近平新时代中国特色社会主义思想进教材、进课堂、进师生头脑工作，切实增强教学的系统性和实效性，全面落实立德树人根本任务，经学校研究决定，开展《习近平新时代中国特色社会主义思想学生读本》优秀教学设计评选活动，相关事宜通知如下。

一、参评教师条件

1. 参评教师为全校在岗的思政课教师。

2. 参评教师必须具有坚定的政治信仰和深厚的爱国情怀，教育理念先进，专业素养强，教学组织能力强，教学个性突出。

二、教学设计内容及要求

1. 教学设计内容

《习近平新时代中国特色社会主义思想学生读本》教材中任选一课教学内容。

2. 教学设计要求

（1）落实立德树人根本任务，坚持守正和创新相统一，结合宁夏六盘山高级中学学生特点，遵循学生认知规律，贴近生活实际的情景(案例)，引导学生进一步理解习近平新时代中国特色社会主义思想发展脉络和实践要求，使习近平新时代中国特色社会主义思想进教材、进课堂、进师生头脑更加系统全面、生动具体。

（2）参赛教学设计以 Word 文档形式呈现，文件命名为“年级部 + 作者姓名”，教学设计内容里不得出现参赛教师姓名等信息，具体格式见附件。

（3）参赛教师务必于 10 月 29 日前，将参赛教学设计发送教研培训处韩润杰（邮箱地址：1145838709@qq.com），逾期不予受理。

三、表彰奖励

1. 本次活动由教研培训处组织评委评选。

2. 本次活动设一等奖 1 名、二等奖 2 名、三等奖 3 名。

二〇二一年十月十一日

附 : 教学设计模板

教学设计模板

课题：__________________

<table>
<tr><td>教材分析</td><td colspan="3"></td></tr>
<tr><td>学情分析</td><td colspan="3"></td></tr>
<tr><td>教学目标</td><td colspan="3"></td></tr>
<tr><td>重　点</td><td colspan="3"></td></tr>
<tr><td>难　点</td><td colspan="3"></td></tr>
<tr><td>教学方法</td><td colspan="3"></td></tr>
<tr><td colspan="4">教学内容与过程</td></tr>
<tr><td>教学环节</td><td>教师活动</td><td>学生活动</td><td>设计意图</td></tr>
<tr><td>导入新课</td><td></td><td></td><td></td></tr>
<tr><td>讲授新课</td><td></td><td></td><td></td></tr>
<tr><td>课堂小结</td><td colspan="3"></td></tr>
<tr><td>板书设计</td><td colspan="3"></td></tr>
<tr><td>教学反思</td><td colspan="3"></td></tr>
</table>

附录六　关于开展基于学科核心素养的综合实践月活动方案

关于开展基于学科核心素养的综合实践月活动方案

为落实“立德树人”根本任务，探索“五育并举”实施路径，深入理解并有效落实新课程改革，提升学科核心素养，探索落实学科核心素养的有效途径，落实教务处关于开展基于学科核心素养的综合实践月活动。政治教研组通过开展习近平新时代中国特色社会主义思想进教材、进课堂、进师生头脑“三进”工作，落实思政课建设中“以推进全课程育人、坚持全方位育人、坚持全过程育人、加强教研改进教学为主要任务”，强化思政学科教学的育人价值，充分发挥课堂主渠道、主阵地作用，培养学生的民族认同和国家认同，坚定“四个自信”。努力实现课程育人、文化育人、活动育人、实践育人、管理育人的育人理念。根据学校要求，政治教研组决定举办《习近平新时代中国特色社会主义思想读本》知识竞赛活动。活动方案如下。

一、参赛对象

高一全体学生和高二文科班，共计 2500 名学生。

二、竞赛时间

2021 年 9 月 21 日至 9 月 30 日。

三、竞赛组织

高一、高二全体政治教师。

四、竞赛内容

习近平新时代中国特色社会主义思想

五、竞赛方式

知识竞赛由班级集体笔答，共 50 道选择题。集体答题得分的平均分为各班级比赛最终得分，个人奖以竞赛得分排序为依据。

六、奖项设置

本次竞赛以班级为单位设团体奖和个人奖。

高一团体奖：设一等奖 2 名、二等奖 3 名、三等奖 5 名、优秀奖 13 名。

个人奖：设一等奖 12 名、二等奖 23 名、三等奖 38 名。

高二团体奖：设一等奖 1 名、二等奖 2 名、三等奖 3 名。

个人奖：设一等奖 1 名、二等奖 2 名、三等奖 3 名。

团体奖颁发奖状，个人奖颁发荣誉证书及奖品。

此次竞赛活动，是政治课堂教学的有益补充。旨在调动学生学习习近平新时代中国特色社会主义思想的积极性，坚定“四个自信”和“五个认同”，落实政治学科的核心素养。开阔学生视野，丰富校园文化生活，调动学生关心国家大事，在活动中提高自身综合素质和人文修养，展示自我才华。

政治教研组

2021 年 9 月 6 日

附录七　时事政治竞赛暨学宪法讲宪法系列活动侧记

知党恩　颂党情　跟党走　展风采

——宁夏六盘山高级中学举办时事政治竞赛暨学宪法讲宪法系列活动

为庆祝中国共产党成立100周年，讴歌中国共产党百年以来的光辉历程和丰功伟绩，贯彻落实习近平总书记关于宪法学习宣传教育的系列重要指示精神，按照《自治区教育厅办公室关于印发第六届全国学生“学宪法 讲宪法”活动宁夏赛区工作方案的通知》要求，在广大青少年学生中普及宪法知识、弘扬宪法精神、树立宪法权威，引导青少年学生自觉成为宪法的忠实崇尚者、自觉遵守者、坚定捍卫者，进一步推进青少年宪法学习宣传教育。同时紧密结合党的时事政策教育和思想政治课教学，培养学生的爱国情怀，培育学生社会主义核心价值观。由宁夏六盘山高级中学政治教研组承办的“知党恩 颂党情 跟党走 展风采”主题系列活动之时事政治暨学宪法讲宪法知识竞赛和演讲比赛活动于2021年6月23日下午在多媒体一和公共教室同时举行。

本次时事政治暨学宪法讲宪法知识竞赛分初赛和决赛两个阶段。6月22日下午先进行了初赛，9个文科班共同参与。记各班平均分作为班级第一轮基础分，各班再择优选前5名参加二轮决赛 。6月23日下午在公共教室进行了第二轮决赛，因7人并列又进行了加赛，来自高二（3）班的马晓燕同学获得第一名。知识竞赛以宪法知识为主要内容，结合诚实守信、规则意识、文明素养、劳动教育、公共卫生、疫情防控、环境保护、未成年人保护、交通消防安全、食品安全、应急管理、防范校园欺凌、禁毒和预防网络沉迷等内容的宪法法治学习，引导学生掌握宪法法律知识、树立宪法法律意识、养成尊法守法习惯。

本次学宪法讲宪法演讲比赛由各班推荐一名，共有 9 名选手参加。在演讲比赛中，9 名选手围绕宪法主题，结合自身经历、家乡特色以及社会热点，讲述自己与宪法的故事。选手们凭借真切的宪法认知、真实的宪法故事、真挚的宪法情感、扎实的宪法知识，表现出色，亮点纷呈，为现场观众呈现了一次生动的宪法教育课程。经过激烈角逐，来自高二（6）班的曹岩同学获得第一名。

这次演讲比赛内容丰富，涉及知识面宽泛，活动组织时间短、任务紧，但通过同学们的努力，却呈现出出彩的效果。评委们从选手的着装选择、仪态站姿、脱稿方法、演讲技巧、稿件内容等方面进行打分。期望通过此次活动，同学们能够理解好宪法作为母法的重要作用，提高法律素养，未来能有更好的成长。

本次活动向同学们普及了宪法知识、弘扬了宪法精神、树立了宪法权威，大力推动全校形成尊崇宪法、学习宪法、遵守宪法、维护宪法、运用宪法的浓厚氛围，号召每位师生自觉成为宪法的忠实崇尚者、自觉遵守者、坚定捍卫者。此次活动的开展，也是宁夏六盘山高级中学政治教学形式的补充，有助于提高学生政治知识能力，激发学习政治的积极性。同时也丰富了学生的校园文化生活。

知识竞赛环节每班参加决赛的 5 人均分与初赛各班均分相加评出团体排名，并与每班演讲比赛同学的得分相加，最终形成总分，按总分评出团体一等奖 1 名，二等奖 2 名，三等奖 3 名。演讲比赛个人第一名，知识竞赛个人第一名 ，两人将分别参加全区“学宪法 讲宪法”活动演讲比赛和知识竞赛复赛。

附录八　“三全育人”综合改革试点项目申请书

“三全育人”综合改革试点项目
申 请 书

单 位 名 称：宁夏六盘山高级中学

试点负责人：王生银

联 系 电 话：13895083795

填 报 日 期：2020 年 5 月 26 日

自治区教育工委　自治区教育厅

2020 年 3 月

一、基本信息

负责人	姓名	职称	职务
	王生银	副高级	副校长
联系人	姓名	办公电话 / 手机	地址
	路满雄	13895697454	银川市金凤区长城中路宁夏六盘山高级中学
试点名称	“三全育人”视域下寄宿制普通高中德育模式运行机制探析		
项目建设起止年月	2020.7—2022.7		

二、前期工作基础

“三全育人”是党和国家的重要战略方针。2016 年 6 月，习近平总书记在全国高校思想政治工作会议上指出：“高校思想政治教育工作关系到高校培养什么人、如何培养人以及为谁培养人这一根本问题。高校要坚持把立德树人作为中心环节，把思想政治教育贯穿教育教学全过程，实现全员育人、全过程育人、全方位育人，努力开拓我国高等教育事业发展新局面”。习近平总书记的讲话为教育工作者开展德育工作指明了方向。普通高中同为育人的重要场所，必须提高政治站位，强化责任意识，系统谋划，统筹推进，把立德树人作为根本任务，以“三全育人”为抓手，自觉做好综合改革试点工作，推动“三全育人”见实效。

“三全育人”是破解当前普通高中德育问题症结的关键。目前，国际形势风云变幻，信息技术日新月异，各种思潮层出不穷。多元化思想对当前高中生的影响颇深，尤其是资本主义的落后和腐朽思想严重影响青少年正确三观的形成，对中国特色社会主义文化的建设造成了较大冲击。因此，直面社会变革的挑战，贯彻落实立德树人根本任务是应有之义。然而，当前高中德育模式中存在着诸多问题，难以回应和直面社会挑战，主要表现在：第一，全员育人亟待加强，部分教师观念存在着偏差，重知识传授轻品德培养，教而不育；家长和社会力量参与育人渠道与机制不健全。第二，全方位育人尚未实现，对学生的德育多集中在班主任日常教育和思想政治课堂中，未贯穿在教学、生活、服务全过程。第三，全过程育人有断点，德育不能根据学生每个阶段的独特情况，制定独特的培养方案和管理措施，缺乏针对性和持久性。当前，需要我们对学校德育模式进行调整和改革，努力贯彻落实“三全育人”理念，为培养担当民族复兴大任的时代新人而不懈努力。

续表

“三全育人”是符合本校实际的先进德育理念。宁夏六盘山高级中学是自治区党委、政府为落实教育优先发展战略、提高南部山区人口素质、加快贫困地区经济发展、构建和谐社会而创办的一所直属于教育厅的全日制寄宿高中。大型寄宿制普通高中这一现实状况为开展“三全育人”探索提供了独特优势，本课题旨在探索出“三全育人”视域下符合寄宿制背景下普通高中德育的运行机制，以期为同类型的普通高中提供指导与借鉴。 为汇聚育人合力，真正实现全方位、全过程、全员育人，学校做了以下几个方面的工作：第一，开展广泛宣传，形成思想共识。通过自主学习、集体讨论、专家宣讲、制度引导等形式，引导全校教职工认同并努力将立德树人根本任务和“三全育人”基本任务转化为自觉行动。第二，完善领导机制，提供方向保证。学校领导对“三全育人”十分重视，设置了专门的工作领导小组，健全了领导工作机制，并配发了相应的经费作为支持，为研究的开展提供了方向和物质保证。第三，优化顶层设计，完善实施方案。针对本校实际，制定了具体的实施方案，编制责任清单，明确全校教职工的育人职责，强化反馈机制，采取多元化的考核机制，最大限度地调动教师的育人积极性，打造出了一批高素质的育人团队，形成了多项联动、多维协调的育人格局。第四，引导多方参与，实施协同攻坚。除了发挥学校在教学、管理、服务等方面的优势外，还邀请家长和社会人士广泛参加，形成家校合力，积极挖掘校外资源中的育人元素，形成全方位、立体式的育人空间。

三、试点工作计划及进度安排

（一）工作基本思路及总体规划 根据本次课题要求结合宁夏六盘山高级中学实际，现将工作基本思路及规划总结如下： 1. 争取校领导及各科室的支持 2. 精心挑选课题组成员，以保证完成任务 3. 课题组成员进行沟通协作，确定四个方面的内容 （1）研究内容　（2）研究方法　（3）研究意义　（4）研究进度 4. 做好课题的申报及其他工作 （二）具体举措 1. 研究内容 根据本课题的工作基本思路及总体规划，结合本校实际情况。如果本课题获得通过，我们课题组将在以下四个方面展开具体研究。 （1）“三全育人”政策 ①习近平总书记关于“三全育人”的重要论述 ②中共中央、国务院关于“三全育人”的文件 ③教育部等相关部门有关“三全育人”的文件及政策解读

续表

（2）“三全育人”理论与普通高中育人 ①普通高中“三全育人”理论研究背景分析 ②普通高中“三全育人”研究的意义 ③“三全育人”理论发展过程 ④“三全育人”理论渊源 ⑤“三全育人”的内涵 ⑥“三全育人”的特征 ⑦普通高中“三全育人”面临的机遇与挑战 ⑧“三全育人”与普通高中育人的关系 ⑨普通高中“三全育人”格局的构建 （3）“三全育人”的实践探索 ①让诚信之花在校园绽放——诚信考试制度的实践探索 ②山村孩子的城市学校——“三全育人”资助模式的实践探索 ③亦师亦友亦亲人——“全员育人导师制”的实践探索 ④推进党史学习教育，赓续红色血脉——党史育人的实践探索 ⑤启智健体——“三全育人”视域下“阳光体育”模式的构建 ⑥创新劳动教育，培养时代新人——劳动教育的实践探索 ⑦为了每一位学生的发展——班会课程化的实践探索 ⑧奏响协同育人最强音——构建课程思政的实践探索 （4）“三全育人”的时代价值 ①“三全育人”创新了普通高中的德育模式及运行机制 ②“三全育人”丰富了新时代学校德育内涵 ③“三全育人”促进了学生健康成长 ④“三全育人”推动了学校高质量发展 2. 研究方法 （1）定性与定量分析法（2）经验总结法（3）个案研究法（4）文献研究法（5）调查法 3. 研究意义 （1）通过对本校“三全育人”实践的研究，形成系统化、理论化的认识，并希望这种认识能对宁夏六盘山高级中学“三全育人”有所帮助。 （2）期待我们的研究成果对其他全日制寄宿制学校有一定的借鉴意义。 4. 进度安排 第一阶段：2020 年 6 月 30 日—2021 年 1 月 30 日，课题组成员进行分工，分别完成资料的收集工作。 第二阶段：2021 年 1 月 30 日—2021 年 6 月 30 日，在前期工作的基础上，完成资料的整理，调研等工作。

续表

第三阶段：2021 年 6 月 30 日—2022 年 1 月 30 日，根据前期的工作，完成相关撰写，根据计划，分批次出成果。 第四阶段：2022 年 1 月 30 日—2022 年 6 月 30 日，把研究成果在学校再实践，完善相关理论成果，完成结题工作。

四、预期效果

根据目前掌握的文献资料来看，以往的研究主要存在以下几个方面的问题：第一是只是从“三全育人”中的某个方面展开，从大德育角度入手，对育人的三个方面的整合研究并不多见；第二是对“三全育人”的研究多集中在高校，普通高中开展理论和实践研究并不多见，在全日制大型制寄宿制普通高中的实践研究更是少之又少；第三是“三全育人”多集中在学校，缺乏学校、家庭与社会三者的结合，尚未探索出三位一体的实施路径与育人格局。基于上述不足，本项目在研究中将重点着眼于大德育模式，探索出符合全日制寄宿制普通高中的德育模式及其运行机制，增强德育实效性，并试图探索出以学校为主，学校、家庭、社会协同发力的育人机制。

在具体实践方面，从横向看，本项目将探索出学校统一领导、各部门齐抓共管的队伍机制，形成“三全育人”工作小组，编制出整体实施方案，并明确各阶段的实施目标。发挥教师的主体作用，将“三全育人”理念落实到每一位教师的课程中去，打造一批高质量的教师队伍，形成一批具有影响力的精品课程和优质教案；编制主题班会三年规划，根据学校实际和学生成长特点，形成与之相匹配的主题班会会案，并录制优秀班会课视频供其他老师参考。充分发挥学生的自我管理、自我服务的独特优势，探索出以周末小广场、元旦文艺晚会等形式的文艺活动的具体操作路径，以期发挥文艺活动对丰富学生精神世界、培养人文情怀的积极作用；总结出以晨跑、课间操、趣味运动会等为主要形式的体育活动的组织原则与实施策略；打造出一系列有影响力和号召力的社团，完善社团组织和运行机制；通过对学生干部的理论培训，切实强化政治意识，提高政治修养，探索出以学生会为主体的自我管理、自我服务的自治机制。从纵向看，本项目将探索出符合本校学生的日常德育模式，将德育贯穿到学生一日常规的方方面面，主要有宿舍卫生清扫制度、晨读晨跑晨会制度、小班会制度、新闻课制度、晚自习制度、诚信考试制度等，全天候全过程全方位陪伴和引领学生，让学生每时每刻都能感受到优秀文化的熏陶，从生活的各个环节助力学生成长成才。

总之，本项目通过横纵交叉研究与实践，旨在创新“三全育人”机制，完善“三全育人”格局，诠释“三全育人”理念，切实将“三全育人”教育理念落地，探索出基于全日制寄宿制普通高中的德育模式及运行机制，在理论层面对相关研究加以补充，在实践层面为同类型学校提供借鉴与参考。

五、工作保障

对于本次试点工作，我们项目组有条件、有信心、有决心地按时完成各项任务，理由如下：

首先，学校的全力支持，宁夏六盘山高级中学校领导在课题方面身先士卒，多次参加市级、区级，甚至是国家级课题的研究，并对进行课题研究的学校教师给予大力支持。本项目从开始申请就受到校领导的肯定、鼓励与支持，并要求相关科室对我们提供力所能及的帮助，这是我们项目组肯定能完成任务的前提。

其次，宁夏六盘山高级中学有着丰富的“三全育人”实践活动及其相关的研究资料。以学校政教处为例，第一，每年都会举行德育论文及主题班会会案评选活动，在育人方面月月有主题，周周有活动。第二，为了落实立德树人根本任务，学校早就提出全员育人，即全体教师都是学生健康成长的引路人，政教处负责实施健康导师制，就是每一名教师负责几名学生，从学生的学习、生活及思想等方面帮助学生。第三，政教处每周末都会在学校小广场举行周末才艺大展示；每月都会举办黑板报，并进行评选；每周都会引导班主任上好班会课，每学期组织班主任撰写主题班会会案等。宁夏六盘山高级中学这些丰富的育人实践及资料，给我们完成该项目，提供了大量的一手资料。

再次，我们课题组成员都很优秀。王生银同志毕业于宁夏大学思想政治教育专业，中学副高职称，曾任宁夏六盘山高级中学政教处主任，对德育工作有着很高的造诣，在此期间，德育工作受到领导的肯定及广大师生的好评，现担任宁夏六盘山高级中学副校长，可以帮助我们课题组进行沟通协调。路满雄同志毕业于宁夏大学思想政治教育专业，曾长期担任班主任工作，站在对学生进行德育的第一线，现担任宁夏六盘山高级中学政治组教研组长。不论是发挥班主任对学生管理育人还是政治学科育人，路满雄老师都有着丰富的经验及理论研究。陶森修同志毕业于西北师范大学思想政治教育专业，硕士学位，在校就读期间，就曾多次帮助导师完成相关课题，现担任高三年级班主任。张涛涛同志毕业于北京师范大学思想政治教育专业，有着很强的理论功底，现正攻读北京师范大学在职研究生学历，经常接触最前沿的相关理论知识，张涛涛现也担任高三年级班主任。王志恒同志长期担任学校中层部门主任，有着丰富的学生工作经验。家人对我们进行课题研究也很支持，课题组成员要么孩子已成年要么还没有孩子，没有照顾家庭的后顾之忧，保障了我们课题研究有充分的时间。根据以上分析，我相信我们课题组有实力完成本课题。

最后，我们学校有着便利查阅资料的条件，学校目前正在开展“互联网+教育”试点，校园无线网络全覆盖，每一位教职员工都配有电脑，并与多个网站合作，方便教职员工查阅资料。另外我们学校离宁夏大学南校区直线距离不过300米，离宁夏图书馆也很近，我们进行课题研究收集资料相对容易，这是我们课题组能完成任务的又一有利条件。

六、经费预算

支出科目（含配套经费）	额度（元）	主要用途
图书出版	50000	出版印刷、封面设计等
合计	50000	

七、审核意见

学校党组织审核意见

宁夏六盘山高级中学郑重推荐王生银、路满雄、陶森修、张涛涛、王志恒 5 位同志，申报自治区教育工委思政处“三全育人”综合改革试点项目课题。

王生银、路满雄、陶森修、张涛涛、王志恒 5 位同志均系宁夏六盘山高级中学教师，其中学士 3 人、硕士 2 人，中共党员 3 人，平均年龄 40 岁。五位同志思想端正，教育教学业务水平较高。近年来多次在国内各期刊和专业论文集上发表论文，并主持和参与多项校级、省级教改科研课题。

从近几年来 5 位同志的现实表现看，他们具有担任课题研究的学历、能力与水平。经调查了解，5 位同志中，既有从事高中德育工作多年的管理者，也有从事高中德育工作的实践者，又有长期在思想政治课教学一线的专业教师，结构合理、优势互补，能很好地开展课题研究工作，相信他们能够顺利完成该课题。

从本课题研究方向及成果预期看，该课题如能批准立项、开展研究，其成果将能够很好地为普通高中德育工作提供指导，并对德育管理实践改革起到极大推动作用。

签字盖章：

2020 年 3 月 20 日